SHANE PARRISH

Wer klar denkt, entscheidet besser

GOLDMANN

Shane Parrish

Wer klar denkt, entscheidet besser

In jeder Situation wissen, was zu tun ist

Aus dem Amerikanischen von Annika Tschöpe

GOLDMANN

Die amerikanische Originalausgabe erschien 2023 unter dem Titel „Clear Thinking“ bei Portfolio, einem Imprint der Penguin Publishing Group, New York.

MIX
Papier | Fördert gute Waldnutzung
FSC® C014496

Penguin Random House Verlagsgruppe FSC® N001967

4. Auflage
Deutsche Erstausgabe März 2024

Neumarkter Str. 28, 81673 München
produktsicherheit@penguinrandomhouse.de
(Vorstehende Angaben sind zugleich Pflichtinformationen nach GPSR)

Redaktion: Nadine Lipp
Umschlag: Uno Werbeagentur, München
Umschlagmotiv: © istock/Olaser/DigitalVision
Satz: Satzwerk Huber, Germering
Druck und Bindung: GGP Media GmbH, Pößneck
Printed in Germany
GS/JS · IH
ISBN 978-3-442-18007-3

www.goldmann-verlag.de

Inhalt

TEIL 3

TEIL 4

TEIL 5

Vorwort

Im August 2001 trat ich eine Stelle bei einer kanadischen Geheimbehörde an. Wenige Wochen später hatte sich die Welt nach den Anschlägen vom 11. September für immer verändert.

In meiner Behörde sahen wir uns unverhofft mit Aufgaben und Verantwortungen konfrontiert, auf die wir nicht vorbereitet waren. Ich musste Tag für Tag Lösungen für Probleme finden, die kaum jemand je für möglich gehalten hätte. Meine Tätigkeit war nicht nur kompliziert und neuartig, es standen auch Menschenleben auf dem Spiel. Scheitern kam also nicht infrage.

Einmal ging ich nach einem Einsatz nachts um drei Uhr nach Hause. Das Ergebnis war nicht so ausgefallen, wie ich es mir erhofft hatte. Mir war klar: Am nächsten Morgen würde ich meinem Chef erklären müssen, was geschehen war und was ich mir bei meinen Entscheidungen gedacht hatte.

Hatte ich alles richtig durchdacht? Hatte ich etwas übersehen? Wie konnte ich mich selbst überprüfen?

Ich würde meine Gedankengänge offenlegen müssen, sodass sich andere ein Urteil darüber bilden konnten.

Am nächsten Tag erläuterte ich meinem Chef, was in meinem Kopf vorgegangen war. Zum Abschluss erklärte ich, dass ich dem Job und der damit verbundenen Verantwortung nicht gewachsen sei. Mein Chef legte seinen Stift aus der Hand, holte tief Luft und sagte: »Shane, niemand ist diesem Job gewachsen. Aber du und dieses Team, ihr seid alles, was wir haben.«

Diese Antwort war nicht gerade beruhigend. Mit »Team« meinte er zwölf Leute, die seit Jahren 80 Stunden pro Woche im Einsatz waren. »Alles, was wir haben« bedeutete, dass nur wir ein neues Programm unserer Behörde starten konnten, das wichtigste seit vielen Generationen. Als ich nach dem kurzen Gespräch sein Büro verließ, schwirrte mir der Kopf.

In der darauffolgenden Nacht begann ich mir Fragen zu stellen, die mich die nächsten zehn Jahre lang beschäftigen sollten. Wie kann es uns gelingen, besser zu denken, zu urteilen und zu entscheiden? Wie kommen schlechte Entscheidungen zustande? Warum gelingt es manchen Menschen, bei identischer Ausgangsinformationslage, bessere Ergebnisse zu erzielen als anderen? Wie kann ich erreichen, dass ich öfter richtigliege und die Gefahr einer schlechten Entscheidung minimiere, wenn Menschenleben auf dem Spiel stehen?

Bis zu jenem Zeitpunkt hatte ich beruflich ziemlich viel Glück gehabt, und ich hoffte natürlich, dass dieses Glück anhalten würde. Dennoch wollte ich mich nicht zu sehr darauf verlassen. Falls es eine Technik gab, die zu einem klareren Denken und besseren Entscheidungen führte, dann wollte ich diese Technik nutzen.

Man hat mir nie beigebracht, wie man denkt oder Entscheidungen trifft – vermutlich ist es bei Ihnen nicht anders. In der Schule gibt es keinen Grundkurs *Klares Denken*. Offenbar geht man allgemein davon aus, dass jeder Mensch von Natur aus weiß, wie man denkt, oder es sich eben selbst beibringt. Dabei ist es in Wirklichkeit erstaunlich schwierig, das Denken – das *klare* Denken – zu lernen.

In den darauffolgenden Jahren setzte ich alles daran, zu lernen, wie man besser denkt. Ich achtete darauf, wie andere Informationen zusammentrugen, wie sie schlussfolgerten, wie sie dann in der Praxis handelten und wie ihr Handeln zu positiven oder negativen Ergebnissen führte. Waren manche einfach schlauer als andere? Oder hatten sie bessere Strategien oder Methoden? War ihnen in den entscheidenden Augenblicken überhaupt klar, wie sie dachten? Wie konnte ich die offensichtlichen Fehler vermeiden?

Ich begleitete besonders erfahrene Leute zu Meetings und hörte mir still* an, was sie warum für wichtig hielten. Ich las alles, was ich zum Thema Erkenntnis finden konnte, und redete mit allen, die zu einem Gespräch bereit waren.

Ich wandte mich an Wirtschaftsgrößen,† die offenbar auch dann klar denken konnten, wenn es anderen nicht gelang. Offenbar wussten sie etwas, das anderen verborgen blieb, und ich wollte unbedingt herausfinden, was es war.

Während die meisten von uns unbedingt gewinnen wollen und alles daransetzen, wissen die Besten, dass man, wenn man gewinnen will, vor allem nicht verlieren darf. Und diese Strategie ist erstaunlich effektiv.

Meine Erkenntnisse habe ich auf einer anonymen Website namens *Farnam Street* zusammengestellt.‡ Sie ist unter fs.blog zu finden, und ich habe sie zu Ehren von Charlie Munger und Warren Buffett§ so benannt. Das sind zwei Menschen, die ihr Geld dadurch verdienen, dass sie Entscheidungen treffen, und sie haben meine Sicht auf die Welt maßgeblich beeinflusst.

Im Laufe der Jahre hatte ich das Glück, mich nicht nur mit meinen Helden Charlie Munger und Daniel Kahneman über das Denken und die Entscheidungsfindung austauschen zu können, sondern auch mit anderen Koryphäen wie Bill Ackman, Annie Duke, Adam Robinson, Randall Stutman und Kat Cole. Viele dieser Gespräche kann man im Podcast *The Knowledge Project* nachhören.

---

* Nun ja, weitestgehend still.

† Wenn man für einen Nachrichtendienst arbeitet, öffnen sich viele Türen, die sonst verschlossen bleiben.

‡ Anonym deshalb, weil öffentliche Profile bei Geheimdiensten meist nicht gerne gesehen werden. Mittlerweile hat sich das geändert. Neue Leute sind so schwer zu bekommen, dass man nun ein öffentliches Profil haben darf. Auch wenn die Stellenbeschreibungen vage bleiben, nennen jetzt viele die Behörde, für die sie arbeiten, im LinkedIn-Profil. Aber als ich anfing, existierten wir offiziell gar nicht – es gab nicht einmal ein Schild am Gebäude. Es sollte noch mehr als ein Jahrzehnt vergehen, bis an ein öffentliches Profil zu denken war.

§ Der Hauptsitz von Berkshire Hathaway, dem Unternehmen, bei dem Warren Buffett CEO ist und Charlie Munger Vice-Chairman war, befindet sich in der Farnam Street in Omaha, Nebraska, USA.

Andere, wie meine Unterredungen mit Munger, müssen privat bleiben. Obwohl ich mit so vielen Menschen gesprochen habe, hat niemand mein Denken und meine Ideen stärker beeinflusst als mein Freund Peter D. Kaufman.

Aus Tausenden von Gesprächen ging eine wichtige Erkenntnis hervor: Damit wir die Ergebnisse erzielen, die wir uns wünschen, ist zweierlei nötig. Erstens müssen wir in unseren Gedanken, Gefühlen und Handlungen Raum zum Überlegen schaffen, und zweitens müssen wir diesen Raum gezielt nutzen, um klar zu denken. Sobald Sie diese Fähigkeit beherrschen, werden Sie merken, dass Sie anderen gegenüber entscheidend im Vorteil sind.

Entscheidungen, die Sie durch klares Denken fällen, stärken Ihre Position, sodass sich Ihr Erfolg stetig erhöht.

Dieses Buch ist eine praktische Anleitung zum klaren Denken.

In der ersten Hälfte geht es darum, wie Sie den dazu nötigen Raum schaffen. Zunächst identifizieren wir die Feinde des klaren Denkens. Sie werden lernen, dass das, was wir für »Denken« halten, in Wirklichkeit meist eine unüberlegte Reaktion ist, die auf biologische Instinkte zur Arterhaltung zurückgeht. Wenn wir unüberlegt reagieren, schwächen wir unsere Position und schränken unsere Möglichkeiten immer weiter ein. Doch wenn wir wissen, wie wir mit biologischen Triggern umgehen können, schaffen wir uns Raum, um klar zu denken und unsere Position zu stärken. Anschließend ermitteln wir eine Reihe praktischer, leicht umsetzbarer Strategien, mit denen Sie Ihre Schwächen in den Griff bekommen und Ihre Stärken ausbauen können, sodass Sie auch unter Druck stets diesen Raum zum Überlegen haben.

In der zweiten Hälfte des Buches geht es um die praktische Anwendung des klaren Denkens. Sobald Sie Ihre Stärken optimiert und Ihre Schwächen unter Kontrolle haben – wenn Sie also dafür gesorgt haben, dass zwischen Denken und Handeln eine Pause liegt –, können Sie klares Denken in effektive Entscheidungen umsetzen. Im vierten Teil stelle ich Ihnen die besten Hilfsmittel zur Problemlösung vor.

Und schließlich, wenn Sie gelernt haben, wie Sie standardmäßig für und nicht gegen Ihre eigenen Interessen arbeiten und Ihren rationalen Verstand optimal einsetzen, gehe ich auf die vielleicht wichtigste Frage ein: die Frage nach Ihren eigentlichen Zielen. Die erfolgreichsten Techniken der Welt sind zwecklos, wenn Sie damit nicht das anstreben, was Sie wirklich wollen. Aber woher sollen Sie wissen, was das ist?

In diesem Buch erläutere ich die effektivsten Herangehensweisen ans Denken, so, wie nur wenige es tun. Ganz ohne hochtrabende Floskeln, Tabellen oder Entscheidungsbäume konzentrieren wir uns auf die praktischen Fertigkeiten, die ich von anderen gelernt, selbst entdeckt und zusammen mit Tausenden Menschen aus verschiedenen Organisationen, Kulturen und Branchen ausprobiert habe.

Gemeinsam werden wir das fehlende Glied zwischen der Verhaltenswissenschaft und den praktischen Ergebnissen finden und dafür sorgen, dass Sie in jeder Situation wissen, was zu tun ist.

Die Erkenntnisse in diesem Buch sind einfach, praxisorientiert und zeitlos. Sie gehen in erster Linie auf das zurück, was ich von anderen gelernt und selbst umgesetzt habe. Diese Erkenntnisse und Einsichten haben mir dabei geholfen, im Geheimdienst bessere Entscheidungen zu treffen, mehrere Unternehmen zu gründen und auszubauen, und sie haben mir erstaunlicherweise auch dabei geholfen, ein besserer Vater zu sein. Wie Sie sie nutzen, bleibt Ihnen überlassen.

Wenn mein Leben ein Motto hat, dann dieses: »Die besten Erkenntnisse, die andere Menschen bereits hatten, optimal nutzen«, und diese Einstellung spiegelt sich in diesem Buch. Ich habe mich redlich bemüht, alle Ideen, die in diesem Buch vorkommen, auch denjenigen zuzuschreiben, denen Anerkennung dafür gebührt. Dabei habe ich sicherlich jemanden übersehen, und dafür möchte ich mich entschuldigen. Alles, was man praktisch anwendet, geht einem irgendwann in Fleisch und Blut über. In zwei Jahrzehnten habe ich Tausende von Gesprächen mit den Besten der Welt geführt und mehr Bücher verschlungen, als ich zählen kann, sodass ich oft nicht mehr genau weiß, welcher Gedanke woher stammt.

Alles Nützliche in diesem Buch ist höchstwahrscheinlich anderen zu verdanken; mein Anteil beschränkt sich in erster Linie darauf, aus den vielen Dingen, die mir andere vermittelt haben, das Mosaik zusammenzusetzen, das ich hier präsentiere.

EINLEITUNG

Die Kraft des klaren Denkens in alltäglichen Situationen

Die Zukunft wird durch das geprägt, was heute in Alltagssituationen geschieht.

Man schärft uns ein, wir müssten uns auf die großen Entscheidungen konzentrieren, nicht auf die Momente, in denen uns gar nicht klar ist, dass wir gerade eine Wahl treffen. Diese alltäglichen Momente sind für unseren Erfolg jedoch oft wichtiger als die großen Entscheidungen, nur ist das nicht immer so leicht zu erkennen.

Wir glauben, dass sich alles wie von Zauberhand fügen wird, wenn wir bei den großen Entscheidungen richtig handeln. Wenn wir die richtige Person heiraten, wird alles gut. Wenn wir uns den richtigen Beruf aussuchen, werden wir glücklich. Wenn wir richtig investieren, werden wir reich. Diese Annahme stimmt jedoch bestenfalls zum Teil. Man kann den tollsten Menschen der Welt heiraten, wenn man ihn nicht zu schätzen weiß, wird die Ehe scheitern. Man kann sich den tollsten Beruf aussuchen, wenn man sich aber nicht ins Zeug legt, kommt man nicht weiter. Man kann die perfekte Investitionsmöglichkeit entdecken, aber wenn das Konto leer ist, kann man nichts investieren. Selbst wenn unsere großen Entscheidungen in die richtige Richtung gehen, ist nicht garantiert, dass wir damit die erhofften Ergebnisse erzielen.

Alltägliche Momente betrachten wir nicht als Entscheidungen. Niemand weist uns darauf hin, dass wir mit unserer Reaktion auf die Bemerkung eines Kollegen entweder Öl oder Wasser ins Feuer gießen werden. Wäre uns klar, welch negative Folgen unser Verhalten haben könnte, würden wir das natürlich ändern. Für einen kleinen Triumph würden wir niemals bewusst alles auf Spiel setzen, was wir uns in einem ganzen Jahrzehnt erarbeitet haben – und doch tun wir es sehr oft.

Die Feinde des klaren Denkens – die primitiveren Teile unseres Wesens – verhindern, dass wir Zusammenhänge durchschauen, und machen uns das Leben umso schwerer. Wenn wir in einem Meeting aufbrausend reagieren, müssen wir uns später entschuldigen. Wenn wir mit einer Entscheidung nicht das bestmögliche Ergebnis anstreben, sondern beweisen wollen, dass wir recht haben, werden wir das später ausbaden müssen. Wenn wir freitags einen Ehestreit anfangen, kann das das ganze Wochenende verderben. Kein Wunder, dass wir nicht genug Energie haben, gestresst sind und uns ständig unter Druck fühlen.

In den meisten Alltagssituationen überlassen wir das Denken den Umständen und bemerken es gar nicht, weil der einzelne Moment so belanglos wirkt. Doch im Laufe der Wochen und Monate summieren sich diese Momente und haben großen Anteil daran, wie leicht oder schwer es uns fällt, unsere Ziele zu erreichen.

Jeder Moment stellt die Weichen für die Zukunft. Diese Weichen bestimmen, ob das Leben einfacher oder schwerer wird. Wenn unser Ego die Oberhand gewinnt und wir anderen unsere Überlegenheit beweisen wollen, machen wir uns die Zukunft schwerer. Wenn wir uns Kollegen gegenüber passiv-aggressiv verhalten, verschlechtert sich unsere Beziehung. Und auch wenn diese Momente im Augenblick nicht besonders wichtig erscheinen, haben sie zusammengenommen einen großen Einfluss auf unsere aktuelle Position. Und diese Ausgangsposition bestimmt unsere Zukunft.

Eine gute Ausgangsposition gibt Ihnen die Möglichkeit, klar zu denken, statt sich von den Umständen zu einer Entscheidung drängen zu lassen. Dass sich die Besten der Welt kontinuierlich gut entscheiden, liegt unter anderem daran, dass sie selten durch die Umstände zu einer Entscheidung gezwungen werden.

Wer gut positioniert ist, muss nicht schlauer sein als andere, um bessere Leistungen zu erzielen. In einer guten Position wirkt jeder Mensch wie ein Genie, und selbst der Klügste steht dumm da, wenn er schlecht aufgestellt ist.

Die beste Entscheidungshilfe besteht darin, dass man sich eine gute Ausgangsposition verschafft. Ein Unternehmen mit geringer Verschuldung und flüssigen Mitteln hat ausschließlich gute Optionen. In schlechten Zeiten – und diese kommen unweigerlich – werden die guten Optionen dann zu großartigen. Ein hoch verschuldetes Unternehmen ohne Barmittel kann dagegen nur zwischen schlechten Optionen wählen. Dann wird die Lage im Handumdrehen immer schlechter. Und das gilt natürlich längst nicht nur in der Wirtschaftswelt.

Die Zeit ist Ihr Freund, wenn Sie gut aufgestellt sind, und sie ist Ihr Feind, wenn Ihre Position schlecht ist. Aus einer guten Position führen viele Wege zum Sieg, aus einer schlechten vielleicht nur ein einziger.

Stellen Sie sich das wie ein Tetris-Spiel vor: Wer gut spielt, kann den nächsten Stein an vielen Stellen einsetzen, schlechte Spieler brauchen genau die richtige Form.

Vielen Menschen ist leider nicht klar, dass alltägliche Momente bestimmen, wie wir positioniert sind – und unsere Position wiederum bestimmt, welche Optionen uns zur Verfügung stehen. Klares Denken ist der Schlüssel zur richtigen Positionierung und gibt Ihnen die Möglichkeit, die Gegebenheiten selbst zu gestalten, statt von ihnen beherrscht zu werden.

Ihre aktuelle Position spielt keine Rolle. Wichtig ist, ob Sie diese Position heute verbessern.

Jeder alltägliche Moment ist eine Gelegenheit, die Zukunft leichter oder schwieriger zu gestalten. Es kommt nur darauf an, dass Sie klar denken.

TEIL 1

Die Feinde des klaren Denkens

Vergessen wir nie, dass unser Unbewusstes schlauer, schneller und machtvoller ist als wir. Vielleicht steuert es uns sogar. Niemals werden wir all seine Geheimnisse kennen.

Cordelia Fine, *Wissen Sie, was Ihr Gehirn denkt?*[1]

Schon von Weitem hörte ich Geschrei. Auf dem Weg zum Büro des CEO erwartet man so etwas normalerweise nicht, aber bei diesem CEO war das anders.

Ich betrat sein Büro, stellte meine Aktentasche auf den Tisch und nahm meinem Chef gegenüber Platz. Er reagierte nicht auf mich. Da ich schon seit Monaten für ihn arbeitete, hatte ich damit gerechnet, aber verstörend war es trotzdem.

Ich war seine erklärte rechte Hand, und eigentlich drang nichts und niemand zu ihm vor, ohne erst an mir vorbeizukommen. Deshalb war dieser Anruf so spannend. Er stand nicht im Kalender.

Während des Telefongesprächs mit der unbekannten Person war mein Chef vor Wut rot angelaufen. Ich hatte auf die harte Tour lernen müssen, dass man ihm in solchen Momenten besser nicht riet, tief durchzuatmen. Hätte ich das getan, hätte sich sein Zorn sofort auf mich gerichtet.

Als er auflegte, sah er mir kurz in die Augen. Ich wusste, dass mir nur der Bruchteil einer Sekunde für eine Äußerung blieb, sonst würde er seine Wut über diesen ungeplanten Anruf an mir abreagieren.

»Worum ging es?«, fragte ich.

»Ich musste meinen Standpunkt klarmachen«, erwiderte er.

Ich hatte keine Ahnung, mit wem er gesprochen hatte, aber die Art seiner Wut ließ mich vermuten, dass er diese Person nicht kannte. Wer für diesen CEO arbeitete, wusste genau, dass man ihm besser nichts sagte, was ihn verärgern könnte. Dazu gehörten schlechte Nachrichten, Ideen, die nicht seinen Vorstellungen entsprachen, und natürlich der Ratschlag, es gut sein zu lassen, wenn er eine Situation nur noch schlimmer machte.

Dieser Anruf sollte einer der letzten sein, die dieser CEO je in seinem Büro entgegennahm. Dieser ganz alltägliche Moment änderte alles.

Wie sich nämlich herausstellte, hatte die Person am anderen Ende der Leitung verzweifelt versucht, auf ein Problem hinzuweisen, das für die Organisation ernstliche Folgen haben konnte. Aufgrund der erbosten Reaktion wandte sie sich mit ihrem Anliegen an den Vorstand, und kurze Zeit später wurde der CEO entlassen.

Natürlich würde ich gerne behaupten, dass das unmittelbar auf sein Verhalten zurückzuführen war, aber sicher ist Ihnen klar, dass das nicht stimmt. Er wurde gefeuert, weil sein Ego ihn daran gehindert hatte, auf das zu reagieren, was man ihm mitteilen wollte. Hätte er klar denken können, hätte er seinen Job vielleicht noch heute.*

* Einige Einzelheiten dieser Geschichte habe ich abgeändert, um die Identität der betroffenen Person zu schützen, doch im Wesentlichen hat es sich so zugetragen.

1.

Schlecht gedacht – oder gar nicht gedacht?

Alle Vernunft nützt nichts, wenn man nicht weiß, *wann* man sie einsetzen soll.

Wenn es darum geht, wie man sein Denken verbessern könnte, nennen viele Menschen verschiedene Hilfsmittel, die ein rationaleres Denken ermöglichen sollen. In Buchhandlungen stehen reihenweise Werke, die von der Grundannahme ausgehen, dass wir nicht richtig nachdenken. Sie erläutern, wie wir vorgehen und welche Strategien wir nutzen sollten, um bessere Entscheidungen zu treffen. Und das kann durchaus sinnvoll sein, wenn man weiß, dass man gerade nachdenken sollte.

Allerdings beobachte ich bei echten Menschen im wahren Leben – etwa bei dem erbosten CEO –, dass sie oft gar nicht merken, dass sie das Denken den Gegebenheiten überlassen. Es ist, als würden wir darauf warten, dass uns eine innere Stimme sagt: »Halt! Jetzt musst du nachdenken!«

Und weil wir nicht wissen, dass wir denken sollten, überlassen wir unseren Impulsen das Kommando.

In der Phase zwischen Reiz und Reaktion gibt es zwei Möglichkeiten. Sie können entweder bewusst innehalten und die Situation vernünftig überdenken, oder Sie geben das Kommando aus der Hand und führen ein Standardverhalten aus.

Nur ist es leider so, dass unser Standardverhalten oft alles nur noch schlimmer macht.

Wenn uns jemand beleidigt, schlagen wir mit zornigen Worten zurück.

Wenn uns jemand ins Wort fällt, sehen wir darin einen persönlichen Angriff.

Wenn etwas länger braucht, als uns lieb ist, werden wir ärgerlich und ungeduldig.

Wenn jemand passiv-aggressiv ist, springen wir darauf an und lassen die Situation eskalieren.

Bei derartigen Reaktionen erkennen wir nicht, dass unser Gehirn von unserer Biologie gekapert wurde und das Ergebnis nicht dem entsprechen wird, was wir erreichen wollen. Wir erkennen nicht, dass es dem Team schadet, wenn wir zu unserem eigenen Vorteil Informationen horten. Wir erkennen nicht, dass wir die Ansichten der Gruppe übernehmen, obwohl wir eigentlich selbstständig denken sollten. Wir erkennen nicht, dass unsere Gefühle uns zu Verhaltensweisen veranlassen, die letztlich zu Problemen führen werden.

Um bessere Ergebnisse zu erzielen, müssen wir also zuallererst dafür sorgen, dass wir erkennen, wann Urteilsvermögen gefragt ist und wir innehalten müssen, um Raum für klare Gedanken zu schaffen. Das kostet viel Zeit und Mühe, denn dabei müssen wir gegen unsere im Laufe der Jahrhunderte gewachsenen, fest einprogrammierten biologischen Standardeinstellungen angehen. Doch wir können es nicht nur schaffen, die Alltagsmomente zu beherrschen, die uns die Zukunft leichter oder schwerer machen, es ist sogar von entscheidender Bedeutung, um Erfolg zu haben und langfristige Ziele zu erreichen.

Kontrollverlust ist kostspielig

Unüberlegtes Reagieren macht jede Situation schlimmer.

Das zeigt ein Szenario, das ich schon unzählige Male erlebt habe. In einem Meeting äußert sich ein Kollege abschätzig über ein Projekt, für das Sie verantwortlich sind. Instinktiv schlagen Sie mit einem Kommentar zurück, der den Kollegen oder seine Arbeit in ein schlechtes Licht rückt. Diese Antwort war keine bewusste Entscheidung, sondern ist Ihnen einfach herausgerutscht. Ehe Sie es sich versehen, ist es passiert. Darunter leidet nicht nur das Verhältnis zum Kollegen, sondern das gesamte Meeting.

Nun müssen Sie viel Energie aufbringen, um die Ausgangssituation wiederherzustellen. Sie müssen das Verhältnis kitten, das gescheiterte Meeting muss neu angesetzt werden, vielleicht müssen Sie auch Gespräche mit anderen Beteiligten führen, um die Sache aus der Welt zu schaffen. Und trotz alledem kann es sein, dass Sie anschließend schlechter dastehen als davor. Alle, die den Vorfall miterlebt haben, und alle, die davon hören, haben unbewusst ein Signal empfangen, das das Vertrauen in Sie untergräbt. Somit müssen Sie sich nun monatelang als zuverlässig beweisen, um das Vertrauen zurückzugewinnen.

Die Menge an Zeit und Energie, die Sie für die Wiedergutmachung vermeidbarer Fehler aufwenden, fehlt Ihnen, um auf Ihre gewünschten Ergebnisse hinzuarbeiten. Es ist ein gewaltiger Vorteil, wenn Sie mehr Energie für die Arbeit an Ihren Zielen zur Verfügung haben. Wer klares Denken beherrscht, kann sich stärker für die erwünschten Ergebnisse engagieren als Menschen, die dazu nicht in der Lage sind.

Allerdings werden Sie kaum klar denken können, wenn Sie Ihre Standardreaktionen nicht in den Griff bekommen.

Biologische Instinkte

Nichts ist so stark wie biologische Instinkte. Sie steuern uns oft, ohne dass wir es überhaupt merken. Wenn wir uns das nicht eingestehen, wird ihr Einfluss nur noch größer.

Wenn Sie nicht nachvollziehen können, wieso Sie in manchen Situationen auf die denkbar schlechteste Weise reagieren, dann liegt das nicht an Ihrem Verstand. Ihr Verstand tut genau das, was die Biologie von ihm verlangt: Er reagiert auf Bedrohungen schnell und effizient, ohne wertvolle Zeit mit Nachdenken zu vergeuden.

Wenn bei Ihnen zu Hause eingebrochen wird, stellen Sie sich instinktiv zwischen den Eindringling und Ihre Kinder. Wenn jemand mit bedrohlicher Miene auf Sie zukommt, werden Sie misstrauisch. Wenn Sie fürchten, Ihre Stelle könne in Gefahr sein, horten Sie unter Umständen unbewusst Informationen. Ihr Primatengehirn meint nämlich, man könne Sie nicht feuern, wenn Sie sich unentbehrlich machen. Dabei steuert die Biologie, nicht der rationale Verstand, Ihr Verhalten.

Wenn sich unsere Lage durch eine unüberlegte Reaktion verschlechtert hat, macht uns die kleine Stimme in unserem Kopf schwere Vorwürfe: »Was hast du dir nur dabei gedacht?« In Wahrheit haben wir überhaupt nichts gedacht, sondern nur reagiert, wie es Tiere tun – schließlich sind wir ja auch Tiere. Der Verstand war nicht im Spiel, nur die Biologie.

Unsere biologischen Veranlagungen sind fest in uns verankert.* Diese Veranlagungen haben unseren urzeitlichen Vorfahren oft gute Dienste geleistet, aber heute stehen sie uns eher im Weg. Diese zeitlosen Verhaltensweisen wurden in Philosophie und Wissenschaft ausführlich erörtert, von Aristoteles und den Stoikern bis hin zu Daniel Kahneman und Jonathan Haight.[2]

---

* Ich danke Peter Kaufman für die vielen Gespräche zu diesem Thema, die mein Denken stark beeinflusst haben.

So neigen wir beispielsweise wie alle Tiere **von Natur aus dazu, unser Revier zu verteidigen.**[3] Dabei geht es aber nicht unbedingt um ein Stück Land in der afrikanischen Savanne, denn ein Revier ist nicht nur physischer, sondern auch psychologischer Natur. Unsere Identität ist ebenfalls Teil unseres Reviers. Wenn jemand unsere Arbeit, unseren Status oder unser Selbstverständnis kritisiert, schalten wir instinktiv auf stur oder verteidigen uns. Wenn unsere Überzeugungen infrage gestellt werden, hören wir nicht mehr zu, sondern gehen zum Angriff über. Ohne nachzudenken, aus einem rein tierischen Instinkt heraus.

Wir sind von Natur aus darauf programmiert, die Welt hierarchisch zu ordnen. Das tun wir, um sie zu begreifen, um unsere Überzeugungen aufrechtzuerhalten und um uns allgemein besser zu fühlen. Aber wenn jemand unseren Platz in der Welt und unsere Sicht auf diese Welt angreift, reagieren wir, ohne nachzudenken. Wenn Sie in Rage geraten, weil Ihnen jemand die Vorfahrt nimmt, dann sagt Ihr Unterbewusstsein: »Wieso meinst du, dass du dir das erlauben kannst?« Sie reagieren auf eine Bedrohung Ihres angeborenen Hierarchieempfindens. Im Straßenverkehr sind wir alle gleich. Wir müssen uns alle an die gleichen Regeln halten. Wer anderen die Vorfahrt nimmt, verstößt gegen diese Regeln und impliziert damit einen höheren Status.* Ein anderes Beispiel wäre, dass Sie eine leidige Diskussion mit Ihren Kindern beenden, indem Sie verkünden: »Weil ich das sage.« (Oder im Büro entsprechend: »Weil ich hier das Sagen habe.«) In solchen Situationen denken Sie nicht mehr, sondern zeigen die angeborene Neigung, die Hierarchie zu unterstreichen.

Wir haben einen Selbsterhaltungstrieb. Die meisten von uns würden niemals absichtlich einen anderen Menschen niedermachen, um unser Ziel zu erreichen.† Das Schlüsselwort ist dabei

---

* Ich bin mir ziemlich sicher, dass ich dieses Beispiel erstmals von Jim Rohn gehört habe, kann aber keine genaue Quelle finden.

† Natürlich mit Ausnahme der Person, für die Taylor Swift den Song »Better Than Revenge« geschrieben hat.

jedoch »absichtlich«, denn Absicht erfordert Denken. Wenn wir getriggert werden und nicht nachdenken, übernimmt unser Selbstschutz das Ruder. Wenn in einem Unternehmen Entlassungen drohen, fallen sogar sonst sehr anständige Menschen anderen schnell in den Rücken, um den eigenen Job zu retten. Natürlich würden sie ihren Kollegen niemals bewusst schaden, aber wenn es »die oder ich« heißt, sorgen sie dafür, dass sie die Oberhand behalten. Das ist Biologie.

Unsere biologischen Instinkte bewirken eine automatische Reaktion ohne bewusste Informationsverarbeitung. Dafür sind sie schließlich da!

Bewusstes Verarbeiten kostet Zeit und Energie. Die Evolution hat auf kurze Wege zwischen Reiz und Reaktion gesetzt, weil sie für die Gruppe von Vorteil sind: Sie machen die *Gruppe* stärker, sichern ihr Überleben und die Fortpflanzung. Als die Menschheit in Gruppen aufgeblüht ist, entwickelten sich Hierarchien, die im Chaos Ordnung stifteten und uns allen einen Platz zuwiesen. Mithilfe von Revieren versuchten wir, Auseinandersetzungen mit anderen zu vermeiden – du lässt mir mein Revier, ich dir deins. Gleichzeitig sorgt der Selbsterhaltungstrieb dafür, dass wir dem Überleben Vorrang vor Regeln, Normen oder Sitten geben können.

Problematisch wird es, wenn man vom großen Ganzen auf das Individuum blickt, von den Äonen der Evolution auf den aktuellen Moment, in dem eine Entscheidung fällt. Heutzutage ist das grundsätzliche Überleben nicht mehr in Gefahr. Die Veranlagungen, die einst nützlich waren, hemmen uns jetzt oft, schwächen unsere Position und machen vieles schwerer, als es sein müsste.

Standardeinstellungen erkennen

Es gibt zwar viele Instinkte dieser Art, aber vier sind meiner Ansicht nach besonders stark ausgeprägt, typisch und gefährlich. Diese Verhaltensweisen sind quasi die Standard- oder Werkseinstellungen unseres Gehirns.[4] Es handelt sich dabei um programmiertes Verhalten, das durch die natürliche Auslese in unsere DNA eingegangen ist und von unserem Gehirn bei bestimmten Auslösern automatisch ausgeführt wird, sofern wir nicht dagegen vorgehen und uns Zeit zum Überlegen nehmen. Diese Einstellungen haben viele Namen, aber in diesem Buch möchte ich sie als *emotionale Standardeinstellung, Ego-Standardeinstellung, soziale Standardeinstellung* und *Trägheits-Standardeinstellung* bezeichnen.

Und so wirken diese Standardeinstellungen:

1. Emotionale Standardeinstellung: Wir neigen dazu, eher auf Gefühle zu reagieren als auf Argumente und Fakten.
2. Ego-Standardeinstellung: Wir neigen dazu, auf alles zu reagieren, was unser Selbstwertgefühl oder unsere Position in einer Gruppenhierarchie gefährdet.
3. Soziale Standardeinstellung: Wir neigen dazu, uns an die Normen unserer größeren sozialen Gruppe anzupassen.
4. Trägheits-Standardeinstellung: Wir bilden Gewohnheiten und wollen es bequem haben. Wir neigen dazu, Veränderungen abzulehnen, und bevorzugen Ideen, Abläufe und Umgebungen, die uns vertraut sind.

Diese Standardeinstellungen lassen sich nicht scharf voneinander trennen, die Grenzen sind fließend. Jede für sich kann bereits zu unnötigen Fehlern führen, doch wenn sie zusammenwirken, hat das oft schlimme Folgen.

Wer die eigenen Standardeinstellungen im Griff hat, erzielt in der Praxis die besten Ergebnisse. Das heißt nicht, dass diese Leute keine Launen oder kein Ego haben – sie wissen nur, wie sie beides steuern können, statt sich davon steuern zu lassen. Sie können heute in Alltagssituationen klar denken und verschaffen sich damit immer wieder eine gute Ausgangsposition für morgen.

Im folgenden Kapitel werde ich erläutern, wie sich diese Standardeinstellungen im menschlichen Verhalten manifestieren und wie Sie erkennen, wenn sie bei Ihnen selbst am Werke sind. Sie werden dann nicht nur Ihr eigenes Verhalten besser verstehen, sondern künftig auch erkennen, wenn andere von ihren Standardeinstellungen gesteuert werden.

2.

Die emotionale Standardeinstellung

Der Pate ist einer meiner Lieblingsfilme, unter anderem weil man daraus so viel über das Unternehmertum lernen kann. Vito Corleone, das Oberhaupt der Gangsterfamilie Corleone, ist der Inbegriff von Geduld und Disziplin. Er hat seine Standardeinstellungen fest im Griff und zeigt deshalb niemals unüberlegte Reaktionen. Wenn er reagiert, dann mit gnadenloser Effizienz.

Vitos ältester Sohn, Santino alias »Sonny«, ist Vitos designierter Erbe. Im Gegensatz zu seinem Vater ist Sonny rachsüchtig, impulsiv und hitzköpfig. Er gerät leicht in Rage, reagiert spontan und denkt erst im Nachhinein nach. Mit seinen unnötigen Fehlern macht er sich selbst das Leben schwer.

Sonny wird, ohne dass er es merkt, von seiner emotionalen Standardeinstellung beherrscht. Einmal schlägt er in aller Öffentlichkeit seinen Schwager Carlo Rizzi zusammen, was später ungeahnte Folgen haben wird. Bei einer anderen Gelegenheit versucht eine rivalisierende Familie Vito als Partner für Drogengeschäfte zu gewinnen. Vito lehnt ab, doch Sonny stimmt schnell und unüberlegt zu und untergräbt damit die Position seines Vaters. Nach dem Treffen erteilt Vito seinem Sohn eine Lektion: »Du darfst nie einen Menschen, der nicht zur Familie gehört, merken lassen, was du denkst.« Doch der Ratschlag kommt zu spät, der Schaden ist bereits angerichtet. Der Dealer ist überzeugt davon, dass Sonny sich auf das

Geschäft einlassen wird, wenn Vito aus dem Weg geräumt werden kann. Sonnys Indiskretion führt zu einem Anschlag auf Vito, der dabei schwer verwundet wird.

Während Vito im Krankenhaus liegt, übernimmt Sonny die Rolle des Familienoberhaupts. Mit seiner impulsiven Art zettelt er einen richtiggehenden Krieg mit den anderen Mafiafamilien an. Carlo Rizzi, der Sonny noch immer dafür hasst, dass er ihn vor seinen Leuten verprügelt hat, tut sich unterdessen mit einer rivalisierenden Familie zusammen, um ihn zu töten. Er verleitet Sonny zu einer unüberlegten Reaktion, die zu dessen brutaler Ermordung auf dem Jones Beach Causeway führt.

Sonny fällt letztlich seinem unbeherrschten Temperament zum Opfer, und so geht es auch vielen anderen. Wenn wir unüberlegt handeln, machen wir leichter Fehler, die im Nachhinein offensichtlich erscheinen. Bei emotionalen Reaktionen ist uns oft überhaupt nicht klar, dass wir eigentlich nachdenken sollten. Wenn man sich vom Augenblick mitreißen lässt, helfen die besten Denktechniken der Welt nicht weiter.

Vom Fühlen zum Handeln

In uns allen steckt ein bisschen Sonny. Wenn wir Wut, Angst oder ein anderes Gefühl verspüren, haben wir den Drang, sofort zu handeln. Aber die Handlung, zu der wir uns in solchen Augenblicken gedrängt fühlen, tut uns selten gut.

Wut auf Rivalen verhindert, dass Sie das tun, was für Sie selbst am besten ist. Die Angst, eine Chance zu verpassen, verleitet Sie dazu, impulsiv statt überlegt zu handeln. Empörung über eine Kritik bewirkt, dass Sie zum Gegenangriff übergehen und damit mögliche Verbündete vor den Kopf stoßen. Das sind nur einige Beispiele von vielen.

Gefühle können sämtliche Fortschritte zunichtemachen. Im Handumdrehen ist etwas zerstört, in das Sie viele Überlegungen oder viel Arbeit investiert haben. Niemand ist davor gefeit. Der Sportschütze Matthew Emmons beispielsweise galt als Ausnahmetalent und dominierte seinen Sport. Er war auf dem besten Weg, zum zweiten Mal olympisches Gold zu gewinnen, als ihm die emotionale Standardeinstellung in die Quere kam. Emmons war in der letzten Runde. Er zielte. Er schoss. Volltreffer. Allerdings hatte er auf das falsche Ziel gefeuert! Mit dem richtigen hätte er sich die Goldmedaille gesichert, doch so bekam er null Punkte und rutschte auf den achten Platz ab.

Im Nachhinein sagte Emmons, dass er sich normalerweise durch das Zielfernrohr vergewisserte, dass über dem Ziel die richtige Zahl stand, ehe er das Bullseye anpeilte. Dieses eine Mal hatte er diesen entscheidenden ersten Schritt jedoch ausgelassen.

»Bei diesem Schuss«, so berichtete er, »habe ich nur darauf geachtet, möglichst ruhig zu werden … deshalb habe ich die Zahl gar nicht angeschaut.«[5] So landete er einen Treffer für die emotionale Standardeinstellung.

Emmons Fehlleistung bei den Olympischen Spielen ist zwar legendär, aber nichts im Vergleich zu der Tragödie, die ein ehemaliger Kollege erlebte, den ich hier Steve nennen möchte. Mir war aufgefallen, dass Steve immer ganz still wurde, wenn bei Geschäftsessen politische Themen diskutiert wurden. Eines Tages, als wir unter uns waren, erkundigte ich mich nach dem Grund.

Daraufhin erfuhr ich eine Geschichte, die ich nie vergessen werde.

Steve hatte einmal seine Eltern zum Abendessen eingeladen, und als die Rede auf Politik und Steuern kam, wurde es hitzig. Steve wurde von seinen Gefühlen übermannt und sagte Dinge, die er wahrscheinlich nicht so meinte. Dinge, die man nicht zurücknehmen kann. Dinge, die man nur dann sagt, wenn man unüberlegt reagiert.

Das war das letzte Mal, dass Steve mit seinen Eltern gesprochen hat. Auf dem Heimweg wurde ihr Wagen frontal von einem betrunkenen Autofahrer erfasst. Beide starben bei dem Unfall. Dieser

Abend verfolgt Steve bis heute. Ihn quält die Erinnerung an diese Situation, an diesen Alltagsmoment, den er für immer bereuen wird.

Gefühle können selbst die Besten dumm dastehen lassen und am klaren Denken hindern. Allerdings bekommen die Gefühle dabei oft Verstärkung. Wir werden noch auf verschiedene biologische Schwachstellen eingehen, die dazu führen, dass wir besonders anfällig dafür sind, nach der emotionalen Standardeinstellung zu handeln: Schlafmangel, Hunger, Müdigkeit, Gefühle, Ablenkung, Stress durch Zeitdruck und ungewohnte Umgebungen. In solchen Situationen sollten Sie besonders auf der Hut sein, denn höchstwahrscheinlich hat dann die emotionale Standardeinstellung das Ruder übernommen. Außerdem werden wir uns mit Schutzmaßnahmen befassen, die Ihnen in solchen Situationen helfen können.

3.

Die Ego-Standardeinstellung

Um noch einmal auf den *Paten* zurückzukommen: Carlo Rizzi ist ein gutes Beispiel für eine andere Standardeinstellung, nämlich das Ego.

Carlo wird Teil der Corleone-Familie, als er Vitos Tochter Connie heiratet. Als Außenseiter steht er in der sozialen Hierarchie relativ weit unten. Hochmut und Ego bewirken, dass ihn seine Nebenrolle im Familienunternehmen zunehmend frustriert. Dieser Frust verleitet ihn zu einigen unverzeihlichen Handlungen.

So etwas geschieht im Leben immer wieder: Die Ego-Standardeinstellung drängt uns dazu, um jeden Preis unser Selbstbild zu fördern und zu schützen.

In Carlos Fall ist es so, dass ihm ständig sein geringer Status in der Familie vor Augen geführt wird, während er gleichzeitig sein Selbstbild verteidigen will (*»Ich kann mehr leisten, aber sie lassen mich nicht.«*). Deshalb begeht er letztlich den ultimativen Verrat. Carlo hatte nie die Absicht, die Familie Corleone von innen heraus zu zerstören, er wollte nur eine Rolle, die seinem Selbstverständnis entsprach. Der tägliche Frust über seinen geringen Stellenwert löste eine Kettenreaktion aus, die er nie beabsichtigt hatte.

Erfolgreich wirken oder erfolgreich sein

Selbstvertrauen ist nicht gleich Selbstvertrauen. Manchmal basiert es auf der Erfahrung, das eigene fundierte Wissen erfolgreich eingesetzt zu haben, und manchmal geht es nur auf ein oberflächliches Zeitungsartikel-Wissen zurück. Es ist schon erstaunlich, wie oft das Ego fremdes Wissen in uneingeschränktes Selbstbewusstsein verwandelt.

Oberflächliches Wissen kann gefährlich sein; das musste eins meiner Kinder auf die harte Tour lernen. Um sich Zeit und Mühe zu sparen, verfasste mein Sohn seine Französisch-Hausaufgaben einfach auf Englisch und jagte sie durch ein Online-Übersetzungstool. Auf meine Frage, wieso er so schnell fertig sei, sagte er nur, die Aufgabe sei eben sehr simpel gewesen. Natürlich merkte seine Französischlehrerin sofort, was Sache war, und gab ihm null Punkte.

Unser Ego verleitet uns dazu, uns für besser zu halten, als wir sind. Wenn wir das Ego nicht bändigen, kann Selbstvertrauen zu Selbstüberschätzung oder sogar zu Arroganz werden. Wir informieren uns ein bisschen im Internet und halten uns sofort für die Schlauesten. Alles wirkt so einfach, deshalb gehen wir Risiken ein, die uns vielleicht gar nicht richtig klar sind. Solch unbegründetem Selbstvertrauen müssen wir entgegenwirken, um das zu erreichen, was wir erreichen wollen.

Als ich kürzlich einen Vortrag über die steigende Zahl von Obdachlosen besuchte, sagte mein Sitznachbar zu mir, die Lösung für dieses tiefgehende, komplexe Problem liege doch auf der Hand. Unbegründetes Selbstvertrauen, das wahrscheinlich auf oberflächlichen Informationen beruhte, gaukelte ihm vor, das Problem sei ganz einfach zu lösen. Diejenigen dagegen, deren Selbstvertrauen auf hart erarbeitetes Wissen zurückging, waren ganz anderer Meinung und konnten die Lage durchaus realistisch einschätzen.

Oberflächliche Informationen verleiten uns zu vorschnellen Urteilen. »Ich hab's begriffen«, denken wir. Unwahrscheinliche Szenarios schließen wir aus und denken nur an den Optimalfall.

Mit unserem neuen (und falschen) Selbstvertrauen fühlen wir uns gegen Unglück gefeit – schlimme Dinge passieren nur anderen.[6]

Aber Selbstvertrauen macht weder schlechte Ergebnisse unwahrscheinlicher noch gute Ergebnisse wahrscheinlicher, sondern lediglich blind für die Risiken. Außerdem führt das Ego dazu, dass wir vor allem danach streben, unsere vermeintliche Position in einer sozialen Hierarchie zu erhalten oder zu verbessern, statt unser Wissen oder unsere Fähigkeiten auszubauen.

Dass es uns im Beruf oft schwerfällt, andere zu fördern, liegt unter anderem daran, dass wir uns wichtig und unentbehrlich vorkommen, wenn jede Entscheidung von uns abhängt. Aufgrund dieser Abhängigkeit fühlen wir uns nicht nur gebraucht, sondern auch mächtig. Je mehr Menschen von uns abhängig sind, desto stärker unser Gefühl der Macht. Allerdings ist diese Haltung oft selbstzerstörerisch. Eine Situation, die wir selbst geschaffen haben, nimmt uns immer stärker gefangen, bis es kein Zurück mehr gibt; wir müssen uns immer mehr anstrengen, um unsere Position zu verteidigen, und die Grenze zur rohen Gewalt* rückt immer näher. Es ist nur eine Frage der Zeit, bis alles in sich zusammenstürzt.

Menschen, die bewundert werden wollen, zeigen der Welt, wie man sie manipulieren kann. Dass wir nach außen hin Größe ausstrahlen, ist uns oft wichtiger als wahre Größe. Wenn jemand das Bild stört, das wir von uns selbst haben (oder das wir vermitteln wollen), regt sich das Ego und lässt uns oft unüberlegt handeln. Carlo Rizzi ist ein fiktives Beispiel, aber es gibt auch viele aus dem echten Leben.

Im September 1780 beispielsweise traf sich der amerikanische General Benedict Arnold heimlich mit einem britischen Spion. Für 20 000 Pfund und ein britisches Militärkommando erklärte Arnold sich bereit, den Briten das Fort in West Point auszuliefern, das damals unter seinem Kommando stand.

---

* Diesen Begriff habe ich von Brent Beshore gelernt.

Welch mächtige Kraft kann dazu führen, dass jemand sein Land verrät? Arnold hatte den gleichen Grund wie Carlo Rizzi: langjähriger Groll aufgrund seiner gesellschaftlichen Stellung.

Arnold war ein fähiger Offizier, aber allgemein unbeliebt. Er war eifersüchtig und beschwerte sich häufig darüber, dass der Kongress bei Beförderungen jüngeren, weniger kompetenten Offizieren den Vorzug gab. Er reagierte unüberlegt auf tatsächliche oder vermeintliche gesellschaftliche Kränkungen; dass er Andersdenkende oft demütigte, um seine Überlegenheit zu beweisen, brachte ihm viele Feinde ein.

Dennoch gewann er das Vertrauen des Oberbefehlshabers der Kontinentalarmee, George Washington, der Arnold zum Militärgouverneur von Philadelphia ernannte. Damals warb Arnold um die Hand von Peggy Shippen, die aus einer reichen Familie aus Philadelphia stammte.

Die Shippens waren loyalistische Sympathisanten, die sich nur für Verbindungen zu ähnlich wohlhabenden Menschen interessierten. Arnold war jedoch nicht wohlhabend. Als er noch ein Kind war, hatte sein alkoholkranker Vater das Vermögen der Familie vertrunken. Seitdem war Arnold bemüht, die gesellschaftliche Stellung der Familie wiederherzustellen.

Er führte ein extravagantes Leben und veranstaltete großzügige Partys, um sich den Respekt der reichen Elite Philadelphias zu verdienen. Den Shippens versprach er, Peggy vor ihrer Hochzeit eine große Geldsumme zu schenken, um seine Finanzkraft unter Beweis zu stellen, und nahm eine große Hypothek auf, um ein Herrenhaus zu kaufen. Als die beiden schließlich heirateten, war Arnold hoch verschuldet. Das Paar konnte sein prächtiges Haus gar nicht bewohnen, weil es vermietet werden musste, um die Hypothek zu tilgen.

Arnolds Lebensstil blieb bei seinen Feinden nicht unbemerkt. Zu diesen Feinden zählte auch Joseph Reed, der skrupellose Generalstaatsanwalt von Pennsylvania. Er klagte Arnold aus fadenscheinigen Gründen an, die ihn in erster Linie öffentlich demütigen sollten. Allerdings stellte sich heraus, dass Arnold seine Position als Militärgouverneur missbraucht hatte, um sich finanziell zu bereichern. Schließlich kam sein Fall vor ein Kriegsgericht. General Washington beließ es bei einem Verweis, doch Arnold fühlte sich von ihm hintergangen.

Kurze Zeit später verriet er sein Land.

Arnolds Stolz war verletzt worden. Er wollte anderen seinen Wert und seine Bedeutung beweisen. Er wollte erreichen, dass andere ihn so sahen, wie er sich selbst sah. Als das nicht geschah, traf er keine wohlüberlegten Entscheidungen mehr und ging letztlich aus den falschen Gründen in die Geschichte ein.

Wer hat nicht selbst schon einmal eine ähnliche Situation erlebt? Jemand, der Ihnen nahesteht, nimmt Sie nicht so wahr, wie Sie es gerne hätten. Vielleicht merkt niemand, wie einfühlsam Sie sind. Oder vielleicht sieht niemand, wie Sie sich aufopfern. Wenn das eigene Ego befriedigt werden will – sei es im Privaten oder im Beruf –, denkt man nicht nach, sondern tut Dinge, die man sonst nicht tun würde, etwa die Konkurrenz kontaktieren oder auf einer Party mit Fremden flirten. Allzu oft habe ich schon erlebt, dass sich Menschen im Beruf nicht mehr zu 100 Prozent engagieren, wenn sie sich nicht ausreichend gewürdigt fühlen.* Das Ego kapert das Unterbewusstsein, wirft die langfristigen Ziele über Bord und führt uns ins Verderben.

Wäre Arnold nicht so egozentrisch gewesen – hätte er weniger impulsiv reagiert und mehr nachgedacht –, hätte er vielleicht erkannt, dass seine langfristigen politischen Ziele und das Wohlergehen seiner Familie einen bescheideneren Lebensstil erfordert hätten.

---

* Dieses Verhalten gibt es zwar schon länger, aber seit der COVID-Pandemie im Jahr 2020 existiert dafür der Ausdruck Quiet Quitting oder stille Kündigung.

Sich im Recht fühlen statt recht haben

Unser Drang, uns im Recht zu fühlen, ist stärker als der Drang, recht zu haben.

Die Ego-Standardeinstellung bewirkt, dass wir uns lieber im Recht fühlen, statt im Recht zu sein. Kaum etwas ist so angenehm, wie recht zu haben – das geht so weit, dass wir unbewusst willkürliche Hierarchien schaffen, damit unsere Überzeugungen Bestand haben und wir uns besser fühlen. Bewusst aufgefallen ist mir das zum ersten Mal mit 16 Jahren, als ich in einem Lebensmittelladen gearbeitet habe.

Ein bestimmter Kunde verhielt sich dem Personal gegenüber immer fürchterlich. Er fuhr mit seinem schicken Wagen vor, parkte unerlaubterweise direkt vor der Tür und kam eilig hereingestürmt, um auf die Schnelle etwas zu besorgen. Wenn er warten musste, gab er dreiste Kommentare ab und forderte lautstark, alle sollten sich beeilen. Wir nannten ihn Mr. Rolex.

Als er eines Tages in der Schlange an meiner Kasse wartete, fuhr er mich an: »Verdammt noch mal, mach schneller, diese Rolex bezahlt sich nicht von selbst.«

Ich werde meine Antwort hier nicht wiedergeben, sondern nur sagen, dass sie mich meinen Job gekostet hat.

Doch das war es mir wert, denn diese Erfahrung hat mir gezeigt, dass manche Menschen, zum Teil unbewusst, Hierarchien nach Geld und Status aufstellen. So sorgte Mr. Rolex dafür, dass er immer als Sieger vom Platz ging.

Ich weiß noch genau, dass ich an jenem Abend auf dem Heimweg dachte, dass ich zwar keinen Job mehr hatte, aber immerhin nicht so war wie dieser Typ. Und damit schuf ich mir eine Welt, in der ich, der gerade entlassene Schüler ohne Auto oder protzige Uhr, der Sieger war. Ich hatte die Welt unbewusst so umgestaltet, dass ich über dem Kerl stand und mich besser fühlen konnte.

An jenem Tag ließen wir uns beide – Mr. Rolex und ich – von der Ego-Standardeinstellung steuern.

Die meisten Menschen glauben ein Leben lang, dass sie immer im Recht sind … und alle, die eine abweichende Meinung haben, im Unrecht.[7] Wir verwechseln die Welt, die wir uns wünschen, mit der Realität. Das gilt in allen Bereichen: Wir sind in politischen Fragen im Recht, in Bezug auf andere Menschen und auch, wenn es um Erinnerungen geht; einfach immer. Wir denken, dass die Welt so ist, wie wir sie gerne hätten.

Natürlich können wir nicht immer mit allem richtigliegen. Jeder Mensch macht Fehler oder lässt sich von Erinnerungen täuschen. Trotzdem wollen wir uns immer im Recht *fühlen* und im Idealfall erreichen, dass andere dieses Gefühl bestätigen. Deshalb verwenden wir Unmengen an Energie darauf, anderen – oder uns selbst – zu beweisen, dass wir im Recht sind. Dabei geht es uns weniger um das Ergebnis als darum, unser Ego zu schützen.

Später werde ich genauer erläutern, wie man gegen die Ego-Standardeinstellung angehen kann. Vorläufig sollten Sie sich merken, woran Sie erkennen, dass sie sich regt. Wenn Sie feststellen, dass Sie sehr viel Energie darauf verwenden, wie man Sie wahrnimmt, wenn Sie oft gekränkt sind, wenn Sie meinen, dass Sie sich bestens auskennen, nur weil Sie einen oder zwei Artikel zu einem Thema gelesen haben, wenn Sie immer beweisen wollen, dass Sie recht haben und Fehler nur schwer eingestehen können; wenn es Ihnen schwerfällt, »Ich weiß es nicht« zu sagen, wenn Sie häufig Neid empfinden oder den Eindruck haben, dass Sie nie die gebührende Anerkennung bekommen, dann seien Sie auf der Hut! Ihr Ego ist am Ruder.

4.

Die soziale Standardeinstellung

Wo alle dasselbe denken,
wird nicht viel gedacht.

Walter Lippmann, *The Stakes of Diplomacy*[8]

Vor etlichen Jahren erlebte ich bei einer Konferenz einen besonders unschönen und schlechten Vortrag. Als er zu Ende war, fingen andere an zu klatschen. Ich zögerte erst, machte dann aber trotzdem mit. Alles andere wäre mir unangenehm gewesen.*

Die soziale Standardeinstellung verleitet zur Anpassung. Sie drängt uns dazu, uns einer Idee oder einem Verhalten anzuschließen, nur weil andere Menschen es auch tun. Damit ist sie der Inbegriff dessen, was mit »Gruppenzwang« gemeint ist: der Wunsch, dazuzugehören, die Angst, außen vor zu bleiben, verachtet zu werden, andere zu enttäuschen.

---

* Im Laufe der Geschichte haben Machthaber immer wieder einfaches Klatschen eingesetzt, um Menschen zu manipulieren. In Theatern oder Opernhäusern saßen oft professionelle Beifallklatscher, Claqueure genannt. Diese gab es schon zu Zeiten Kaiser Neros, dessen Darbietungen oft von Tausenden von Soldaten beklatscht wurden. Sobald ein paar Leute damit anfangen, wird unsere soziale Standardeinstellung aktiviert und wir ertappen uns – genau wie ich damals – dabei, dass wir mitklatschen, ohne zu wissen, warum.

Dass wir zur Gruppe gehören wollen, ist evolutionär bedingt. Ein hohes Maß an Angepasstheit war für die Interessen der Gruppe sehr zuträglich, diente aber auch unseren individuellen Interessen. Im Stamm war das Überleben schwierig, außerhalb des Stammes jedoch unmöglich. Da wir die Gruppe brauchten, wurden die individuellen Interessen den Gruppeninteressen untergeordnet. Obwohl sich unsere heutige Welt erheblich von der Welt unserer Urahnen unterscheidet, orientieren wir unser Verhalten nach wie vor an anderen.

Wenn man sich der Masse anschließt, sind die sozialen Belohnungen schnell zu spüren, während die Vorteile eines eigenen Wegs viel länger auf sich warten lassen. Die Persönlichkeit eines Menschen lässt sich unter anderem daran messen, inwieweit jemand das Richtige tut, auch wenn es gegen die allgemeine Meinung geht. Allerdings überschätzen wir nur zu leicht unsere Bereitschaft, von der Masse abzuweichen, während wir den biologischen Instinkt zur Anpassung oft unterschätzen.

Die soziale Standardeinstellung drängt uns dazu, unsere Gedanken, Überzeugungen und Ergebnisse anderen zu überlassen. Wenn alle etwas tun, lässt sich leicht rechtfertigen, dass man es genauso macht. Wozu einen Sonderweg einschlagen, Verantwortung für Ergebnisse übernehmen oder selbst denken? Schalten Sie Ihr Gehirn einfach auf Autopilot und lehnen Sie sich gemütlich zurück.

Die soziale Standardeinstellung begünstigt das sogenannte *Virtue Signaling* – wir stellen Überzeugungen zur Schau, die von anderen akzeptiert oder gelobt werden, und zwar besonders dann, wenn uns das nichts kostet.

Der Princeton-Professor Robert George schrieb: »Manchmal fragte ich Studierende, wie sie zur Sklaverei gestanden hätten, wenn sie vor deren Verbot als Weiße in den Südstaaten gelebt hätten. Natürlich wären sie alle dagegen gewesen! Alle hätten sich mutig gegen die Sklaverei ausgesprochen und unermüdlich dagegen angekämpft.«[9]

Nein, das hätten sie nicht getan. Es ist zwar verständlich, dass sie das aus heutiger Sicht gerne behaupten, zumal es keine Nachteile mit sich bringt, aber damals hätten sie sich höchstwahrscheinlich genauso verhalten wie alle anderen zu jener Zeit.[10]

Lemminge schreiben nur selten Geschichte

Die soziale Standardeinstellung schürt die Angst, dass wir uns eine Abfuhr holen, uns lächerlich machen oder für dumm gehalten werden. Für die meisten Menschen wiegt die Angst vor einem Verlust des sozialen Kapitals schwerer als jeglicher Vorteil, den eine Abweichung von der sozialen Norm mit sich bringen könnte, und deshalb fügen sie sich dieser Norm.[11]

Angst verhindert, dass wir Risiken eingehen und unser Potenzial ausschöpfen.

Kein Mensch sagt von klein auf, er wolle genau das tun, was alle anderen machen. Und doch ist es angenehm, wenn wir mit Leuten zu tun haben, die der gleichen Meinung sind oder das Gleiche tun wie wir selbst. In der Masse steckt zwar manchmal durchaus eine gewisse Weisheit, doch das wohlige Gefühl des Kollektivs beweist noch lange nicht, dass Sie bessere Ergebnisse erzielen, wenn Sie das tun, was alle machen – das ist ein Irrglaube, zu dem uns die soziale Standardeinstellung verleitet.

Wenn alle das Gleiche tun, kann man sich nur auszeichnen, indem man härter arbeitet als die anderen. Stellen Sie sich vor, ein Arbeitstrupp hebt mit den Händen einen Graben aus. Ob jemand pro Stunde etwas mehr oder weniger Erde bewegt, ist kaum zu erkennen. Sie tun genau das Gleiche wie Ihre Nachbarn. Wenn Sie mehr Erde ausheben wollen, können Sie höchstens länger graben. Unter diesen Voraussetzungen wirkt es verrückt, sich eine Woche Urlaub zu nehmen, um zu experimentieren und die Schaufel zu erfinden. Das Risiko erscheint unverhältnismäßig hoch – schließlich sinkt mit jedem arbeitsfreien Tag die Gesamtleistung. Der Vorteil wird erst deutlich, wenn die Schaufel zum Vorschein kommt. Erfolg hat nur, wer furchtlos ist. Gleiches gilt für das Scheitern.

Wenn Sie einen anderen Weg einschlagen, kann es sein, dass Sie weniger gut abschneiden. Allerdings ist es auch möglich, dass Sie das Spiel komplett verändern.

Wenn Sie das tun, was alle anderen machen, erzielen Sie auch die gleichen Ergebnisse wie alle anderen.* Bewährte Praktiken sind nicht immer die besten. Der Definition nach sind sie durchschnittlich.

Wenn Sie etwas tun, bei dem Sie nicht genug wissen, um eigene Entscheidungen treffen zu können, empfiehlt es sich wahrscheinlich, sich an anderen zu orientieren. Doch wenn Sie überdurchschnittliche Ergebnisse anstreben, müssen Sie klar denken. Und klar denken heißt eigenständig denken. Manchmal muss man sich von der sozialen Standardeinstellung lösen und etwas anders machen als die Mitmenschen. Aber Achtung: Das wird unbequem.

Unser Wunsch nach Zugehörigkeit ist oft stärker als unser Wunsch nach einem besseren Ergebnis. Statt etwas Neues auszuprobieren, erzählen wir uns eine neue Geschichte.

Es kann ziemlich unangenehm sein, von gängigen Praktiken abzuweichen. Wer wagt schon gerne etwas Neues, das vielleicht nicht funktioniert? Gut möglich, dass wir unseren guten Ruf, Freundschaften oder sogar unseren Job riskieren, wenn wir zu weit vom Status quo abweichen, ohne die richtigen Ergebnisse zu erzielen. Deshalb probieren wir nur selten neue Vorgehensweisen, und wenn doch, dann sind wir dabei oft so ängstlich, dass wir uns beim kleinsten Rückschlag wieder unter die sichere Decke der Konformität verkriechen.

Nur zu gerne trösten wir uns damit, dass uns andere beipflichten. Der legendäre Investor Benjamin Graham sagte jedoch: »Dass andere Ihnen zustimmen oder nicht, sagt nichts darüber aus, ob Sie richtigliegen oder falsch. Sie liegen dann richtig, wenn Ihre Fakten und Argumente richtig sind.«

* Daran erinnert mich Peter Kaufman immer wieder.

Menschen, die sich an bewährte Praktiken halten, behaupten oft, sie seien offen für neue Ideen, aber nicht für schlechte. Und weil sie diese schlechten Ideen um jeden Preis vermeiden wollen, bleiben sie so nah an der Norm, dass sie auch keine guten neuen entdecken.

Zwar müssen wir ausgetretene Pfade verlassen, um Fortschritte zu machen, aber neue Wege sind nicht zwangsläufig von Vorteil. Wenn man Erfolg haben will, reicht es nicht, dass man etwas anders macht – man muss auch richtigliegen. Um etwas anders zu machen, muss man anders denken. Und das bedeutet, dass man auffällt.*

Der Baseballspieler Lou Brock hat das treffend auf den Punkt gebracht, als er sagte: »Zeig mir jemanden, der sich nicht blamieren will, und ich zeige dir jemanden, den du immer schlagen wirst.« Mit anderen Worten: Wer von der sozialen Standardeinstellung beherrscht wird, ist leicht zu besiegen.

Auch Warren Buffett äußerte sich 1984 in seinem Brief an die Aktionäre von Berkshire Hathaway zu den Folgen der sozialen Standardeinstellung:

> Die meisten Führungskräfte sehen kaum einen Anreiz für intelligente Entscheidungen, bei denen eine gewisse Gefahr besteht, sich lächerlich zu machen. Ihre persönliche Gewinn-Verlust-Kalkulation ist allzu offensichtlich: Wenn sich die unkonventionelle Entscheidung auszahlt, klopft man ihnen auf die Schulter, wenn nicht, dann werden sie entlassen. (Konventionelles Scheitern ist der Weg der Wahl; als Gruppe haben Lemminge vielleicht ein schlechtes Image, aber noch nie hat ein einzelner Lemming negative Schlagzeilen gemacht.)[12]

Vielleicht nehmen auch Lemminge kleine Veränderungen vor, aber sicher nicht in dem Maße, wie es nötig wäre, um etwas entscheidend zu bewirken. Sie mögen zwar erzählen, welch tolle Maßnahmen sie ergreifen, um den Lauf der Dinge zu verändern, aber wenn man unter die Oberfläche schaut, bleibt alles beim Alten. Geändert hat sich lediglich die Vermarktung.

Veränderungen kommen nur zustande, wenn man bereit ist, eigenständig zu denken, wenn man anders vorgeht als alle anderen und dabei riskiert, sich lächerlich zu machen. Sobald Sie merken, dass Sie das Gleiche tun wie alle anderen – und zwar nur, weil Sie es schon immer so gemacht haben –, ist es höchste Zeit für etwas Neues.

Später werde ich an weiteren Beispielen erläutern, wie die soziale Standardeinstellung funktioniert und wie man dagegen angehen kann. Vorläufig sollten Sie Folgendes im Kopf behalten: Wenn Sie sich dabei ertappen, dass Sie Energie dafür aufwenden, in eine Gruppe zu passen, wenn Sie häufig fürchten, andere zu enttäuschen, wenn Sie Angst vor Ausgrenzung haben oder nichts mehr fürchten, als dass man Sie verspotten könnte, dann seien Sie auf der Hut! Die soziale Standardeinstellung ist am Ruder.

---

* Die meisten Menschen machen es sich zu kompliziert. Wenn sie die Grundlagen so gut beherrschen, dass sie durchschnittliche Leistungen bringen, begeben sie sich auf die Suche nach dem Geheimnis, der Abkürzung oder dem verborgenen Wissen. Dabei liegt der Schlüssel zu gnadenloser Effektivität darin, dass man die Grundlagen beherrscht. Diese Grundlagen mögen einfach wirken, doch deshalb sind sie noch lange nicht simpel. Die Besten der Welt kennen höchstwahrscheinlich weder eine geheime Abkürzung noch verfügen sie über ein verborgenes Wissen, sie verstehen die Grundlagen lediglich besser als andere. Mein Lieblingsbeispiel dafür ist Warren Buffetts Spruch, die wichtigste Regel beim Investieren sei, »niemals Geld zu verlieren«. Dahinter steckt die Weisheit eines ganzen Lebens, und doch wird die Äußerung als Plattitüde abgetan. Es trainiert das Denken, wenn man sich diese Erkenntnis aus den grundlegenden Prinzipien ableitet.

5.

Die Trägheits-Standardeinstellung

Der größte Hemmschuh bei der Änderung von Gewohnheiten ist die Trägheit. Trägheit hemmt die Entwicklung der Menschheit.

Edward L. Bernays, *Propaganda*[13]

Mitte der 2000er-Jahre investierte ich einen erheblichen Teil meines Nettovermögens in eine kleine Restaurantkette. Ein Großinvestor hatte eine Mehrheitsbeteiligung an dem Unternehmen erworben und den Turnaround geschafft, doch diese Veränderungen spiegelten sich noch nicht im Aktienkurs wider. Alles, was der CEO sagte und tat, schien richtig. Die Gelegenheit wirkte verlockend, also setzte ich alles auf eine Karte.

In den darauffolgenden Jahren änderte dieser CEO jedoch sein Verhalten. Was als faire Partnerschaft begonnen hatte, wurde zur Diktatur. Der Wandel ging langsam und kaum merklich vonstatten, wie Wasser, das in einem Topf ganz allmählich anfängt zu kochen, bis es dann schließlich übersprudelt.

Da ich mit der Investition ein Vielfaches verdient hatte und an die Zukunft des Unternehmens glaubte, wollte ich mich nicht zu schnell verabschieden – doch irgendwann musste ich der Wahrheit ins Auge sehen und verkaufen. Seit sich der Erfolg eingestellt hatte, wurde der CEO von seiner Ego-Standardeinstellung gesteuert. Auf einmal waren nicht mehr alle Partner gleich, sondern einer war den anderen überlegen.*

Es hatte eine Weile gedauert, bis ich meinen Entschluss fasste. Die einzelnen Fehlverhalten des CEO erschienen mir nicht weiter schlimm und leicht zu entschuldigen. Erst als ich auf Distanz gegangen war, um die Situation aus einem gewissen Abstand zu betrachten, konnte ich erkennen, wie schlimm sie geworden war. Zum Glück schaffte ich den Ausstieg, ehe das allgemein bemerkt wurde – um ein Haar hätte ich eine Menge Geld verloren.†

Die Trägheits-Standardeinstellung drängt uns dazu, den Status quo beizubehalten. Aller Anfang ist schwer, doch genauso schwer ist es, etwas abzustellen.[14] Wir lehnen Veränderungen ab, selbst wenn sie zu unserem Vorteil sind.

Das lateinische Wort für Trägheit ist »inertia«; »inerte« Stoffe in der Chemie sind diejenigen, die an einer Reaktion nicht beteiligt sind. In der Physik ist »Trägheit« das Beharrungsvermögen, also der Widerstand eines Gegenstands gegen eine Veränderung seines Bewegungszustands. Das erste Newton'sche Gesetz – das sogenannte Trägheitsgesetz – wird deshalb oft so formuliert: »Ein Körper, der sich bewegt, neigt dazu, in Bewegung zu bleiben, und ein Körper im Ruhezustand neigt dazu, im Ruhezustand zu verharren.«

Gegenstände verändern sich nicht, wenn man sie in Ruhe lässt. Sie setzen sich nicht von selbst in Bewegung und stellen eine Bewegung nicht ein, solange sie nicht aufgehalten werden.‡ Dieses physikalische Gesetz lässt sich auch auf das menschliche Verhalten sowie auf unseren Instinkt, selbst vorteilhafte Veränderungen

* Hierarchiedenken ist ein starker biologischer Instinkt.

† Während ich an diesem Buch arbeite, schreibt das Unternehmen seit zehn Jahren Verlust, obwohl es am Aktienmarkt insgesamt massive Renditen gab. Ich kann wirklich froh sein, dass ich damals zum Höchststand verkaufen konnte.

‡ Etwa 50 Jahre bevor Newton seine Version des Gesetzes veröffentlichte, formulierte Descartes: »Jeder Körper bleibt, sofern es ihm möglich ist, immer im selben Zustand; und wenn er einmal bewegt wurde, bewegt er sich folglich immer weiter.«

abzulehnen, übertragen. Der Physiker Leonard Mlodinow drückt das so aus: »Sobald unsere Gedanken in eine bestimmte Richtung gelenkt wurden, neigen sie dazu, diese Richtung beizubehalten, solange keine äußere Kraft auf sie einwirkt.«[15] Aufgrund dieser kognitiven Trägheit fällt es uns so schwer, unsere Meinung zu ändern.

Trägheit hält uns in Jobs, die wir hassen, und in Beziehungen, die uns nicht glücklich machen, denn in beiden Fällen wissen wir, was uns erwartet. Wenn unsere Erwartungen zuverlässig erfüllt werden, empfinden wir das als beruhigend.

Dass wir uns gegen Veränderungen sträuben, liegt unter anderem daran, dass es so gut wie keine Anstrengung erfordert, alles so zu lassen, wie es ist. Das erklärt auch, warum wir behäbig werden. Es ist anstrengend, einen Impuls zu schaffen, aber ziemlich leicht, ihn beizubehalten. Sobald etwas »gut genug« ist, müssen wir uns nicht mehr anstrengen und erzielen trotzdem gute Ergebnisse. Die Trägheits-Standardeinstellung nutzt unseren Wunsch nach Bequemlichkeit und verleitet uns dazu, alte Methoden oder Normen selbst dann beizubehalten, wenn diese nicht mehr optimal sind.

Auch die Befürchtung, dass ein anderes Verhalten zu schlechteren Ergebnissen führen könnte, trägt dazu bei, dass wir Veränderungen ablehnen. Unsere Wahrnehmung ist dabei verzerrt – negative Ergebnisse nehmen wir uns weitaus stärker zu Herzen als positive. Schlechte Ergebnisse bewirken, dass wir aus den falschen Gründen auffallen. Wozu riskieren, dass wir uns lächerlich machen, wenn wir doch durchschnittlich bleiben können? Die Verlässlichkeit des Durchschnitts ist uns lieber als die Gefahr, irgendwie unter dem Durchschnitt zu landen.

Viele unserer täglichen Gewohnheiten zeugen von Trägheit, zum Beispiel wenn wir bei Lebensmitteln weiter zu unserer Stammmarke greifen, obwohl ein neues, besseres Produkt auf dem Markt ist. Neues lehnen wir oft ab, weil die Beurteilung Unsicherheit und Aufwand bedeutet. Deshalb bieten viele Firmen ihrer Kundschaft mit kostenlosen Produktproben die Möglichkeit, ohne Risiko etwas Neues zu testen und die Qualität zu beurteilen.

Wir denken nur zu gerne, dass wir aufgeschlossen sind und bereitwillig unsere Überzeugungen ändern, wenn sich neue Tatsachen ergeben, aber die Geschichte beweist das Gegenteil. Als das erste Automobil auf den Markt kam, wurde es von vielen Kritikern als bloße Modeerscheinung abgetan, denn schließlich hatten sich Pferde und Kutschen als Transportmittel bewährt. Auch beim Flugzeug zweifelte man anfangs an Nutzen und Sicherheit. Radio, Fernsehen und Internet stießen bei ihrer Einführung auf ähnliche Skepsis, und doch hat jede dieser Erfindungen unser heutiges Leben maßgeblich geprägt.

Wenn es um Trägheit geht, ist der »Durchschnittsbereich« sehr riskant. Hier läuft alles so gut, dass wir keine Notwendigkeit sehen, etwas zu ändern. Wir hoffen, dass sich Verbesserungen wie von Zauberhand ganz allein einstellen werden. Doch das geschieht natürlich nur selten. Ein perfektes Beispiel ist eine Beziehung, die zu gut ist, um sie zu beenden, und zu schlecht, um sie fortzuführen. Wenn es viel schlimmer wäre, würden wir handeln, aber da die Situation noch nicht unerträglich ist, bleiben wir und hoffen, dass sich die Lage bessern wird.

Im Irrtum verharren

Ein berühmtes Zitat, das oft fälschlicherweise Charles Darwin zugeschrieben wird, lautet: »Nicht die stärkste oder die intelligenteste Spezies überlebt, sondern diejenige, die sich am besten anpasst.«[16] Auch wenn die Worte nicht wirklich von Darwin stammen, sind sie trotzdem nicht falsch.

Wenn sich die Umstände ändern, müssen wir uns anpassen. Trägheit blockiert jedoch den Verstand und hemmt die Motivation, unsere bisherige Methode zu ändern. Sie macht es schwer, alternative Ansätze in Betracht zu ziehen, und hält uns von Experimenten und Kurskorrekturen ab.

So kann es zum Beispiel die Trägheit verstärken, wenn wir etwas öffentlich äußern. Sobald wir uns offen für etwas aussprechen, entstehen Erwartungen und der gesellschaftliche Druck, diese Erwartungen zu erfüllen. Wenn sich dann neue Informationen ergeben, die unseren Standpunkt infrage stellen, kann es sein, dass wir sie instinktiv ablehnen und auf den alten Informationen beharren, die unsere Sicht stützen. Wir wollen bei dem bleiben, was wir gesagt haben. So wird es immer schwieriger, uns umzustimmen. Auch dass Menschen, die aufgrund neuer Fakten ihren Standpunkt ändern, in der Politik als »Wendehälse« bezeichnet werden und nicht etwa als intelligent, lässt unsere Angst vor den gesellschaftlichen Folgen einer Meinungsänderung weiter wachsen.

Trägheit hält uns zudem davon ab, schwierige Dinge in Angriff zu nehmen. Je länger wir etwas Schwieriges aufschieben, das wir eigentlich tun sollten, desto schwieriger wird es. Es ist einfach und bequem, einen Konflikt zu vermeiden, doch je länger wir das tun, desto dringender müssen wir ihn weiterhin vermeiden. Ein kleines, aber schwieriges Gespräch, dem wir aus dem Weg gehen, entwickelt sich schnell zu einem großen und schier unmöglichen Gespräch. Das, was wir vermeiden, beeinträchtigt letztlich unsere Beziehung.

Gruppen sind grundsätzlich sehr anfällig für Trägheit. In der Regel gibt die Gruppe Beständigkeit den Vorzug vor Effektivität und belohnt deshalb diejenigen, die den Status quo beibehalten. Die Trägheit erschwert ein Abweichen von den Gruppennormen. Allzu oft bleiben die Mitglieder auf Linie, um nicht negativ aufzufallen. Somit begünstigt die Gruppendynamik diejenigen, die den Standardeinstellungen folgen.

Diese Gruppenträgheit hatte einen großen Anteil daran, dass ein Freund von mir geheiratet hat – und bei vielen anderen dürfte es ganz genauso gewesen sein. Heute sagt mein Freund: »Es gab viele Anzeichen dafür, dass es mit uns nicht klappen würde, aber es schien mir zu anstrengend, mit einer Neuen ganz von vorn anzufangen, und weil sich alle in unserem Umfeld verlobt haben, haben wir es eben genauso gemacht.«

Die Trägheit schadet nicht nur unserer Arbeit und unseren Beziehungen, sondern oft auch der Gesundheit. Im Jahr 1910 beauftragte man Alice Hamilton, Amerikas führende Expertin für Arbeitstoxikologie, mit einer Studie über Berufskrankheiten im Bundesstaat Illinois. In den darauffolgenden Jahren konnte sie eindeutig beweisen, dass der Kontakt mit Blei und den bleihaltigen Kraftfahrzeugabgasen gefährlich war. Trotz dieser Beweise produzierten General Motors und andere Autohersteller weiterhin Fahrzeuge, die mit bleihaltigen Kraftstoffen betrieben wurden. Endgültig verboten wurde dieser Kraftstoff in den USA erst in den 1980er-Jahren, und auch heute noch kommt Blei in anderen Bereichen zum Einsatz, obwohl es ungiftige Alternativen zu ähnlichen Preisen gibt.[17]

Trägheit führt dazu, dass wir Verhaltensweisen beibehalten, die uns nicht das bringen, was wir anstreben. Sie bleibt weitgehend unbemerkt im Unterbewusstsein, bis ihre Folgen nur noch schwer zu bekämpfen sind. Später werde ich an weiteren Beispielen erläutern, wie die Trägheit wirkt und wie man dagegen angehen kann. Vorläufig sollten Sie sich Folgendes merken: Wenn Sie sich in Gruppensituationen oft auf die Zunge beißen müssen, wenn Sie merken, dass Sie selbst oder Ihr Team sich gegen Veränderungen sträuben oder eine Methode beibehalten, nur weil etwas schon immer so gemacht wurde, dann hüten Sie sich! Höchstwahrscheinlich ist die Trägheits-Standardeinstellung am Werk.

6.

Klarheit zum neuen Standard machen

Der Mensch kann zwar tun, was er will, aber er kann nicht wollen, was er will.

Arthur Schopenhauer

Wir können unsere Standardeinstellungen zwar nicht aus der Welt schaffen, aber wir können sie umprogrammieren. Wenn wir unser Verhalten optimieren, mehr Ziele erreichen und im Leben mehr Freude und Sinn erfahren möchten, müssen wir lernen, unsere Standardeinstellungen zu steuern.

Zum Glück können wir genau die biologischen Veranlagungen, die uns unüberlegt reagieren lassen, in förderliche Kräfte umprogrammieren.

Stellen Sie sich Ihr standardmäßiges Denken, Fühlen und Handeln als Algorithmen vor, die unbewusst ablaufen, wenn Sie auf Reize von anderen Menschen oder der Umwelt reagieren. Wir nehmen uns nicht vor, das Knie zu bewegen, wenn der Arzt mit einem Hammer die Reflexe testet. Es bewegt sich einfach. Genauso verhält es sich mit unserem Denken und Handeln. Wir bekommen einen Input von außerhalb, dann läuft ein Algorithmus ab, der diesen Input verarbeitet und automatisch einen Output hervorbringt.

Viele Ihrer Algorithmen wurden Ihnen durch die Evolution, Ihre Kultur, bestimmte Rituale, Ihre Eltern und Ihr Umfeld einprogrammiert. Einige dieser Algorithmen tragen dazu bei, dass Sie Ihren Zielen näher kommen, andere hindern Sie daran.

Ganz unbewusst eignen Sie sich die Gewohnheiten derjenigen an, mit denen Sie zusammen sind, und diese Leute machen es Ihnen leichter oder schwerer, Ihre Ziele zu erreichen. Je mehr Zeit Sie mit anderen verbringen, desto wahrscheinlicher, dass Sie allmählich so denken und handeln wie diese Menschen.

Den Kampf mit der Willenskraft verliert letztlich fast jeder; es ist nur eine Frage der Zeit. Das zeigt das Beispiel meiner Eltern: Beide waren Nichtraucher, als sie zur Armee gingen, aber es dauerte nicht lange, bis sie sich ihren rauchenden Kollegen angepasst hatten. Anfangs lehnten sie Zigaretten noch ab, aber nach einigen Wochen hatte sie das ständige Neinsagen mürbe gemacht. Jahrzehnte später war es ihnen schier unmöglich, mit dem Rauchen aufzuhören, weil alle in ihrem Umfeld rauchten. Dieselbe Kraft, die sie zum Anfangen gedrängt hatte, hinderte sie nun am Aufhören. Das Rauchen konnten sie erst abstellen, als sie ihr Umfeld änderten. Sie mussten sich neue Freunde suchen, deren Standardverhalten zu ihrem angestrebten Verhalten passte.

So ist es manchmal, wenn wir Gewohnheiten entwickeln oder abstellen. Was nach reiner Disziplin aussieht, geht oft auf ein sorgfältig gestaltetes Umfeld zurück, das bestimmte Verhaltensweisen fördert. Und vermeintlich schlechte Entscheidungen kommen oft zustande, wenn jemand versucht, auf Willenskraft zu setzen, dann aber an den eigenen Standardeinstellungen scheitert. Die besten Standardeinstellungen haben meist diejenigen, die das beste Umfeld haben. Ob gezielte Strategie oder einfach nur Glück, in jedem Fall lässt sich das richtige Verhalten viel leichter umsetzen, wenn alle anderen bereits dieses Verhalten zeigen.

Um Ihre Standardeinstellungen zu optimieren, brauchen Sie keine Willenskraft, sondern ein bewusst gestaltetes Umfeld, in dem Ihr angestrebtes Verhalten zum Standardverhalten wird.

Das lässt sich erreichen, indem Sie sich Gruppen anschließen, deren Standardverhalten Ihrem Wunschverhalten entspricht. Wenn Sie mehr lesen wollen, besuchen Sie einen Buchclub. Wenn Sie mehr laufen wollen, machen Sie in einer Laufgruppe mit. Wenn Sie fitter werden wollen, engagieren Sie einen Trainer. Nicht bloße Willenskraft, sondern Ihr gewähltes Umfeld wird Sie zu optimalen Entscheidungen bewegen.

Allerdings ist das leichter gesagt als getan. Ein Computer lässt sich umprogrammieren, indem man einfach ein paar Codes ändert, doch die Neuprogrammierung des eigenen Verhaltens ist ein längerer und komplizierterer Prozess. Genau diesen Prozess werde ich in den folgenden Kapiteln erläutern.

TEIL 2

Stärke entwickeln

Es ist leichter, andere zu kritisieren, als sich selbst zu erkennen.

Bruce Lee

Wer die Feinde des klaren Denkens bekämpfen will, braucht mehr als Willenskraft.

Unsere Standardeinstellungen gehen auf tief verwurzelte biologische Veranlagungen zurück – wir neigen von Natur aus dazu, uns selbst zu schützen, soziale Hierarchien anzuerkennen und beizubehalten sowie uns und unser Revier zu verteidigen. Auch wenn wir um diese Veranlagungen wissen, können wir sie nicht mit der Kraft unseres Willens abschalten.

Ganz im Gegenteil: Die Vorstellung, man könne diese Kräfte mit Willenskraft überwinden, ist einer der Tricks, mit denen sie uns im Griff behalten.

Damit unser Urteilsvermögen nicht durch unsere Standardeinstellungen beeinträchtigt wird, müssen wir uns ebenso starke biologische Kräfte zunutze machen. Wir müssen genau die Kräfte, mit denen uns die Standardeinstellungen ins Verderben stürzen würden, zu unserem Vorteil nutzen. Dazu gehört in erster Linie die Kraft der Trägheit.

Trägheit ist ein zweischneidiges Schwert. Sie drängt uns, wie bereits erläutert, zur Bewahrung des Status quo. Ist dieser suboptimal oder fehlerhaft, so wirkt die Trägheit gegen uns. Doch der Status quo muss nicht suboptimal sein. Wenn Sie sich angewöhnen, konsequent so zu denken, zu fühlen und zu handeln, dass es Ihren wichtigsten Zielen dient – wenn Sie also *Stärke entwickeln* –, dann wird die Trägheit zu einer schier unaufhaltsamen Kraft, mit der Sie Ihr Potenzial richtig entfalten können.

Der Schlüssel zu positiver Trägheit ist die Schaffung von Ritualen, die dem Geist den Freiraum geben, sich mit anderen Dingen zu befassen. Ein Ritual kann ganz einfach sein, etwa dass man im Beruf bei Konflikten kurz innehält, ehe man reagiert. Einer meiner früheren Mentoren pflegte zu sagen: »Wenn dich jemand in einem Meeting kränkt, atme tief durch, ehe du antwortest; du wirst feststellen, dass sich das, was du sagen willst, dann oft ändert.«

Rituale sind überall dort zu erkennen, wo sich die innere Verfassung auf die Leistung auswirkt. Beim Basketball beispielsweise lassen viele Spieler den Ball vor einem Wurf immer gleich oft tippen. Genauso machen es viele beim Tennis vor dem Aufschlag. Ob der vorherige Spielzug der beste oder der schlechteste ihrer Karriere war, spielt dabei keine Rolle. Rituale zwingen den Geist dazu, sich auf die nächste Aktion zu konzentrieren, nicht auf die letzte.

Stärke ist die Kraft, die eigenen Standardeinstellungen zu stoppen und vernünftig zu überlegen. Es spielt keine Rolle, was in der Welt vor sich geht oder wie ungerecht etwas wirken mag. Es spielt keine Rolle, dass Sie sich schämen, sich bedroht fühlen oder wütend sind. Wenn Sie kurz auf Distanz gehen, sich besinnen und den Moment hinter sich lassen können, sind Sie all jenen überlegen, die dazu nicht in der Lage sind.

In seinem bekannten Gedicht »Wenn« schreibt Rudyard Kipling: »Wenn du den Kopf bewahrst, ob rings die Massen ihn auch verlieren und nach Opfern schrein; Dir treu sein kannst, wenn alle dich verlassen«[18], und stellt damit sehr überzeugend dar, wie wichtig persönliche Stärke ist.

Stärke entwickeln bedeutet, unsere ungestüme Natur zu bändigen – diese wilden Pferde zu zähmen und zu unserem Vorteil zu nutzen, um unser Leben zu verbessern. Es bedeutet, den Gegenwind unserer Biologie zu einem Rückenwind zu machen, der uns zuverlässig zu unseren wichtigsten Zielen trägt.

Sie benötigen vier entscheidende Stärken, nämlich:

Selbstverantwortung: Sie verpflichten sich dazu, Ihre Fähigkeiten weiterzuentwickeln, gegen Ihre Schwächen anzugehen und Ihr Handeln mit Vernunft zu steuern;

Selbsterkenntnis: Sie wissen, wo Ihre Stärken und Schwächen liegen – was Sie können und was nicht;

Selbstbeherrschung: Sie können mit Ihren Ängsten, Wünschen und Gefühlen umgehen;

Selbstvertrauen: Sie kennen Ihre Fähigkeiten und den Wert, den Sie für andere haben.

Im Folgenden werde ich diese Stärken genauer definieren, beschreiben, wie sie Ihren Standardeinstellungen entgegenwirken, und dann erläutern, wie Sie diese Stärken aufbauen und Ihr Leben in die Hand nehmen können.

1.

Selbstverantwortung

Ich bin der Meister meines Schicksals:
Ich bin der Kapitän meiner Seele.

W. E. Henley, *Invictus*

Selbstverantwortung bedeutet, dass Sie die Verantwortung für das übernehmen, was Sie können, was Sie nicht können und wie Sie handeln. Wenn Sie dazu nicht in der Lage sind, kann es sein, dass Sie niemals Fortschritte machen.

Vielleicht gibt es in Ihrem Leben niemanden, der Sie zur Rechenschaft zieht, aber das macht nichts. Sie können sich selbst in die Pflicht nehmen. Sie können mehr von sich erwarten, auch wenn andere das nicht tun. Sie brauchen niemanden, der Sie mit Lohnaussichten oder unter Strafandrohung dazu drängt.

Belohnungen von außerhalb sind zwar nett, aber nicht zwingend erforderlich; sie sind nicht nötig, damit Sie Ihr Bestes geben. Ihre ehrliche Selbsteinschätzung ist wichtiger als die Meinung anderer. Und wenn Ihnen etwas misslingt, sollten Sie die Stärke haben, in den Spiegel zu schauen und zu sagen: »Das war meine Schuld. Ich muss es besser machen.« Ob es Ihnen passt oder nicht, Sie selbst sind für Ihr Leben verantwortlich – und haben mehr Anteil an Ihren Ergebnissen, als Ihnen vielleicht klar ist.

Menschen, denen es an Selbstverantwortung mangelt, schalten nur zu gerne auf Autopilot. Das ist das genaue Gegenteil eines selbstbestimmten Lebens. Solche Menschen stehen ständig unter Druck von außen: Sie streben nach Belohnungen, wollen Strafen vermeiden und messen sich an den Ergebnissen anderer Menschen. Sie laufen nur mit und übernehmen nie die Führung. Sie zeigen keine Verantwortung für ihre Fehler, sondern führen diese stets auf andere, auf äußere Umstände oder auf das Schicksal zurück – nichts ist jemals ihre eigene Schuld.

Tja, ich muss Ihnen leider sagen: Alles ist Ihre Schuld.

Es gibt immer etwas, das Sie heute tun können, um Ihre morgige Lage zu verbessern. Vielleicht können Sie das Problem nicht lösen, aber Ihr nächster Schritt wird die Situation besser oder schlechter machen. Es gibt immer eine Handlungsmöglichkeit, und sei sie noch so klein, die Sie Ihrem Ziel näher bringt.

Ausreden über Ausreden

> **Jammern ist keine Strategie. Man muss mit der Welt arbeiten, die man vorfindet, nicht mit der, die man gerne hätte.**
>
> Jeff Bezos[19]

Zu Beginn meiner Karriere kam ich eines Sonntags frühmorgens zur Arbeit und stellte fest, dass einer meiner Kollegen bereits dort war. Wir arbeiteten gerade an einer wichtigen Software für eine bevorstehende verdeckte Operation. Kaum saß ich an meinem Schreibtisch, kam der Kollege zu mir.

»Der Code, an dem du geschrieben hast, sollte schon vorgestern fertig sein«, sagte er. »Die Operation findet heute Abend statt, und ohne dich geht es nicht weiter. Wir müssen noch testen. Du hast das ganze Unterfangen gefährdet. Die Leute verlassen sich auf uns.«

In der Zeit nach dem 11. September 2001 arbeiteten wir alle ununterbrochen und standen unter enormem Druck. Mehr als fünf oder sechs Stunden Nachtschlaf bekamen wir nie. Unsere Gesundheit war bis zum Äußersten strapaziert, zumal wir uns ein- bis zweimal pro Stunde mit Kaffee und Cola mit extra viel Coffein aufputschten.

Wir schrieben komplexe, einsatzkritische Software in Maschinensprache – das war schon unter optimalen Umständen eine schwierige Aufgabe. Es gab dafür keinen Leitfaden, man konnte nicht einfach nach einer Anleitung googeln.

Wir waren auf Neuland unterwegs, und der Zeitdruck war nicht gerade förderlich. Wir taten, was wir konnten, aber es schien nie genug zu sein. Und nach jahrelangen 60-Stunden-Wochen und unablässigem Druck waren unsere persönlichen und beruflichen Beziehungen enorm belastet und drohten zu zerbrechen.

Meine Antwort erschien mir ganz natürlich: »Aber … ich hatte so viele Meetings und sollte ein anderes Projekt unterstützen, das angeblich höchste Priorität hatte. Und … ich wollte am Freitagmorgen daran arbeiten, aber der Bus kam nicht durch den Schnee und ich habe zwei Stunden bis ins Büro gebraucht.«

Ich fand, dass ich ganz gut die Fassung bewahrt hatte, denn innerlich reagierte ich noch deutlich abwehrender: »Hey, mach mal halblang. Heute ist Sonntag. Ich habe seit Jahren keinen Urlaub mehr gemacht. Ich verbringe weitaus mehr Zeit mit dir als mit meiner Freundin. Ich tue, was ich kann, und trotzdem ist es offenbar nie genug.«

»Soll das etwa heißen, dass es nicht deine Schuld war?«, hakte er nach und stellte mir damit eine Falle, die ich nicht erkannte.

»Weißt du, es ist vieles dazwischengekommen, auf das ich keinen Einfluss hatte«, erklärte ich. »Keine Sorge, ich erledige das heute.«

»Schwachsinn! Es ist deine Schuld. Spar dir deine Ausreden.« Er wandte sich zum Gehen und fügte ohne einen Blick zurück hinzu: »Mach, was zu tun ist, sonst müssen wir die Operation deinetwegen abblasen.«

Plötzlich war ich voller Energie. Allerdings war das nicht die positive Energie, die man braucht, um ein Ziel zu erreichen. Meine Standardeinstellungen übernahmen das Kommando. Die Energie diente dazu, mein Ego zu verteidigen. Ich kämpfte um mein Revier, um mein eigenes Selbstbild.

Wenn das Selbstbild angegriffen wird, ist die Energie schier unerschöpflich. Mein Kollege hatte mich zwar nicht körperlich bedroht, aber er bedrohte meine Sicht auf mich selbst als fleißigen Menschen, der vieles schafft. Und wenn jemand das Bild anzweifelt, das man von sich selbst hat, stellt man das Denken ein und verlegt sich aufs Reagieren.

Ich machte mich daran, alles aufzulisten, was ich in jener Woche getan hatte – wie viele Stunden ich gearbeitet hatte, wie viele Projekte ich betreut hatte, wie viele Menschen und Operationen ich unterstützt hatte. Als ich diese Punkte durchging, wuchs mein Zorn immer weiter. Die Trägheit meiner negativen Emotionen entwickelte eine starke Eigendynamik. Mir war nicht klar, welche Richtung ich eingeschlagen hatte. Ich überlegte nicht, sondern reagierte. Meine Entschuldigungen erschienen mir übermächtig: »Wieso glaubt dieser Typ, er könne mir vorwerfen, es sei meine Schuld?!«

Ich e-mailte ihm eine Liste mit meinen Gründen. Sie war über eine Seite lang. Kurz darauf kam die Antwort:

> Das interessiert mich nicht. Du bist es unserem Team und unserer Mission schuldig, deine Aufgaben zu erledigen. Wenn du das nicht akzeptieren kannst, dann lerne daraus und zieh fürs nächste Mal deine Schlüsse. Ich will nicht mit dir arbeiten.
>
> PS: Schieb die Schuld nicht auf den verspäteten Bus. Kauf dir ein Auto.

Wie bitte??!! Meine Reaktion beschränkte sich nicht nur auf Gedanken, sondern war körperlich zu spüren. Mein Herz schlug schneller, meine Augen wurden zu schmalen Schlitzen und ich verlor die Kontrolle über mein Fühlen und Denken. Diese kurze E-Mail warf mich für ein paar Stunden komplett aus der Bahn.

Die ganze Energie, die wir für unsere Verteidigung opfern, geht auf Kosten dessen, was unsere Lage verbessern würde: Einfach das zu tun, was getan werden muss. Allerdings ist uns in solchen Fällen nicht klar, dass wir eine Wahl haben. Hätte mir jemand auf die Schulter getippt und gesagt: »Du wirst dafür drei Stunden lang deine Energie verschwenden – willst du das wirklich?«, hätte ich verneint.

Jene E-Mail war zwar weder nett noch fair, aber sie war gut gemeint und hat mein Leben verändert. Sicher, mein Kollege hätte taktvoller sein können.* Aber das heißt nicht, dass er nicht recht hatte.

Wenn wir andere um Feedback bitten, sind sie oft wohlmeinend, aber nicht nett. Wohlmeinende sagen Ihnen Dinge, die nette Menschen nicht äußern würden. Ein wohlmeinender Mensch weist Sie darauf hin, dass Sie Spinat zwischen den Zähnen haben, ein netter jedoch nicht, weil das unangenehm ist. Ein wohlmeinender Mensch wird uns sagen, was uns behindert, obwohl das unangenehm ist. Nette Leute vermeiden kritisches Feedback, um unsere Gefühle nicht zu verletzen. Kein Wunder, dass wir dann irgendwann glauben, dass sich andere für unsere Ausreden interessieren.†

Mein Team kümmerte es nicht, dass der Bus Verspätung hatte und dass das nicht meine Schuld war. Es zählte einzig und allein der Erfolg der Operation. Und fast immer kommt es letztlich nur auf die Ergebnisse an.

Welche Ausreden Sie haben, interessiert niemanden so sehr wie Sie selbst. Im Grunde interessiert sich außer Ihnen überhaupt niemand für Ihre Ausreden.

---

* Später wurde er mein bester Freund.

† Den Unterschied zwischen wohlmeinend und nett vermittelte mir Sarah Jones Simmer in Folge 135 des Podcasts *The Knowledge Project.*

Das interessiert niemanden, es ist Ihre Schuld

Wenn die eigenen Handlungen zu Ergebnissen führen, die nicht zum Selbstbild passen, will man das Ego schützen, indem man anderen Menschen oder widrigen Umständen die Schuld gibt. In der Sozialpsychologie gibt es für diese Neigung sogar einen Namen: *selbstwertdienliche Verzerrung* (*self-serving bias*). Es ist der Versuch, Erfolge und Misserfolge immer so zu deuten, dass das Selbstbild geschützt und aufgewertet wird. Diese Verzerrung zeigt sich häufig in Äußerungen wie »Die Idee war gut, sie wurde nur schlecht umgesetzt«, »Wir haben unser Bestes gegeben« oder »Wir hätten gar nicht erst in diese Situation geraten dürfen«.*

Die Sache ist die: Vielleicht stimmt das sogar. Vielleicht war die Idee wirklich nicht schlecht und wurde nur schlecht umgesetzt. Vielleicht haben Sie wirklich Ihr Bestes gegeben. Vielleicht hätten Sie gar nicht erst in diese Situation geraten sollen. Nur spielt das leider keine Rolle. Es interessiert niemanden. Nichts davon ändert das Ergebnis oder löst die Probleme, die dadurch entstanden sind.

Nicht Ihre Schuld? Sie sind trotzdem verantwortlich

Selbst wenn Sie keinen Einfluss auf ein Geschehen hatten, sind Sie trotzdem dafür verantwortlich, so gut wie möglich damit umzugehen.

Der Drang, uns selbst zu schützen, hindert uns am Fortschritt. Es ist verlockend, sich Absolution zu erteilen und zu beteuern, dass man keinen Einfluss auf die Situation hat, in die man geraten ist. Und sicher, manchmal stimmt das auch. Es gibt Zufälle, die negative Folgen haben. Immer wieder sind Menschen von Unheil betroffen, das sie nicht beeinflussen können: Querschläger, genetisch bedingte Krankheiten, Unfälle mit betrunkenen Autofahrern.

---

* Selbstwertdienliche Verzerrung dient der Selbsterhaltung. Das Selbst, das wir erhalten wollen, ist unser eigenes Selbstbild, unsere Identität.

Allerdings ändert sich Ihre Lage nicht, wenn Sie darüber jammern. Sie wird nicht besser, wenn Sie beteuern, dass Sie keine Schuld daran haben. Mit den Folgen müssen Sie sich dennoch befassen.

Deshalb sollten Sie sich immer auf den nächsten Schritt konzentrieren, der Sie Ihrem Ziel näher bringt oder davon wegführt.

Wer Poker spielt, lernt das instinktiv. Welches Blatt man bekommt, ist in erster Linie Glück. Wenn man in Selbstmitleid verfällt, sich über die Karten beschwert oder anderen die Schuld für die eigenen Spielzüge gibt, lenkt man sich nur von dem ab, was man beeinflussen kann. Man ist selbst dafür verantwortlich, das jeweilige Blatt so gut wie möglich zu spielen.

Sie können Energie in Dinge investieren, die Sie selbst steuern, oder in Dinge, auf die Sie keinen Einfluss haben. Alle Energie, die Sie für Dinge aufwenden, die sich nicht beeinflussen lassen, fehlt Ihnen dann für das, was Sie steuern können.

Auch wenn sich niemand freiwillig für widrige Umstände entscheidet, so bieten Schwierigkeiten immer auch Chancen. Sie geben uns die Möglichkeit, uns auszuprobieren und festzustellen, wer wir geworden sind. Allerdings messen wir uns dabei nicht an anderen Menschen, sondern an unserem früheren Ich. Sind wir besser als gestern? Wenn alles wie am Schnürchen läuft, ist es schwer, gewöhnliche Menschen von außergewöhnlichen zu unterscheiden oder das Außergewöhnliche in uns selbst zu erkennen. Der römische Sklave Publilius Syrus sagte einst: »Bei ruhiger See kann jeder das Schiff steuern.«*

Außergewöhnlich wird man, wenn man beschließt, in jeder Situation die Verantwortung für sein Handeln zu übernehmen. Außergewöhnliche Menschen wissen, dass sie ihr Blatt nicht ändern können, und verschwenden keine Zeit damit, sich ein besseres zu wünschen. Sie konzentrieren sich vielmehr darauf, wie sie die erhaltenen Karten optimal spielen, um das bestmögliche Ergebnis zu

* Publilius Syrus, *Die Sprüche*, Sententiae 358. Nach ihm habe ich meine Investmentgesellschaft Syrus Partners (syruspartners.com) benannt.

erzielen. Sie verstecken sich nicht hinter anderen. Die besten Menschen stellen sich der Herausforderung – ganz gleich, wie sie aussehen mag. Sie fassen den Entschluss, ihrem besten Selbstbild zu entsprechen, statt einfach nur ihren Standardeinstellungen nachzugeben.

Zu den häufigsten Fehlern gehört, dass man darüber diskutiert, wie die Welt sein sollte, statt zu akzeptieren, wie sie ist. Wenn Sie selbst oder jemand aus dem Kollegium sich beschwert, etwas »sei nicht richtig«, »nicht fair« oder »sollte nicht so sein«, diskutieren Sie, statt zu akzeptieren. Sie wollen, dass die Welt anders funktioniert, als sie es tut.

Wenn Sie nicht akzeptieren, wie die Welt wirklich ist, verschwenden Sie Zeit und Energie, um Ihre Sicht zu beweisen. Wenn sich die erhofften Ergebnisse nicht einstellen, ist es nur zu leicht, den Umständen oder anderen Menschen die Schuld zu geben. Ich bezeichne das als falsche Seite des Rechthabens. Dann steht nicht das Ergebnis im Vordergrund, sondern Ihr Ego.

Lösungen ergeben sich, wenn man nicht mehr diskutiert, sondern die Realität der Situation akzeptiert. Denn wenn man sich nicht damit befasst, wie man in eine Lage geraten ist, sondern damit, wie der nächste Schritt aussehen sollte, eröffnen sich viele Möglichkeiten. Wenn Sie das Ergebnis über Ihr Ego stellen, steigern Sie Ihren Erfolg.

Ihre Reaktion kann Ihre Lage verbessern oder verschlimmern

Sie können nicht alles beeinflussen, aber Sie haben Einfluss darauf, wie Sie mit einer Situation umgehen, und dadurch wird sie besser oder schlechter. Jede Reaktion hat Folgen für die Zukunft; entweder kommen Sie damit den gewünschten Ergebnissen und dem Menschen, der Sie sein wollen, ein Stück näher, oder beides rückt in weitere Ferne.

Sehr wirkungsvoll ist es, wenn Sie sich vor jeder Handlung fragen: »Wird diese Handlung die Zukunft einfacher oder schwieriger machen?«* Diese verblüffend einfache Frage kann eine andere Sicht auf Ihre Lage eröffnen und verhindern, dass Sie die Situation schlimmer machen. Schon mein Großvater pflegte zu sagen: »Wenn du in einem Loch steckst, musst du zuallererst aufhören zu graben.«

Mit Mitte zwanzig erlebte ich zum ersten Mal, dass ich einen Posten nicht bekam, um den ich mich beworben hatte – das war mir zuvor noch nie passiert. Ich erzählte es meinem Mentor und beklagte mich, wie ungerecht das sei.

Ich weiß noch, dass ich sagte: »Warum ist mir das passiert? Soll das ein Zeichen sein?« Ich äußerte mich abfällig über die Person, die diese Entscheidung getroffen hatte, doch mein Mentor schnitt mir das Wort ab.

»Du willst nicht akzeptieren, was bereits geschehen ist«, sagte er. »Und das ist verrückt.«

»Verrückt?«, erwiderte ich.

»Ja. Es ist passiert. Das lässt sich nicht wegdiskutieren.«

»Hör zu«, fuhr er fort, »das ist wirklich mies. Du bist bestens qualifiziert. Aber du hast die Stelle nicht bekommen, und dafür gibt es einen Grund. Wichtig ist, dass du nicht anderen die Schuld gibst, sondern selbst die Verantwortung übernimmst.«

Das nahm ich mir zu Herzen. Er hatte recht. Es war *nicht* einfach so passiert. Niemand hatte es auf mich abgesehen. Ich musste in mich gehen, ehrlich beurteilen, welchen Anteil ich selbst an diesem Ergebnis hatte, und meine Handlungsweise ändern.

Als ich mich von meinem Mentor verabschiedete, war mir klar, was das bedeutete. Wenn ich nicht lernte, selbstverantwortlich zu handeln, würde ich es nicht weit bringen.

---

* Eine Variante dieser Frage stelle ich oft meinen Kindern: »Kommst du mit diesem Verhalten deinem Ziel näher oder nicht?« Das ist erstaunlich effektiv.

Jammern ist keine Lösung

Es ist nicht leicht, der Realität ins Auge zu blicken. Lieber suchen wir die Schuld in Dingen, die wir nicht beeinflussen können, als uns einzugestehen, welchen Anteil wir selbst an unserem Scheitern haben.

Wir sträuben uns allzu oft gegen das Feedback, das uns die Welt gibt, weil wir unsere Überzeugungen schützen wollen. Statt uns selbst zu ändern, wollen wir, dass sich die Welt ändert. Und wenn das nicht möglich ist, tun wir das Einzige, was uns noch einfällt: Wir jammern.

Jammern ist nicht produktiv. Es verleitet Sie nur zu dem Irrglauben, dass es auf der Welt nicht so zugehen sollte, wie es nun einmal zugeht. Wenn Sie die Realität nicht wahrhaben wollen, lassen sich die Probleme, mit denen Sie konfrontiert sind, nur schwer lösen. Sie können immer etwas tun, um sich die Zukunft etwas leichter zu gestalten, und sobald Sie nicht mehr jammern, werden Sie diese Möglichkeiten entdecken.

Sie sind kein Opfer

Die wichtigste Geschichte ist die, die Sie sich selbst erzählen. Wenn Ihre Geschichte positiv ist, garantiert das zwar kein gutes Ergebnis, doch eine negative Geschichte ist häufig ein Garant für schlechte Ergebnisse.

Wir alle spielen in unseren Geschichten die Heldenrolle. Schuld an Misserfolgen passt nicht zu dem Heldenstatus, den wir uns zuschreiben. Wenn etwas schiefgelaufen ist, suchen wir deshalb die Schuld bei anderen.

Kurzfristig mag es zwar befriedigend sein, mit dem Finger auf andere zu zeigen, wenn wir nicht die gewünschten Ergebnisse erzielen, doch das fördert weder unser Urteilsvermögen noch macht es uns zu besseren Menschen. Vielmehr handelt es sich dabei um eine Abwehrreaktion, die durch unsere Ego-Standardeinstellung ausgelöst wird – eine Reaktion, die dazu führt, dass wir schwach und verletzlich bleiben.

Wenn Sie ständig den Umständen, der Umwelt oder anderen Menschen die Schuld geben, behaupten Sie damit, dass Sie Ihre Ergebnisse kaum beeinflussen können. Doch das stimmt nicht. In Wahrheit treffen wir im Leben ständig eine Wahl, durch die Gewohnheiten entstehen, die wiederum den Weg beeinflussen, der uns schließlich zu unserem Ergebnis führt. Wenn wir unerwünschte Ergebnisse wegerklären, streiten wir jegliche Verantwortung für ihre Entstehung ab.

Menschen, die bei jedem Problem anderen oder den Umständen die Schuld geben, bezeichnet man oft als *Opfer*. Natürlich sind sie oft keine wirklichen Opfer. Sie fühlen sich nur so, und dieses Gefühl beeinträchtigt ihr Urteilsvermögen. Chronische Opfer fühlen sich hilflos, machtlos und oft auch hoffnungslos. Ein schlechtes Ergebnis ist niemals ihre Schuld; immer ist ihnen jemand oder etwas in die Quere gekommen. Niemand möchte von klein auf ein chronisches Opfer sein, aber wenn man wieder und wieder jede Verantwortung abstreitet, nimmt man ganz allmählich genau diese Rolle an, ohne es selbst zu merken. Mit der Zeit entwickelt man sich so zum Opfer.

Auf dem Weg zum chronischen Opfer erkennen diese Menschen irgendwann, dass sie sich selbst etwas vormachen. Sie erkennen, dass die Geschichte, die sie sich erzählen, nicht ganz der Wahrheit entspricht. Sie wissen, dass sie selbst verantwortlich sind. Aber es ist schwer, sich der Realität zu stellen und Verantwortung zu übernehmen. Es ist unangenehm. Viel einfacher ist es, sich zu verstecken und anderen Menschen, den Umständen oder dem Schicksal die Schuld zu geben.

Paradoxerweise werden diese Schuldzuweisungen oft von denen gefördert, die den chronischen Opfern besonders nahestehen. Wenn etwas nicht so läuft, wie wir es gerne hätten, ist es ganz natürlich, dass wir uns bei Angehörigen oder im Freundeskreis Luft machen. Diese Menschen sind liebevoll, unterstützen uns und wünschen uns nur das Beste. Nur zu gerne sind sie bereit, unsere Sicht auf die Dinge zu bestätigen und uns zu trösten. Doch das ändert nichts an unserer Lage. Unser falsches Weltbild hat Bestand. Wir werden nicht dazu ermutigt, unser eingefahrenes Denken, Fühlen und Handeln zu hinterfragen. Und wenn wir später in eine ähnliche Situation geraten, werden wir wahrscheinlich wieder genauso reagieren und erneut enttäuschende Ergebnisse erzielen.

Andererseits, hat Ihnen ein befreundeter Mensch schon einmal gesagt: »Da hast du ja ziemlichen Mist gebaut. Wie kann ich dir helfen, das wieder in Ordnung zu bringen?« oder »Ich habe eine Vermutung, wieso du nicht die gewünschten Ergebnisse erzielst«?

Wenn es in Ihrem Leben einen solchen Menschen gibt, rufen Sie ihn jetzt an und danken Sie ihm. So jemand ist ein seltener Glücksfall, den Sie zu schätzen wissen sollten.

Oder vielleicht haben Ihre Eltern Sie in dieser Weise unterstützt. Als ich 13 war, stand ich nach dem Unterricht einmal mit einer Gruppe von Freunden vor der Schule und erlebte mit, wie einer unserer Klassenkameraden gemobbt wurde. Die Lehrer griffen ein, ehe die Situation eskalierte, und alles war so schnell vorbei, wie es begonnen hatte. Allerdings hatte ich nicht bemerkt, dass mein Vater ganz in der Nähe geparkt und mich beobachtet hatte. Als ich ins Auto stieg, fragte er mich, was passiert sei.

»Nichts«, sagte ich. Mein Vater sah mich mit dem elterlichen Blick an, den meine Kinder jetzt von mir ernten. »Wir haben den Typen nur ein bisschen geärgert«, erklärte ich.

»Warum?«, fragte er.

»Alle haben mitgemacht. Es war nur Spaß. Bleib mal locker.«

Mein Vater hielt das Auto mitten auf der Straße an und warf mir wieder diesen Blick zu.

»Du warst aus freiem Willen dabei und hast dich bewusst entschieden, nichts dagegen zu tun«, sagte mein Vater. »Du kannst dein Verhalten nicht damit entschuldigen, dass alle anderen es auch gemacht haben. Du bist für deine Entscheidungen verantwortlich. So ein Verhalten ist nicht dein Niveau.«

Danach sprach er bis zum nächsten Tag kein Wort mehr mit mir.

Das war eine wichtige Lektion: Etwas, das man bewusst unterlässt, ist oft genauso wichtig wie das, was man tut.

Erst nach einer ganzen Weile wurde mir klar, was meinen Vater besonders enttäuscht hatte: dass ich die anderen nicht aufgehalten hatte.[20] Ich sollte kein passiver Mensch werden, der sein Verhalten an anderen und an seinem Umfeld orientiert. Ich sollte kein chronisches Opfer der Umstände werden.

Erfolgreiche Menschen wollen nicht mit chronischen Opfern zusammenarbeiten. Nur andere Opfer arbeiten freiwillig mit Opfern zusammen.

Wenn Sie einmal genauer darauf achten, werden Sie feststellen, wie fragil chronische Opfer sind – wie sehr ihre Ansichten und Gefühle von Dingen abhängen, auf die sie keinen Einfluss haben. Wenn alles nach ihren Vorstellungen läuft, sind sie fröhlich; wenn nicht, sind sie abwehrend, passiv-aggressiv und gelegentlich auch *aggressiv-aggressiv*. Wenn ihre Ehepartnerin oder ihr Ehepartner schlechte Laune hat, sind sie ebenfalls schlecht gelaunt. Wenn sie auf dem Weg zur Arbeit im Stau gestanden haben, tragen sie ihren Ärger und Frust mit ins Büro. Wenn das Projekt, für das sie zuständig sind, nicht nach Plan verläuft, geben sie anderen aus dem Team die Schuld.

Selbstverantwortung ist die Stärke, zu erkennen, dass man zwar nicht alles steuern kann, aber selbst in der Hand hat, wie man mit allem, was sich ereignet, umgeht. Diese Einstellung gibt Ihnen die Fähigkeit zu agieren, statt nur zu reagieren, ganz gleich, was Ihnen in die Quere kommt. So werden Hürden zu Gelegenheiten zum Lernen und Wachsen. Sie erkennen, dass Ihr Wohlbefinden mehr durch Ihren Umgang mit Schwierigkeiten beeinflusst wird als durch die Schwierigkeiten selbst. Und Sie verstehen, dass es oft am besten ist, das Geschehen einfach zu akzeptieren und nach vorn zu schauen.

2.
Selbsterkenntnis

Erkenne dich selbst.

Inschrift im Apollontempel in Delphi

Selbsterkenntnis bedeutet, dass man sich der eigenen Stärken und Schwächen bewusst ist. Sie müssen wissen, wozu Sie in der Lage sind und wozu nicht, wo Ihre Fähigkeiten und Grenzen liegen, welche Stärken und Schwächen Sie haben, was Sie beeinflussen können und was nicht. Sie sind sich dessen bewusst, was Sie wissen und was nicht. Und darüber hinaus wissen Sie auch, dass Sie kognitive blinde Flecken haben – dass es Dinge gibt, die Sie nicht wissen, ohne sich dessen bewusst zu sein – das, was Donald Rumsfeld einst als »unbekannte Unbekannte« bezeichnete.

Um zu ermitteln, wie es um Ihre Selbsterkenntnis steht, sollten Sie sich fragen, wie oft am Tag Sie »Das weiß ich nicht« sagen. Wenn Sie diesen Satz niemals äußern, sehen Sie über Dinge, die Sie verwundern, vermutlich einfach hinweg oder erfinden Erklärungen für bestimmte Ergebnisse, statt ihnen auf den Grund zu gehen.

Damit Sie Spiele spielen, bei denen Sie gewinnen können, muss Ihnen klar sein, was Sie wissen und was nicht.

Bei einem Abendessen in größerer Runde erlebte ich kürzlich ein beeindruckendes Beispiel für Selbsterkenntnis. Unter den Gästen war ein Freund von mir, der mit Immobilien ein Vermögen gemacht hat. Ein anderer Gast, ebenfalls ein gewiefter Investor, pries ihm ein Unternehmen an, das er von der Börse nehmen wollte. Das Vorhaben klang vielversprechender als alles, was ich seit Jahren gehört hatte.

Nachdem er sich das Angebot angehört hatte, schwieg mein Freund kurz, trank einen Schluck Wasser und sagte dann: »Ich bin an einer Investition nicht interessiert.« Die ganze Gesellschaft saß stumm da, wir alle fragten uns, was wir übersehen hatten. Endlich brach jemand das Schweigen und erkundigte sich nach dem Grund für die Absage.

»Ich kenne mich in diesem Bereich nicht aus«, lautete die Antwort. »Ich bleibe lieber bei dem, was ich kenne.«

Als wir das Restaurant verließen, ging das Gespräch weiter. Mein Freund räumte ein, dass die Präsentation großartig klinge, dass er dem anderen vertraue und glaube, dass man mit dem Geschäft viel Geld verdienen könne. (So kam es dann auch.) Dann erklärte er mir: »Der Schlüssel zu erfolgreichen Investitionen ist, dass man weiß, was man weiß, und sich daran hält.«

Mein Freund kannte sich in der Immobilienbranche gut aus und war sich sicher, dass er in diesem Bereich unweigerlich Erfolg haben würde, wenn er geduldig blieb.

Nicht die Menge an Wissen ist entscheidend, sondern wie Sie Ihr Wissen nutzen

Dass man genau weiß, was man weiß, zählt zu den praktischsten Fähigkeiten überhaupt. Wie viel Sie wissen, ist dabei nicht annähernd so wichtig wie das richtige Gespür für die Grenzen Ihres Wissens.

Charlie Munger äußerte einst beim Abendessen die gleiche Überzeugung wie mein Freund, der Immobilieninvestor. Er sagte: »Wenn man sich auf Spiele einlässt, bei denen andere etwas können, das man selbst nicht kann, dann wird man verlieren. Man muss herausfinden, wo man im Vorteil ist, und sich daran halten.«

Es reicht nicht, dass man den eigenen Vorteil erkennt; man muss auch wissen, wo dieser Vorteil endet. Wenn Ihnen nicht klar ist, auf welcher Seite der Grenze Sie sich befinden oder ob es überhaupt eine Grenze gibt, dann haben Sie diese Grenze bereits überschritten.

Selbsterkenntnis beschränkt sich jedoch nicht nur auf konkrete Fähigkeiten. Wichtig ist auch, dass Sie wissen, wann Sie anfällig für Standardeinstellungen sind – in welchen Situationen Sie nicht denken, sondern sich von den Gegebenheiten steuern lassen. Vielleicht neigen Sie zu übermäßigen Emotionen – Traurigkeit, Wut oder hartnäckigen selbstzerstörerischen Gedanken. Vielleicht platzt Ihnen leicht der Kragen, wenn Sie müde sind, oder Sie werden unerträglich, wenn Sie Hunger haben. Vielleicht reagieren Sie sehr empfindlich auf gesellschaftlichen Druck und die Gefahr einer sozialen Ächtung.

Dass Sie sich Ihrer Stärken und Schwächen, Ihrer Fähigkeiten und deren Grenzen bewusst sind, ist eine grundlegende Voraussetzung, damit Sie Ihren Standardeinstellungen entgegenwirken können. Wenn Sie Ihre Schwachstellen nicht kennen, werden Ihre Standardeinstellungen diese ausnutzen, um Sie zu beeinflussen.

3.

Selbstbeherrschung

Gebt mir den Mann,
den seine Leidenschaft nicht macht zum Skla-
ven,
und ich will ihn hegen im Herzensgrund,
ja in des Herzens Herzen.

William Shakespeare, *Hamlet*

Selbstbeherrschung ist die Fähigkeit, Ängste, Wünsche und andere Gefühle zu kontrollieren.

Gefühle sind ein unausweichlicher Teil des menschlichen Lebens. Säugetiere wie wir haben sich so entwickelt, dass sie auf unmittelbare Gefahren und Chancen in ihrer Umwelt spontan reagieren – bei Bedrohungen mit Angst, bei sozialen Bindungserlebnissen mit Freude, bei Verlusten mit Trauer. Diese physiologischen Reaktionen oder die Umstände, unter denen sie ausgelöst werden, können wir nicht abstellen. Wir können nur steuern, wie wir damit umgehen.

Manche Menschen treiben wie Korken auf den Wellen eines emotionalen Ozeans. Ihr Handeln wird von ihren Gefühlen gesteuert: Wut, Freude, Trauer, Angst – was auch immer gerade ausgelöst wird. Andere Menschen übernehmen bewusst das Kommando über ihr Leben. Sie ergreifen das Ruder, entscheiden, wo sie hinwollen, und steuern das Schiff den Wellen zum Trotz in diese Richtung. Sie erleben Höhen und Tiefen wie jeder andere auch, doch sie lassen nicht zu, dass diese Wogen der Gefühle die Richtung ihres Lebens bestimmen. Stattdessen steuern sie bei Bedarf dagegen und halten sich mit überlegten Entscheidungen auf Kurs.

Selbstbeherrschung bedeutet, Raum für den Verstand zu schaffen, statt blindlings den Instinkten zu folgen. Dann können Sie Ihre Emotionen wie leblose Objekte betrachten und behandeln – etwas, das Ihr Handeln nicht steuert, sofern Sie das nicht zulassen. Sie schaffen Abstand zwischen Ihnen und Ihren Gefühlen und erkennen, dass es in Ihrer Macht liegt, wie Sie mit diesen Gefühlen umgehen. Sie können unvermittelt darauf reagieren oder aber klar denken und überlegen, ob es sich lohnt, ihnen nachzugeben.

Die emotionale Standardeinstellung will jegliche Distanz zwischen Ihnen und Ihren Gefühlen beseitigen und Sie zu unüberlegten Reaktionen bewegen. Sie will im Augenblick gewinnen, auch wenn das auf Kosten der Zukunft geht. Mit Selbstbeherrschung gelingt es Ihnen jedoch, Ihre Gefühle im Zaum zu halten.

Die Wutanfälle eines Kleinkinds zeigen ganz deutlich, wie die emotionale Standardeinstellung wirkt, wenn man keine Selbstbeherrschung gelernt hat. Wirklich erschreckend ist jedoch, dass manche Erwachsene dagegen kaum besser gefeit sind als Zweijährige. Solchen Menschen fehlt es an Selbstbeherrschung, sodass sie sich regelmäßig von ihren Gefühlen mitreißen lassen.

Um Erfolg zu haben, muss man sich so beherrschen können, dass man alles tut, was zu tun ist, ganz gleich, ob man gerade Lust dazu hat. Auf lange Sicht ist emotionale Intensität weitaus weniger wichtig als disziplinierte Konsequenz. Inspiration und Begeisterung mögen für den ersten Impuls sorgen, aber um bis zum Ziel durchzuhalten, brauchen Sie Ausdauer und Routine. Ein paar Minuten kann sich jeder begeistern, aber je länger ein Projekt dauert, desto stärker lässt die Begeisterung meist nach. Die erfolgreichsten Menschen haben die Selbstbeherrschung, trotzdem am Ball zu bleiben. Es ist nicht immer spannend, aber sie lassen sich nicht beirren.

4.

Selbstvertrauen

Selbstvertrauen bedeutet, dass Sie von Ihren Fähigkeiten und Ihrem Wert für andere Menschen überzeugt sind.

Sie brauchen Selbstvertrauen, um eigenständig zu denken und gesellschaftlichem Druck, Ego, Trägheit oder Gefühlen zu trotzen. Sie brauchen es, um zu verstehen, dass Ergebnisse sich nicht immer sofort einstellen, und um konsequent das zu tun, was nötig ist, um sich diese Ergebnisse zu verdienen.

Kinder entwickeln Selbstvertrauen, indem sie einfache Fähigkeiten erlernen, etwa einen Reißverschluss zu schließen, eine Schleife zu binden oder Fahrrad zu fahren. Mit der Zeit entwickelt sich dieses Selbstvertrauen weiter und führt dazu, dass sie im Erwachsenenalter kompliziertere Kompetenzen erwerben – etwa Software zu entwickeln, Wandbilder zu malen oder einen verzweifelten Freund aufzumuntern.

Selbstvertrauen stärkt die Belastbarkeit bei negativem Feedback und die Fähigkeit, sich an veränderte Umstände anzupassen. Es sagt Ihnen, was Sie können und welchen Wert Ihre Fähigkeiten haben, unabhängig davon, ob andere Menschen diese zu schätzen wissen oder nicht. Ein gesundes Selbstvertrauen wird Ihnen helfen, alle Herausforderungen und Schwierigkeiten zu meistern, die Ihnen begegnen.

Selbstvertrauen und Ego

Selbstvertrauen gibt Ihnen die Fähigkeit, schwierige Entscheidungen zu treffen und Selbsterkenntnis zu entwickeln. Während das Ego Sie daran hindern will, etwaige Unzulänglichkeiten zu akzeptieren, gibt Selbstvertrauen Ihnen die Kraft, diese Unzulänglichkeiten einzugestehen. So lernen Sie Demut.

Selbstvertrauen ohne Demut bedeutet im Allgemeinen Selbstüberschätzung – es ist eine Schwäche, keine Stärke. Selbstbewusste Menschen haben die Stärke, Schwächen und Schwachstellen zuzugeben, zu akzeptieren, dass andere etwas besser können als sie selbst, und bei Bedarf um Hilfe zu bitten.

Es ist nur menschlich, dass man sich fragt, ob man einer bestimmten Aufgabe gewachsen ist. Selbst die fähigsten Menschen haben hin und wieder Zweifel. Doch wer Selbstvertrauen hat, wird nie von Verzweiflung oder dem Gefühl der Wertlosigkeit übermannt, denn auch das ist eine Falle des Egos. Stattdessen konzentrieren sich selbstbewusste Menschen darauf, die anstehende Aufgabe zu meistern, auch wenn sie sich dabei von anderen helfen lassen müssen. Jede erfolgreiche Aufgabe steigert das Selbstbewusstsein, und damit gewinnen Sie Selbstvertrauen.

Die innere Stimme kann das Selbstvertrauen fördern

An mangelndem Selbstvertrauen scheitern mehr Träume als an mangelnden Fähigkeiten. Zwar entsteht Selbstvertrauen oft durch Leistungen, doch es wird auch dadurch beeinflusst, wie Sie mit sich selbst reden.

Die Stimme in Ihrem Kopf sollte nicht nur Bedenken äußern, sondern Ihnen auch vor Augen führen, wie viele Schwierigkeiten und Herausforderungen Sie bereits gemeistert haben, und deutlich machen, dass Sie daran gewachsen sind. Ganz gleich, wer Sie sind, es gibt viele positive Momente, von denen diese Stimme berichten könnte. Sie haben das Laufen gelernt, obwohl Sie Tausende Male hingefallen sind. Vielleicht sind Sie bei einer Prüfung beim ersten Versuch durchgefallen, haben dann jedoch aus Ihren Fehlern gelernt und beim nächsten Mal bestanden. Vielleicht wurden Sie entlassen, haben sich aber nicht entmutigen lassen und letztlich einen besseren Job gefunden. Vielleicht ist Ihre Beziehung oder Ihre Firma gescheitert, oder Sie hatten Angst, als Sie das erste Mal auf Skiern standen – was auch immer es war, Sie sind darüber hinweggekommen, haben es überstanden und sind dadurch stärker geworden.

Es ist wichtig, sich mit den Schwierigkeiten auseinanderzusetzen, die man gemeistert hat, denn aus der Vergangenheit schöpft man das Selbstvertrauen, mit dem man künftige Hürden nehmen kann.

Als ich einmal mit meinem jüngsten Sohn beim Klippenspringen war, gab es ein schweres Dilemma. Oben auf der knapp acht Meter hohen Klippe bekam er Angst und wollte wieder hinunterklettern. Das war jedoch nicht möglich, denn der Abstieg war viel gefährlicher als der Sprung – beim kleinsten Fehler wäre er auf spitzen Felsen gelandet. Je länger er in die Tiefe schaute, desto ängstlicher wurde mein Sohn. Ich musste ihm irgendwie helfen, sich aus dieser Situation zu befreien.

Als Erstes haben wir uns auf unsere Atmung konzentriert. Die Atmung ist ein mächtiges Werkzeug, mit dem sich der Geist beruhigen lässt. Wir atmeten zunächst normal ein und machten sofort danach noch einen kleinen Atemzug. So atmen wir, wenn wir schluchzen, und die Wirkung ist ähnlich beruhigend. Erst als sich der Körper entspannt hatte, konnten wir den inneren Dialog ändern.

Ich fragte meinen Sohn, was er in diesem Augenblick zu sich selbst sagte – und es war nichts Gutes. Er machte sich Vorwürfe, redete sich ein, es sei sehr dumm gewesen, überhaupt hochzuklettern, er hätte es besser wissen müssen, und er habe große Angst. Genau so reden wir alle hin und wieder mit uns – zumindest meiner Erfahrung nach.

Als Zweites änderten wir das Gespräch, das in seinem Kopf ablief. Wir wissen zwar, wie unsere Worte auf die Gefühle anderer Menschen wirken können, bedenken jedoch nur selten, welche Folgen das hat, was wir uns selbst sagen. Ich ließ meinen Sohn ein paar Dinge aufzählen, zu denen er sich trotz aller Angst überwunden hatte. Sofort fiel ihm ein, wie wir beim Snowboarden einst »versehentlich« auf einer schwarzen Piste gelandet waren und wie er zum ersten Mal Wakeboard gefahren war. Er hatte noch etliche weitere Beispiele, es gab reichlich Situationen, in denen er Mut bewiesen hatte.

Als ihm klar wurde, dass er schon früher Schwieriges gemeistert hatte, konzentrierte er sich wieder auf seine Atmung. Dann sprang er. Sekunden später tauchte er aus dem Wasser auf, und als er für den zweiten Sprung nach oben geklettert kam, sah ich ihn breit lächeln.

Menschen mit Selbstvertrauen haben keine Angst vor der Realität, weil sie wissen, dass sie damit umgehen können. Es ist ihnen egal, was andere über sie denken, sie haben keine Angst, aufzufallen, und nehmen das Risiko in Kauf, dass sie sich lächerlich machen könnten, wenn sie etwas Neues ausprobieren. Sie sind oft genug gestrauchelt und wieder aufgestanden und wissen deshalb, dass ihnen das bei Bedarf wieder gelingen wird. Allerdings wissen sie auch, dass manchmal ein anderer Ansatz nötig ist, um sich von der Masse abzuheben, und dass die Unkenrufer und Neinsager ihnen folgen werden. Sie orientieren sich an der Realität, nicht an der allgemeinen Meinung.

Die wichtigste Stimme ist die, die Ihnen vor Augen führt, was Sie bereits erreicht haben. Und wenn Sie etwas noch nie getan haben, können Sie herausfinden, wie man es macht.

Vertrauen und Ehrlichkeit

Selbstvertrauen ist auch die Kraft, unangenehme Wahrheiten zu akzeptieren. Wir alle müssen die Welt so nehmen, wie sie ist, und nicht so, wie wir sie gerne hätten. Je schneller Sie sich abgewöhnen, unbequeme Wahrheiten zu leugnen, und sich stattdessen mit schwierigen Realitäten auseinandersetzen, desto besser.

Wir alle haben etwas, das wir im Augenblick verleugnen, weil wir es schwer akzeptieren können und den Schmerz vermeiden wollen. Vielleicht geht es bei Ihnen beruflich nicht weiter oder Sie stehen kurz vor dem Konkurs oder Sie wollen sich nicht eingestehen, dass eine Investition ein Fehler war. Je schneller Sie die Realität akzeptieren, desto schneller können Sie sich mit den Folgen auseinandersetzen, und je früher Sie das tun, desto leichter lassen sich diese Folgen bewältigen. Dass man auf den richtigen Augenblick wartet, um etwas Schwieriges zu erledigen, ist meist nur eine Ausrede: Man sucht einen Vorwand, um das, was getan werden muss, aufzuschieben. Den perfekten Zeitpunkt gibt es nicht.[21] Es gibt nur den Wunsch, weiterhin auf diesen Zeitpunkt zu warten.

Menschen mit Selbstvertrauen sind in Bezug auf ihre Beweggründe, Handlungen und Ergebnisse ehrlich. Sie erkennen, wenn die Stimme in ihrem Kopf die Realität nicht wahrhaben will. Sie hören auch auf das Feedback aus ihrer Umwelt, statt sich auf die Suche nach anderen Meinungen zu machen.

Im Internet finden sich allzu leicht Personen, die unsere Meinung teilen, ganz gleich, was wir glauben. Sie wollen den Holocaust leugnen? Dafür gibt es eine Gruppe. Sie glauben, dass Impfungen zu Autismus führen? Viele andere denken genauso. Es gibt sogar *immer noch* die Flat Earth Society, deren Mitglieder rund um den Globus verstreut sind.

Man kann sich also ohne Weiteres mit Menschen umgeben, die die eigenen irrigen Meinungen teilen. Deshalb sind diese Meinungen aber noch lange nicht wahr. Die Realität ist kein Beliebtheitswettbewerb. Nur weil die Leute in Ihrem Umfeld bestätigen, dass Sie recht haben, stimmt das noch lange nicht. Und wer einmal in das laue Wasser der Gruppenakzeptanz eingetaucht ist, findet nur schwer wieder hinaus. Die soziale Standardeinstellung hat wieder zugeschlagen!

Die Gruppen, in denen wir uns bewegen, verleiten uns zu der Annahme, dass die Welt das Problem ist und nicht unser Verhalten. Wir glauben, dass wir im Recht sind und alle anderen im Unrecht; wir verleugnen die Realität und nehmen uns damit die Energie und Konzentration, die wir brauchen, um uns anzupassen und zu verbessern. Das tun wir deshalb, weil es uns bequemer erscheint, als die Realität zu akzeptieren – dabei wäre das die Grundvoraussetzung, wenn wir diese Realität ändern wollen. Und tief in unserem Inneren fragen wir uns immer wieder, warum wir nicht die Ergebnisse erzielen, die wir uns wünschen. Wir fragen uns, warum manche Menschen bessere Ergebnisse erzielen als wir und was diese Menschen anders machen.

Vor einiger Zeit unterhielt ich mich bei einem Spaziergang mit dem CEO eines großen börsennotierten Unternehmens darüber, wie er das Personal für Schlüsselpositionen auswählt.

Ich fragte ihn: »An welcher Eigenschaft lässt sich Ihrer Ansicht nach am besten erkennen, wie sich ein Mensch entwickeln wird?«

»Ganz einfach«, erwiderte er. »An der Bereitschaft, seine Meinung zu dem zu ändern, was er zu wissen glaubt.«

Die wertvollsten Leute, so fuhr er fort, seien nicht diejenigen, die schon von Beginn an die besten Ideen haben, sondern diejenigen, die schnell ihre Meinung ändern können. Solchen Menschen ist das Ergebnis wichtiger als das Ego. Im Gegensatz dazu, erklärte er, scheiterten am ehesten diejenigen, die wie besessen auf den kleinsten Kleinigkeiten beharren, die ihren Standpunkt untermauern.

»Dass sie beweisen können, dass sie recht haben, ist ihnen wichtiger, als tatsächlich richtigzuliegen.«

Wie bereits im Kapitel über Selbstverantwortung erwähnt, bezeichne ich dieses Verhalten als die *falsche Seite des Rechthabens*. Dazu kommt es, wenn man das beste Ergebnis mit dem Ergebnis verwechselt, das für einen ganz persönlich das beste ist.[22]

Wer recht haben will, muss bereit sein, die eigene Meinung zu ändern. Wer dazu nicht bereit ist, wird oft falschliegen. Wer sich oft auf der falschen Seite des Rechthabens bewegt, kann ein Problem nicht aus unterschiedlichen Blickwinkeln betrachten. Dann ist diese Person auf eine einzige Perspektive fixiert: die eigene. Wenn man ein Problem nicht aus mehreren Blickwinkeln betrachtet, entstehen blinde Flecken. Und blinde Flecken führen zu Schwierigkeiten.

Es zeugt nicht von Schwäche, wenn man zugibt, dass man sich geirrt hat, sondern von Stärke. Man zeigt, dass man anpassungsfähig ist, wenn man anerkennt, dass jemand anderes eine bessere Erklärung gefunden hat. Man braucht Mut, um sich der Realität zu stellen. Man braucht Mut, um die eigenen Ideen zu revidieren oder etwas erneut zu überdenken. Man braucht Mut, um sich einzugestehen, dass etwas nicht funktioniert. Man braucht Mut, um Feedback zu akzeptieren, das gegen das Selbstbild verstößt.

Wenn wir uns der Realität stellen, stellen wir uns letztlich uns selbst. Wir müssen uns eingestehen, was wir nicht beeinflussen können, und unsere Energie auf die Dinge konzentrieren, auf die wir Einfluss haben. Wir müssen unsere Fehler und Misserfolge zur Kenntnis nehmen, aus ihnen lernen und nach vorn schauen.

Die falsche Seite des Rechthabens

Als ich einmal in New York einen Vortrag über effektive Entscheidungen gehalten hatte, kam anschließend eine Frau aus dem Publikum zu mir, um mir eine Frage zu stellen. Die Veranstaltung hatte länger gedauert als geplant und ich teilte ihr entschuldigend mit, dass ich leider dringend zum Flughafen müsse. Daraufhin bot sie mir an, mich von ihrem Fahrer zum Flughafen bringen zu lassen, wenn sie sich dafür unterwegs mit mir unterhalten könne.*

* Vermutlich kommen nur Kanadier auf die Idee, in New York vertrauensselig zu einer Wildfremden ins Auto zu steigen.

Während der Fahrt berichtete sie mir von einem sehr schwierigen Problem, mit dem sie beschäftigt war. Sie hatte sich gemeinsam mit einer anderen Person um den Posten des CEO ihres Unternehmens beworben und nun das Gefühl, dass ihr aktuelles Problem über ihre Beförderung entscheiden würde. Sie ging mit mir die Einzelheiten durch und erzählte mir von ihrem Lösungsvorschlag. Ihr Ansatz klang plausibel, war jedoch ziemlich kompliziert und mit einem hohen Ausführungsrisiko behaftet. Allerdings gab es eine Alternative – eine einfachere, kostengünstigere und weniger riskante Lösung. Die zweite Lösung war objektiv besser. Nur stammte sie leider von ihrer Konkurrenz.

Als die Frau mir ihre Überlegungen darlegte, gab sie sich große Mühe, sich zu verteidigen und zu beweisen, dass ihre Lösung die bessere war. Damit machte sie jedoch deutlich, dass sie nur zu gut wusste, dass das nicht der Fall war. Sie befand sich auf der falschen Seite des Rechthabens und war nur nicht bereit, das auch zuzugeben.

So geht es vielen: Sie glauben, dass sie nur dann etwas wert sind, wenn sie recht haben. Früher dachte ich das auch. Ich ließ diese Frau nicht ins Verderben laufen, sondern vertraute ihr einige der bitteren Lektionen an, die ich über diese Denkweise und über die falsche Seite des Rechthabens gelernt hatte.

Ich berichtete, dass ich viel zu lange geglaubt hatte, wenn die beste Idee nicht von mir stamme, sei ich ein Niemand. Ich hatte geglaubt, man würde mich nicht wertschätzen, mich nicht für clever halten und nicht als Bereicherung sehen. Meine Identität hing davon ab, dass ich recht hatte.

Erst als ich selbst ein eigenes Unternehmen gründete, wurde mir klar, wie falsch ich gelegen hatte. Wenn man für alles verantwortlich ist und für Fehler teuer bezahlen muss, so erklärte ich ihr, wird es wichtiger, *was* richtig ist und nicht *wer* richtigliegt. Je weniger ich danach strebte, immer recht zu haben, desto besser wurden die Ergebnisse, die ich erzielte. Es ging mir nicht mehr um Anerkennung, sondern um den Erfolg.

»Wenn Ihnen 100 Prozent des Unternehmens gehören würden und Sie es 100 Jahre lang nicht verkaufen könnten«, fragte ich sie, »welche Lösung würden Sie dann vorziehen?«

Erst nach einer langen Pause antwortete sie.

»Mir ist klar, was ich tun muss. Danke.«

Ein paar Monate später klingelte mein Telefon. Die Frau aus dem Taxi war am Apparat.*

»Sie werden nicht glauben, was passiert ist«, sagte sie. »Ich habe den Job als CEO, und das dank Ihres Hinweises. So schwer es mir auch gefallen ist, schließlich habe ich mich für die Lösung der Konkurrenz ausgesprochen, und das hat den Ausschlag zu meinen Gunsten gegeben. Als der Vorstand erkannt hatte, dass ich mein Ego im Interesse des Unternehmens zurückstellen konnte – obwohl ich damit jemanden unterstützte, der dieselbe Stelle wollte –, war klar, dass ich die Richtige war.«

Selbstvertrauen ist die Stärke, das Ergebnis über das Ego zu stellen. Es ist die Stärke, sich auf das zu konzentrieren, was richtig ist, und nicht darauf, wer richtigliegt. Es ist die Stärke, sich der Realität zu stellen. Es ist die Stärke, Fehler einzugestehen und die eigene Meinung zu ändern. Selbstvertrauen ist das, was es braucht, um auf der richtigen Seite des Rechthabens zu stehen.

Ergebnis geht über Ego.

* Ich staune immer wieder, wie manche Leute an meine Handynummer kommen.

5.

Stärke in Aktion

Selbstverantwortung, Selbsterkenntnis, Selbstbeherrschung und Selbstvertrauen sind unerlässlich, um wohlüberlegte Entscheidungen zu treffen. Die folgenden Beispiele erläutern, wie diese Stärken zusammenwirken.

Beispiel 1: Gegen die Norm handeln

Wer in einer Geheimdienstbehörde arbeitet, bleibt meist das ganze Berufsleben lang dort. Warum auch nicht? Es gibt ein gutes Gehalt, die Rentenansprüche werden an die Inflation angepasst und die Organisation ist aufgabenorientiert und beschäftigt unglaublich kluge und engagierte Leute.

Als ich einem Kollegen eröffnete, dass ich kündigen würde, schaute er mich ungläubig an. Er zählte die vielen Risiken auf und wies mich darauf hin, dass ich meine goldene Rente und meine Lohnnebenleistungen verlieren würde. Er konzentrierte sich auf das, was ich mir entgehen ließ, und nicht auf das, was ich gewinnen würde: vor allem die freie Zeiteinteilung.

Dass ich diesen Job aufgab, zeigt die vier Stärken in Aktion. Ich hatte das Selbstvertrauen, dass ich einen neuen Weg finden würde, obwohl ich noch nicht alle Einzelheiten kannte, die

Selbsterkenntnis, dass mir Zeit wichtiger war als Geld, die Selbstbeherrschung, zuverlässig jeden Tag aufzustehen, und die Selbstverantwortung, mir mehr abzuverlangen als je zuvor.

Ohne Selbsterkenntnis hätte ich nicht gewusst, was mich glücklich macht. Ohne Selbstvertrauen wäre ich nie gegangen. Ohne Selbstverantwortung und Selbstkontrolle hätte ich vermutlich gewusst, woran ich arbeiten sollte, mich jedoch auf einfache Tätigkeiten beschränkt, statt das zu tun, was mich weiterbrachte.

Beispiel 2: Der sozialen Standardeinstellung widerstehen

Stellen wir uns vor, Sie wissen aus Erfahrung, dass Sie sozialem Druck schwer standhalten können. Deshalb ist es schon oft passiert, dass Ihnen von hartnäckigen Verkäufern Dinge angedreht wurden, die Sie eigentlich gar nicht wollten, oder dass Sie sich bei der Arbeit Aufgaben aufbürden ließen, für die Sie gar keine Kapazitäten hatten. Sie bezweifeln, dass Sie so etwas in Zukunft mit reiner Willenskraft verhindern können.

Um sich vor dem Einfluss der sozialen Standardeinstellung zu schützen, sollten Sie deshalb eine Schutzmaßnahme einführen. Sie stellen für sich selbst eine Regel auf: Ich stimme bei wichtigen Dingen niemals zu, ohne einen Tag lang darüber nachgedacht zu haben.

In der Praxis ist diese Schutzmaßnahme nicht sehr angenehm. Doch auch wenn Sie sich im Augenblick unbehaglich fühlen, wenn Sie andere einen ganzen Tag lang hinhalten, zahlt sich diese Maßnahme langfristig aus. Automatische Regeln für alltägliche Situationen sind, so einfach sie oft wirken mögen, sehr effektiv. Im nächsten Kapitel werden wir genauer auf solche automatischen Regeln eingehen.

Bei der Umsetzung dieses Plans zeigen sich wieder die vier Stärken, die ich bereits erläutert habe. Man braucht Selbsterkenntnis, um zu wissen, dass man sozialem Druck schlecht standhalten kann. Die Entscheidung, gegen diese Anfälligkeit vorzugehen, um bessere Ergebnisse zu erzielen, erfordert Selbstvertrauen. Um die Regeln zu befolgen, die man sich selbst aufgestellt hat, braucht man Selbstverantwortung. Und es zeigt Selbstbeherrschung, wenn man in Alltagssituationen kurzfristige Unannehmlichkeiten in Kauf nimmt, um sich langfristig Vorteile zu sichern.*

Alle vier Stärken sind notwendig, um dem Einfluss der sozialen Standardeinstellung zu widerstehen. Wenn alle zusammenwirken, können Sie erstaunliche Ergebnisse erzielen. Nun wollen wir uns anschauen, wie sich diese Stärken aufbauen lassen.

* Regeln schaffen Rituale, die der Trägheit dienen – und damit nutzt diese Regel eine menschliche Eigenschaft, die uns sonst in Schwierigkeiten bringt.

6.

Ansprüche setzen

Derjenige, welcher mit andern sich mehr abgibt [...] der muss notwendigerweise entweder selbst jenen ähnlich werden [...] Denn legt man ein ausgebranntes Stück Kohle zu einem brennenden, dann wird entweder dieses jenes Stück anzünden oder jenes wird dieses auskühlen [...] Dann muss man sich vorsehen ... eingedenk dessen, dass man unmöglich mit einem Kaminkehrer zusammenkommen kann, ohne sich selbst mit Ruß zu schwärzen.

Epiktet, *Unterredungen*[23]

Wenn Sie eine Ihrer Stärken weiter ausbauen wollen, müssen Sie zuerst den Anspruch festlegen, an dem Sie sich messen wollen. Dazu nehmen Sie die Menschen und Handlungsweisen, die Ihnen täglich begegnen, kritisch unter die Lupe. Unser Umfeld beeinflusst uns – sowohl die physische Umgebung als auch die Menschen. Kaum etwas ist im Leben so wichtig, wie dass man die falschen Menschen meidet. Obwohl wir nur zu gerne denken, dass wir stark genug sind, um die schlechten Gewohnheiten anderer nicht zu übernehmen, lässt sich das in der Regel kaum vermeiden.

Unbewusst passen wir uns unserem Umfeld an. Wer für einen Vollidioten arbeitet, wird früher oder später selbst zu einem. Wenn Ihr Kollegium aus selbstsüchtigen Menschen besteht, werden Sie früher oder später auch selbstsüchtig. Wenn Sie mit unfreundlichen Leuten zu tun haben, werden Sie mit der Zeit ebenfalls unfreundlich. Nach und nach übernimmt man die Gedanken und Gefühle, die Einstellungen und Normen der Menschen, mit denen man sich umgibt. Das geschieht so allmählich, dass man die Veränderungen erst bemerkt, wenn sie sich nicht mehr abstellen lassen.

Da Sie sich Ihren Mitmenschen anpassen, übernehmen Sie mit der Zeit auch deren Ansprüche. Wer nur durchschnittliche Menschen trifft, hat irgendwann durchschnittliche Ansprüche. Aber durchschnittliche Ansprüche bringen Sie nicht ans Ziel. Ansprüche führen zu Gewohnheiten, und Gewohnheiten führen zu Ergebnissen. Nur wenigen ist klar, dass außergewöhnliche Ergebnisse fast immer von Menschen mit überdurchschnittlichen Ansprüchen erzielt werden.

Die erfolgreichsten Menschen haben die höchsten Ansprüche, nicht nur an andere, sondern auch an sich selbst. Ich erinnere mich zum Beispiel, dass ich einmal bei einem Außeneinsatz in einer Besprechung aufstand, um einen bestimmten Aspekt einer Operation zu erklären. Nach wenigen Augenblicken wurde ich von jemandem unterbrochen, der allgemein als führender Experte auf diesem Gebiet galt. Er sagte, ich solle mich erst wieder zu Wort melden, wenn ich wisse, wovon ich spreche. Dann erläuterte er selbst den Sachverhalt so ausführlich, wie ich es niemals für möglich gehalten hätte. Nach der Sitzung ging ich in sein Büro, um mit ihm zu reden. Er sagte, er wisse zwar nicht, was dort üblich sei, wo ich herkäme, aber hier äußere man sich für gewöhnlich nur, wenn man Ahnung habe.

Höchstleistungen erzielt man nur mit den höchsten Ansprüchen.*

* Das wurde durch folgendes Zitat von Bill Walsh inspiriert: »Champions verhalten sich wie Champions, schon ehe sie Champions sind. Sie haben einen Leistungsanspruch, der zum Sieg führt, noch ehe sie siegen.«

Alle Spitzenleute haben höchste Ansprüche. Wenn man sich Sportler oder Teams anschaut, deren Leistungen über das hinausgehen, was sich mit Glück oder Talent erklären lässt, wird man feststellen, dass sie sich hohen Ansprüchen verschrieben haben. Die New England Patriots gewannen mit ihrem Trainer Bill Belichick innerhalb von 20 Jahren mehr Spiele als jedes andere NFL-Team. Das gelang ihnen trotz einer Gehaltsobergrenze, die eigentlich für ausgeglichene Verhältnisse sorgen und eine solche Dominanz verhindern sollte. Als All-Star-Cornerback Darrelle Revis, der beste Spieler auf seiner Position, einmal ein paar Minuten zu spät zum Training kam, schickte Belichick ihn sofort nach Hause.[24] Der Trainer machte daraus keine große Sache, war aber konsequent. Revis wurde nicht anders behandelt als andere Spieler. Dem Trainer war es egal, was sich Starspieler in anderen Teams erlauben konnten. Revis war ein New England Patriot und musste den Ansprüchen dieses Teams genügen.

Die besten Lehrkräfte stellen hohe Erwartungen an sich und ihre Schülerschaft. Und in den meisten Fällen werden diese Erwartungen auch erfüllt. Die besten Führungspersönlichkeiten stellen hohe Erwartungen; sie erwarten von ihren Angestellten genauso viel wie von sich selbst – und zwar mehr, als die meisten für möglich halten würden.

Clevere Leute mit geringen Ansprüchen

Ob Führungskräfte durchschnittliche oder außergewöhnliche Ergebnisse erzielen, hängt oft davon ab, ob sie aus intelligenten, aber faulen Leuten konsequent mehr herausholen. Ich habe einmal mit einem solchen Typen zusammengearbeitet. Damals war ich gerade befördert worden, und er schickte mir einen Entwurf mit der Bitte um »Beratung und Feedback«. Der Entwurf war furchtbar schlecht und gespickt mit offensichtlichen Fehlern. Er hatte sich keine Mühe gegeben, das war mir klar. Und ihm auch.

Wenn Sie in einer großen Firma arbeiten, haben Sie sicher schon einmal Ähnliches erlebt. Jemand erstellt einen halbherzigen Entwurf voller Logikfehler, schickt ihn herum und wartet darauf, dass andere ihn korrigieren. Diese Taktik macht sich eine unserer Standardeinstellungen zunutze: Wir lieben es, andere zu korrigieren. Wenn jemand etwas falsch macht, können wir kaum widerstehen, auf die richtige Lösung hinzuweisen. Damit machen Sie die Arbeit, während die andere Person sich die Anerkennung sichert, obwohl sie selbst kaum etwas geleistet hat. Clever, aber faul.

Ich hatte nicht vor, den Rest des Abends (oder meiner Karriere) damit zu verbringen, diesem Kerl Arbeit abzunehmen. Also musste ich erreichen, dass er sein Verhalten änderte. Aber wie?

Mir fiel eine Geschichte ein, die ich einst über Henry Kissinger gelesen hatte. Ein Mitarbeiter hatte ein Memo verfasst und es Kissinger zum Lesen auf den Schreibtisch gelegt. Nach einer Weile fragte Kissinger ihn, ob das seine beste Arbeit sei. Der Mitarbeiter verneinte und schrieb das gesamte Memo neu. Am nächsten Tag traf er Kissinger erneut und fragte ihn, was er davon halte. Kissinger erkundigte sich erneut, ob das das Beste sei, zu dem er in der Lage sei. Der Mitarbeiter nahm das Memo und schrieb es noch einmal um. Am nächsten Morgen spielte sich wieder das gleiche Szenario ab, nur dass der arme Mitarbeiter diesmal sagte, es sei tatsächlich seine beste Arbeit. Kissinger antwortete: »Gut, dann werde ich den Text jetzt lesen.«

Die gleiche Taktik wollte ich auch anwenden, deshalb antwortete ich auf die E-Mail einfach: »Ist das Ihre beste Arbeit?«

Der Kollege verneinte, bat um ein paar Tage Bedenkzeit und lieferte dann eine deutlich bessere Version. Ohne das Dokument zu öffnen, stellte ich wieder die gleiche Frage.

Er antwortete: »Ja, besser kann ich es nicht.«

Diese Version habe ich dann gelesen, und sie war ausgezeichnet. Da ich nun wusste, wozu er in der Lage war, und er wusste, dass ich das wusste, sagte ich ihm, dass ich diese Qualität jedes Mal von ihm erwartete. Die Ansprüche waren klar. Ich wurde nie enttäuscht.

Warum wir geringe Ansprüche haben

Wenn wir uns minderwertige Arbeit durchgehen lassen, liegt das meistens daran, dass sie uns nicht wirklich wichtig ist. Wir reden uns ein, sie sei gut genug oder das Beste, was wir im vorgegebenen Zeitrahmen schaffen können. In Wirklichkeit haben wir uns jedoch zumindest in diesem speziellen Fall nicht zu Spitzenleistungen verpflichtet.

Wenn wir anderen minderwertige Arbeit durchgehen lassen, hat das denselben Grund: Es ist uns nicht so wichtig. Wer sich zu Spitzenleistungen verpflichtet hat, duldet nicht, dass jemand im Team halbe Sachen macht, sondern legt die Messlatte hoch und erwartet von allen Beteiligten, dass sie genauso hart arbeiten und das erwartete Niveau erreichen oder gar übertreffen. Alles, was darunterliegt, ist inakzeptabel.

Als Zhang Ruimin zum CEO der Kühlschrankfabrik in Qingdao wurde, aus der später der Haushaltsgerätekonzern Haier hervorging, stand die Firma kurz vor dem Ruin. Um gegenüber seinen neuen Beschäftigten ein deutliches Zeichen zu setzen, rief Ruimin alle zusammen und ließ vor ihren Augen 76 Kühlschränke, die nicht dem Standard entsprachen, mit einem Vorschlaghammer zertrümmern. Während seiner restlichen Amtszeit bewahrte Ruimin stets einen Vorschlaghammer in einem Glaskasten im Vorstandsraum auf, als Symbol für die hohen Ansprüche, die er an das Unternehmen stellte.[25]

Exzellenz verlangt Exzellenz

Die Besten der Besten geben sich nicht mit Dienst nach Vorschrift zufrieden. Sie engagieren sich für das, was sie tun, und lassen nicht locker. Meisterliche Leistungen erfordern nahezu fanatische Ansprüche, daher können wir von den Besten lernen, wie unsere Ansprüche aussehen sollten. Ein Meister der Kommunikation würde keine unbeholfene, abschweifende E-Mail akzeptieren. Eine hervorragende Programmiererin würde keinen unschönen Code akzeptieren. Beide würden keine unklaren Erklärungen statt fundiertem Wissen akzeptieren.

Wir werden niemals Außergewöhnliches leisten, wenn wir unsere Erwartungen an uns selbst und an das, was möglich ist, nicht hoch genug ansetzen. Für die meisten von uns klingt das furchtbar anstrengend. Wir neigen zu Bequemlichkeit und Selbstgefälligkeit. Wir entspannen uns lieber. Das ist in Ordnung. Aber machen Sie sich eins klar: Wenn Sie sich so verhalten wie alle anderen, müssen Sie mit den Ergebnissen rechnen, die alle anderen erzielen. Wenn Sie andere Ergebnisse wollen, müssen Sie die Messlatte höher legen.

Am meisten lernt man, wenn man direkt mit den Besten zusammenarbeitet; dann ist sichergestellt, dass die Messlatte hoch genug liegt. Ein exzellentes Vorbild verlangt Ihnen Exzellenz ab. Leider haben die allermeisten Menschen nicht das Glück, in diesen Genuss zu kommen. Doch deshalb müssen Sie nicht die Flinte ins Korn werfen. Auch wenn Sie nicht die Möglichkeit haben, direkt mit einer Koryphäe zusammenzuarbeiten, können Sie sich dennoch mit Menschen mit hohen Ansprüchen umgeben, indem Sie über diese Menschen und ihre Arbeit lesen.

7.

Vorbilder und Übung

Um durch höhere Ansprüche stärker zu werden, braucht man zweierlei:

1. Das richtige Vorbild – eines, das die Messlatte für Sie höher legt. Vorbilder können Menschen sein, mit denen Sie arbeiten, Menschen, die Sie bewundern, oder sogar Menschen, die vor langer Zeit gelebt haben. Das spielt keine Rolle. Wichtig ist nur, dass diese Menschen Sie in bestimmter Hinsicht verbessern, sei es in Bezug auf eine Fähigkeit, eine Eigenschaft oder eine Wertvorstellung.
2. Üben Sie, diese Vorbilder auf bestimmte Weise zu imitieren. Sorgen Sie dafür, dass Sie vor einer Entscheidung überlegen können, was Ihr Vorbild an Ihrer Stelle tun würde, und handeln Sie dann entsprechend.

Auf diese beiden Punkte möchte ich nun einzeln eingehen.

Im vorigen Abschnitt haben wir etwas erörtert, über das die meisten Menschen nie nachdenken: Wenn Sie die Menschen in Ihrem Leben nicht bewusst auswählen, sind Sie von jenen umgeben, die zufällig da sind. Dazu gehören Ihre Eltern, Ihr Freundeskreis, Ihre Familie, Ihr Kollegium. Sicher, es kann sein, dass Ihre alten Schulfreunde mit einem tollen Charakter und großem Scharfsinn gesegnet sind, doch mit viel höherer Wahrscheinlichkeit sind sie Durchschnitt. Sicher, Ihre Eltern könnten zu den klügsten Geschäftsleuten der Welt gehören, doch mit viel höherer Wahrscheinlichkeit sind sie es nicht. Das heißt allerdings nicht, dass Sie den Kontakt zu diesen Menschen abbrechen sollten; mit der Gestaltung des Umfelds ist lediglich gemeint, dass Sie gezielt gewisse Vorbilder hinzufügen.

Ihre Vorbilder

Zeigen Sie mir Ihre Vorbilder, und ich zeige Ihnen Ihre Zukunft.

Als ich meine Stelle beim Geheimdienst antrat, orientierte ich mich anfangs an meinem Kollegen Matt. Er durchschaute wie kein Zweiter, wie Betriebssysteme funktionieren und wie man sie zu seinem Vorteil nutzen kann. Was mich an Matt besonders beeindruckte, war sein unglaublich hoher Anspruch. Wie Michael Jordan verband er angeborenes Talent mit einer erstklassigen Arbeitsmoral. Und er verlangte Perfektion. (Ist es da ein Wunder, dass er zu den Besten der Welt gehörte?)

In Matts Beisein konnte man nur etwas sagen, wenn man sich mit dem Thema wirklich auskannte, sonst wurde man von ihm korrigiert. Er legte für das gesamte Team die Messlatte höher und arbeitete nicht nur härter als alle anderen, sondern fand auch immer wieder elegante Lösungen für komplizierte Probleme. Matt war ein Vorbild, jemand, der eine mustergültige Einstellung vorlebte. Er zeigte anderen, was möglich war.

Ich hatte Glück. Das Schicksal hätte mir einen durchschnittlichen Chef bescheren können. Stattdessen bekam ich Matt. Allerdings muss man sich nicht auf das Glück verlassen. Sie können sich die Menschen, deren Verhalten Sie nachahmen – Ihre Vorbilder –, selbst aussuchen und müssen nicht darauf hoffen, dass Sie per Zufall mit einem solchen Menschen zusammenarbeiten können.

Wenn Sie die richtigen Vorbilder wählen – Menschen, deren Ansprüche höher sind als Ihre eigenen –, verabschieden Sie sich von den Ansprüchen, die Ihnen von Eltern, Freunden und Bekannten vermittelt wurden. Ihre Vorbilder geben die Maßstäbe vor, die Sie sich setzen sollten. Peter Kaufman sagte mir einst: »Nichts hat mehr zu meinem Erfolg beigetragen als die Tatsache, dass ich andere sorgfältig beobachtet und sie mir zum Vorbild genommen habe.«

Diese Erkenntnis ist nichts Neues. In seinen Briefen an Lucilius forderte Seneca diesen auf, sich ein Vorbild zu suchen, an dem er sich orientieren kann:

> **Irgendwen sollte man haben, den man verehrt und dessen Einfluss auch, was man insgeheim tut und denkt, allmählich makellos macht [...] Wie glücklich ist auch, wer irgendwen so sehr verehren kann, dass er sich sogar bei der Erinnerung an ihn energisch zur Ordnung ruft. Wer jemanden so verehren kann, wird rasch selbst verehrenswert. Wähle Du Dir den Cato! Wenn der Dir allzu rigoros erscheint, nimm einen Mann von milderem Wesen, den Laelius. Nimm denjenigen, dessen Leben, dessen Worte und dessen Antlitz, ein Spiegel seiner Seele, Dir gefielen. Ihn stelle Dir immer vor, als Aufpasser oder als Vorbild. Man braucht, meine ich, irgendwen, an dem unser Lebenswandel sich überprüfen lässt. Nur mit einem Richtscheit macht man Krummes gerade.[26]**

Die Menschen, die wir uns zum Vorbild nehmen, zeigen die Prinzipien, die Entschlossenheit und die allgemeine Art zu denken, zu fühlen und zu handeln, die wir uns zu eigen machen wollen. An ihrem Beispiel können wir uns auf unserem Weg orientieren. Es wird zu unserem Leitstern.

Die meisten Leute an meinem alten Arbeitsplatz wollten Matts Ansprüche nicht übernehmen, weil sie so hochgesteckt waren.

Doch wenn man bereit war, sich entsprechend anzustrengen, führte Matts Vorbild auf direktem Weg zu Spitzenleistungen. Überdurchschnittliche Menschen (die positiven Ausreißer) können Tipps, Tricks und Einsichten vermitteln, für die Sie sonst vielleicht ein Leben lang lernen müssten. Mit den richtigen Vorbildern ersparen Sie sich viel Arbeit und können von dem profitieren, was diese Leute bereits geleistet haben. Da ich von Matt lernte und versuchte, seinen Ansprüchen gerecht zu werden, machte ich sehr viel schneller Fortschritte, als es mir sonst möglich gewesen wäre.

Halten Sie Ausschau nach Menschen, die die Eigenschaften, die Sie entwickeln möchten, optimal verkörpern – Menschen, deren Standardverhalten Ihrem gewünschten Verhalten entspricht, Menschen, die Sie dazu inspirieren, die Messlatte noch höher zu legen, und die Ihnen dazu verhelfen, eine bessere Version Ihrer selbst zu werden.

Ihre Vorbilder müssen nicht lebendig sein. Auch verstorbene oder fiktive Personen eignen sich zum Vorbild. Wir können sowohl von Atticus Finch und Warren Buffett als auch von Dschingis Khan und Batman lernen. Die Entscheidung liegt bei Ihnen.

Ihr persönliches Vorstandsgremium

Aus Ihren verschiedenen Vorbildern können Sie sich Ihr »persönliches Vorstandsgremium« zusammenstellen, ein Konzept, das auf den Autor Jim Collins zurückgeht:

> **In den frühen 80er-Jahren machte ich Bill [Lazier] zum Ehrenvorsitzenden meines persönlichen Vorstands. Und die anderen Mitglieder [...] suchte ich mir nicht anhand ihres Erfolgs aus. Es ging mir um Werte und Charakter. [...] Es sind Leute, die ich nicht würde enttäuschen wollen.**[27]

Die Personen in Ihrem persönlichen Vorstand können sich durch überragende Leistungen oder einen überragenden Charakter auszeichnen. Die einzige Bedingung ist, dass sie eine Fähigkeit, eine Haltung oder eine Veranlagung zeigen, die Sie bei sich selbst entwickeln möchten. Sie müssen nicht perfekt sein. Alle Menschen haben Fehler, das wird bei Ihrem persönlichen Vorstandsgremium nicht anders sein. Aber jeder ist in irgendetwas besser als wir. Unsere Aufgabe ist es herauszufinden, was dieses Etwas ist, und davon zu lernen, während wir den Rest ignorieren.

Zu den größten Fehlern, die mir bei anderen auffallen, zählt, dass viele nicht von Leuten lernen wollen, die charakterlich nicht einwandfrei sind oder eine Weltanschauung haben, die sich nicht mit der ihren deckt. Seneca brachte das treffend auf den Punkt, als er sagte: »Ich scheue mich nicht, einen schlechten Autor zu zitieren, wenn der Vers gut ist.« Oder, um es mit Cato dem Älteren zu sagen: »Weigere dich nicht vorschnell, von anderen zu lernen.«[28] Wirf den Apfel nicht weg, nur weil er etwas angedrückt ist.

Ihr persönliches Vorstandsgremium ist nicht statisch. Die Leute kommen und gehen. Sie stellen die Liste immer wieder neu zusammen. Um noch einmal auf den Film *Der Pate* zurückzukommen: Manchmal braucht man den Consigliere für Friedenszeiten und manchmal den Consigliere für den Krieg. Manchmal hat man von einer Person alles gelernt, was es zu lernen gibt, und möchte sie durch eine andere ersetzen. Das eine Vorbild führt zum nächsten.

Die Besten haben andere Ansprüche – oft besonders schöne und elegante. Und wenn Sie die Besten in Ihren Vorstand aufnehmen, legen Sie Ihre eigene Messlatte höher. Was vorher gut genug zu sein schien, reicht nun nicht mehr aus.

Zu meinen Vorbildern gehört Charlie Munger, der milliardenschwere Geschäftspartner von Warren Buffett. Er ist mein Maßstab, wenn es darum geht, meine Meinung zu vertreten. Eines Abends sagte er beim Essen: »Ich erlaube mir nur, eine Meinung zu etwas zu haben, wenn ich die Argumente der Gegenseite besser kenne, als sie es tut.«

Ein Paradebeispiel für hohe Ansprüche! Viele Menschen haben eine Meinung, aber nur sehr wenige haben sie sich gründlich erarbeitet. Wenn Sie es richtig angehen, können Sie besser gegen sich selbst argumentieren als Ihre eigentlichen Gegner. Somit sind Sie gezwungen, Ihre Überzeugungen zu hinterfragen, weil Sie von beiden Seiten argumentieren müssen. Nur wenn man sich diese Mühe macht, kann man ein Argument wirklich verstehen. Man erfasst die Gründe, die für und gegen die eigene Meinung sprechen. So gewinnt man das Selbstvertrauen, sie überzeugend zu verfechten.[29]

Am besten lernt man, wenn man direkt mit seinen Vorbildern zusammenarbeitet. Dann kann ein natürliches Geben und Nehmen entstehen – mehr eine Coaching-Beziehung als eine reine Vorbildfunktion. Eine persönliche Beziehung gibt Ihnen auch die Gelegenheit, um Hilfe zu bitten und Unterstützung zu suchen, wenn es nötig ist. Allerdings wird es nicht immer möglich sein, persönlich mit dem Menschen zu arbeiten, den Sie bewundern. Das bedeutet jedoch nicht, dass Sie so bleiben müssen wie die Menschen in Ihrem Umfeld.

Das Handy in Ihrer Tasche verschafft Ihnen im wahrsten Sinne des Wortes Zugang zu den klügsten Menschen aller Zeiten, ob lebendig oder tot. Auch ohne persönlichen Kontakt können Sie oft aus erster Hand erfahren, was diese Menschen zu sagen haben – ungefiltert! Überlegen Sie nur: Zum ersten Mal in der Geschichte haben wir die Möglichkeit, uns in Ruhe anzuhören, was Vorbilder erklären, ohne dass sich jemand dazwischenschaltet.*

Wenn Tobi Lütke Ihr Held ist, der Gründer von Shopify, einem der erfolgreichsten Unternehmen der Weltgeschichte, finden Sie im Internet unzählige Interviews mit ihm. Sie können dem Meister zu Füßen sitzen und von ihm lernen, wie er denkt, wie er Entscheidungen trifft und wie er sein Unternehmen führt. Das gilt auch für

---

* Selbst Bücher werden heutzutage durch die Herausgeber gefiltert. Man könnte wohl einwenden, dass man früher ein Buch direkt ohne Filter veröffentlichen konnte, aber ich denke, es ist klar, was ich meine.

Peter Kaufman, Warren Buffett, Jeff Bezos, Tom Brady, Simone Biles, Serena Williams oder Katie Ledecky.

Wählen Sie aus den Größten der Geschichte: Richard Feynman, George Washington, Charles de Gaulle, Winston Churchill, Coco Chanel, Charlie Munger, Marie Curie, Mark Aurel. Sie alle sind bereit, Ihre Einladung in Ihren persönlichen Vorstand anzunehmen. Sie müssen nur die Besten der Besten aussuchen und in Ihrem Kopf versammeln. Um es mit Montaigne zu sagen: »Ich habe hier einen Strauß aus den Blumen anderer gebunden, und von mir stammt nur die Schnur, die sie zusammenhält.«[30]

Wer einen persönlichen Vorstand hat, ist nie allein. Ihr Vorstand ist immer an Ihrer Seite. Sie können sich vorstellen, dass diese Leute Sie bei allen Entscheidungen und maßgeblichen Schritten beobachten – und wenn Sie das tun, wird Ihr Verhalten zwangsläufig durch dieses neue Publikum geprägt. Ihr Vorstand hilft Ihnen dabei, die Ansprüche zu formulieren, die Sie erfüllen wollen, und liefert Ihnen einen Maßstab, an dem Sie sich orientieren können. Es ist kein Versagen, wenn Sie nicht mit Ihren Vorbildern mithalten können – wenn es Ihnen nicht gelingt, einen Bestseller zu schreiben, Milliardär zu werden oder jeden Tag zu trainieren. Sie messen sich nicht an Ihren Vorbildern. Sie messen sich nur daran, wie Sie selbst gestern gewesen sind. Wenn Sie heute ein bisschen besser sind, haben Sie gewonnen.

Ihr Repertoire an guten Verhaltensweisen

Wenn Sie sich die richtigen Vorbilder suchen, schaffen Sie ein Repertoire an »guten Verhaltensweisen«. Aus Texten, die andere geschrieben haben, aus Gesprächen, aus Erfahrungen anderer und aus Ihren eigenen Erfahrungen bauen Sie sich nach und nach eine Datenbank mit Situationen und Reaktionen auf. Diese Datenbank ist von entscheidender Bedeutung, denn damit schaffen Sie in Ihrem Leben Raum für Überlegungen. Statt nur zu reagieren und einfach das zu kopieren, was die Menschen in Ihrem Umfeld tun, wissen Sie: »So machen es die, die nicht mit dem Strom schwimmen.«

In ungewohnten Situationen können Sie dann auf einen Katalog mit Reaktionen zurückgreifen, die überdurchschnittliche Menschen in ähnlichen Situationen gezeigt haben. Ihre erste Reaktion ist dann nicht mehr gut, sondern großartig – nicht spontan, sondern wohlüberlegt.

Ihr Vorstand kann dafür sorgen, dass Sie Ihren Instinkten zum Trotz die richtige Richtung einschlagen.

Ein Vorstand mit charakterstarken Menschen führt letztlich dazu, dass wir selbst ebenfalls so charakterstark wie möglich werden wollen. Wir entwickeln das Selbstvertrauen, ethische Grundsätze anzuwenden und allein zu handeln, wenn die gesellschaftliche Strömung in die falsche Richtung geht. Wir müssen nicht mehr passiv ihrem Auf und Ab folgen. Unser persönlicher Vorstand gibt uns den Mut und das Wissen, um in die beste Richtung zu schwimmen.

Ein letztes Wort zu Vorbildern: Nicht nur Sie selbst suchen sich einen Vorstand aus, es kann auch sein, dass andere Menschen Sie zum Vorbild haben. Darauf weist uns der US-amerikanische Schauspieler Denzel Washington hin: »Du kannst nie wissen, wen du berührst. Du kannst nie wissen, wie oder wann du etwas bewirkst oder ob andere sich ein Beispiel an dir nehmen.«[31]

Vielleicht ist es die neue Mitarbeiterin im Flur gegenüber. Vielleicht sind es Ihre Kinder. Vielleicht ist es Ihr Cousin. Es spielt keine Rolle. Wichtig ist nur, dass es einen Menschen geben könnte, der zu Ihnen aufschaut und Ihr Verhalten als Leitstern nutzt. Alles, was Sie tun, könnte das Leben anderer zum Besseren verändern. Getreu Seneca: »Glücklich der Mann, der nicht bloß durch seine Gegenwart, sondern schon dadurch, dass man an ihn denkt, den Mitmenschen bessert!«[32]

Üben, üben, üben

> **Die rechte ethische Beschaffenheit wird durch Gewöhnung erlangt [...] Es ist damit wie mit den übrigen technischen Fertigkeiten auch. [...] So wird man ein Baumeister dadurch, dass man baut, und ein Zitherspieler dadurch, dass man die Zither spielt. So nun aber wird man auch gerecht dadurch, dass man gerecht handelt, besonnen dadurch, dass man besonnen handelt, und tapfer dadurch, dass man sich tapfer benimmt.**
>
> Aristoteles, *Nikomachische Ethik*[33]

Es reicht nicht, dass Sie sich Vorbilder suchen und Ihren persönlichen Vorstand zusammenstellen. Sie müssen auch deren Beispiel folgen – nicht nur ein- oder zweimal, sondern immer wieder. Nur so können Sie die Normen, für die diese Menschen stehen, verinnerlichen und die Person werden, die Sie sein wollen.

Vorbildern nachzueifern, bedeutet, dass Sie sich im Augenblick Raum schaffen, um zu überlegen und Ihre Gedanken, Gefühle und Handlungsoptionen zu beurteilen. So gestalten Sie Ihre bisherigen Verhaltensmuster um, damit sie dem Verhalten Ihrer Vorbilder näherkommen.

Um in Ihrem Denken Raum für Überlegungen zu schaffen, könnten Sie sich beispielsweise fragen, was Ihre Vorbilder an Ihrer Stelle tun würden. Das ist der natürliche nächste Schritt. Stellen Sie sich bei Ihren Entscheidungen und anschließenden Handlungen vor, dass Ihre Vorbilder Sie beobachten. Wenn beispielsweise eine Investitionsentscheidung ansteht, könnten Sie fragen: »Was würde Warren Buffett tun?« Und fragen Sie sich auch: »Wie würde ich diese Idee meinem persönlichen Vorstand präsentieren? Welche Aspekte wären diesen Leuten wichtig? Was wäre für sie irrelevant?«

Wenn Sie sich vorstellen, dass Ihre Vorbilder Sie beobachten, zeigen Sie eher Verhalten, das Ihr Vorstand gutheißen würde, und unterlassen alles, von dem Sie wissen, dass es hinderlich wäre.

Wichtig ist dabei, dass Sie diese Gedankenübung häufig ausführen, so oft, bis Sie sich neue Denk-, Empfindungs- und Handlungsmuster angeeignet haben. Üben Sie weiter, bis Ihnen dieses Muster zur zweiten Natur geworden ist: das, was Sie sind, und nicht nur das, was Sie sein wollen.

Eine Strategie, um Stärke zu gewinnen, besteht darin, dass Sie im Sandkasten üben. Sicher ahnen Sie schon, dass der Sandkasten im übertragenen Sinne gemeint ist – er steht für eine Situation, in der mögliche Fehler relativ folgenlos bleiben und leicht rückgängig gemacht werden können. Im Sandkasten können Sie Fehler machen und daraus lernen, ohne dass Sie das teuer zu stehen kommt. Wenn Sie im Sandkasten üben, steigt die Wahrscheinlichkeit, dass Sie erfolgreich handeln, wenn mehr auf dem Spiel steht und die Ergebnisse folgenreicher und endgültiger sind.

Dass man angehenden Führungskräften zunächst nur eine einzige Person oder ein kleines Team unterstellt und nicht sofort das ganze Unternehmen, liegt unter anderem daran, dass Fehler dann nicht so verhängnisvoll sind. Eine kleine Führungsaufgabe ist ein solcher Sandkasten. Wenn Sie das ganze Unternehmen leiten, sind Fehler kostspieliger und nicht so leicht einzudämmen wie bei der Leitung eines Teams.

Nichts geht über das Üben in echten Szenarios, aber im Sandkasten sind Fehler, die anfangs unweigerlich geschehen, nicht so schlimm. Beim Geheimdienst wurden Operationen immer in einer Umgebung geübt und getestet, in der Fehler keine Konsequenzen hatten. Die Übungen wurden behandelt wie der Einsatz selbst, wir machten alles so, wie wir es bei der eigentlichen Operation vorhatten, und versuchten, alle Eventualitäten vorherzusehen und entsprechende Maßnahmen zu ergreifen. Wenn etwas nicht so lief wie geplant, nahmen wir die nötigen Korrekturen vor. Und manchmal sind wir gescheitert. In diesem Sandkasten konnten wir jedoch aus unserem Scheitern lernen, ohne dass es entscheidende Folgen hatte, während es in einem echten Einsatz unter Umständen Menschenleben gekostet hätte.

TEIL 3

Umgang mit Schwächen

Das Leben wird leichter, wenn man nicht anderen die Schuld gibt, sondern sich auf das konzentriert, was man beeinflussen kann.

James Clear

Das Leben selbst in die Hand zu nehmen, bedeutet unter anderem, dass Sie die Dinge steuern, die Sie steuern können. Andererseits kommt es auch darauf an, wie Sie mit den Dingen umgehen, die Sie nicht beeinflussen können – Ihren Unzulänglichkeiten oder Schwächen.

Denken Sie noch einmal an den bereits erwähnten Vergleich mit einem Computer. Sie können ändern, wie Sie programmiert sind, zumindest bis zu einem gewissen Grad. Manchmal können Sie Ihre aktuellen Algorithmen umschreiben und ein neues Programm für den Umgang mit Emotionen, sozialem Druck oder Bedrohungen Ihres Egos erstellen. Indem Sie diese Algorithmen ändern, gewinnen Sie Stärke.

Manchmal gibt es jedoch schädliche Algorithmen, die Sie nicht umschreiben können. Biologische Instinkte sind unveränderlich, angeborene Veranlagungen lassen sich nicht abstellen. Doch das bedeutet nicht, dass man sie nicht in den Griff bekommen kann.

Damit es gelingt, muss man neue Unterprogramme schaffen, die schädliche Folgen in Ihrem Leben mindern oder eindämmen können. Solche Unterprogramme sind eine gute Strategie zum Umgang mit Schwächen.

1.
Schwächen erkennen

Wir alle haben Schwächen, die oftmals biologisch verwurzelt sind. So sind wir manchmal hungrig, durstig, müde, erschöpft, emotional, abgelenkt oder gestresst, und all das kann dazu führen, dass wir nicht klar denken, sondern nur reagieren und für die entscheidenden Momente des Lebens blind werden.

Zudem haben wir alle eine eingeschränkte Perspektive: Wir können niemals alles sehen und wissen. Auch neigen wir von Natur aus dazu, uns ein Urteil und eine Meinung zu bilden, auch wenn uns das nötige Wissen fehlt. Wir haben bereits gesehen, dass die Instinkte, die für Selbsterhaltung, Gruppenzugehörigkeit, Hierarchiedenken und Revierverhalten verantwortlich sind, oft zu Fehlein schätzungen führen, die uns und unseren Mitmenschen schaden.

Andere Schwächen dagegen sind nicht biologisch bedingt, sondern entstehen durch Gewohnheit und werden durch die Trägheit gefestigt.

Schlechte Gewohnheiten kommen leicht zustande, wenn Handlung und Konsequenz nicht unmittelbar aufeinander folgen. Wenn Sie heute einen Schokoriegel essen oder das Training ausfallen lassen, wird sich Ihr Gesundheitszustand nicht auf einen Schlag rapide verschlechtern. Wenn Sie viel arbeiten und ein paarmal das Abendessen im Familienkreis verpassen, wird das Ihre Beziehung nicht ruinieren. Wenn Sie heute den ganzen Tag auf

Social-Media-Kanälen unterwegs sind, statt zu arbeiten, werden Sie nicht sofort gefeuert. Doch wenn sich diese Verhaltensweisen zu Gewohnheiten entwickeln, können sie zur Katastrophe führen.

Scheitern kommt durch viele kleine Fehler zustande, die sich ständig wiederholen. Nur weil die Folgen nicht sofort spürbar sind, heißt das nicht, dass es keine Konsequenzen gibt. Sie wissen nur zu gut, welche Folgen möglich sind, Sie wissen nur nicht genau, wann sie sich zeigen werden. Wenn sich gute Entscheidungen wiederholen, ist die Zeit Ihr Freund, bei schlechten ist sie Ihr Feind.*

Beispiele für angeborene Schwächen	**Beispiele für erworbene Schwächen**
Hunger Durst Müdigkeit Schlafmangel Gefühle Ablenkung Stress eingeschränkte Perspektive Voreingenommenheit	Handeln aufgrund emotionaler Impulse nicht sein Bestes geben etwas aus Angst nicht tun nur den eigenen Standpunkt sehen sich auf Talent verlassen und sich nicht richtig anstrengen

Ganz gleich, um welche Schwäche es sich handelt und woher sie kommt, die Standardeinstellungen übernehmen nur zu gerne das Kommando, wenn wir sie nicht im Zaum halten. Darüber hinaus merken wir oft gar nicht, wenn das geschieht.

* Jim Rohn sagte: »Eine Definition des Scheiterns lautet, dass man Tag für Tag ein paar Fehlentscheidungen trifft.« Und James Clear kommt in seinem ausgezeichneten Buch *Die 1%-Methode* zu dem Schluss, dass die Zeit bei guten Gewohnheiten ein Verbündeter ist, bei schlechten jedoch ein Feind.

Zwei Strategien zum Umgang mit Schwächen

Es gibt zwei Möglichkeiten, wie Sie mit Ihren Schwächen umgehen können. Entweder bauen Sie Ihre Stärken aus, um damit den erworbenen Schwächen entgegenzuwirken, oder Sie ergreifen Schutzmaßnahmen gegen die Schwächen, die Sie mit Stärke allein nur schwer in den Griff bekommen. Darüber hinaus helfen uns Schutzmaßnahmen bei Schwächen, die sich nicht überwinden lassen – etwa solche, die auf unsere biologischen Einschränkungen zurückgehen.

Umgang mit angeborenen Schwächen	**Umgang mit erworbenen Schwächen**
Schutzmaßnahmen	Stärke + Schutzmaßnahmen

Aus Teil 2 wissen wir, wie wir erworbene Schwächen durch Stärke überwinden können. Bessere Selbstbeherrschung beispielsweise gibt Ihnen die Möglichkeit, gefühlsgesteuertes Verhalten abzustellen, das Sie später bereuen würden. Wenn Sie Ihr Selbstvertrauen stärken, können Sie Ihrer Trägheit zum Trotz schwierige Entscheidungen umsetzen. Es gibt Ihnen die Kraft, sich über den gesellschaftlichen Druck hinwegzusetzen und gegen den Strom zu schwimmen, aber auch, Ihr Ego zu überwinden, Ihre Unzulänglichkeiten zu akzeptieren und danach zu streben, besser zu handeln und ein besserer Mensch zu werden.

Blinde Flecken

Zu unseren Schwächen gehört auch, dass unser Wissen Grenzen hat, sogenannte *blinde Flecken*. Wir alle kennen blinde Flecken in der Wahrnehmung, und genauso gibt es auch taube Flecken, denn Geräusche unterhalb einer bestimmten Lautstärke oder oberhalb einer bestimmten Tonhöhe können wir nicht hören.

Was für die Wahrnehmung gilt, trifft auch auf die Kognition zu, also auf unser Denk- und Urteilsvermögen. Die natürliche Auslese hat dazu geführt, dass unsere kognitiven Fähigkeiten nicht der maximalen Genauigkeit dienen, sondern dazu, unsere Überlebens- und Fortpflanzungschancen zu erhöhen. Bei einigen dieser Fähigkeiten spielt Genauigkeit sogar überhaupt keine Rolle; sie sollen uns lediglich vor ernsthaften Gefahren für unser Überleben schützen.

Ein Kaninchen zum Beispiel wird vor Ihnen davonrennen, auch wenn Sie keine echte Bedrohung darstellen. Kaninchen sind von Natur aus so veranlagt, weil sie durch die Evolution gelernt haben, dass sie besser auf Nummer sicher gehen. Ein falsch-negatives Ergebnis würde sie viel teurer zu stehen kommen als ein falsch-positives. Viele unserer kognitiven Voreingenommenheiten haben ganz ähnliche Ursachen. Ursprünglich sollten sie uns zu Verhaltensweisen bewegen, die das Überleben und die Fortpflanzung fördern, und ein Verhalten verhindern, das beides gefährden könnte.

So war es für unsere Urahnen beispielsweise überlebenswichtig, sich einer Gruppe anzuschließen und auch ohne umfassende Informationen rasch zu handeln. Beide Veranlagungen können jedoch zu Fehleinschätzungen führen und uns weitere blinde Flecken bescheren.

Es reicht nicht, wenn Sie Ihre blinden Flecken kennen

Es reicht nicht, wenn Sie wissen, inwieweit Sie voreingenommen sind oder andere blinde Flecken haben. Sie müssen auch Maßnahmen ergreifen, um dagegen anzugehen, denn andernfalls werden die Standardeinstellungen das Ruder übernehmen.

Einige blinde Flecken sind auf unsere Perspektive zurückzuführen. Niemand kann eine Situation jemals aus sämtlichen Blickwinkeln erfassen. Stellen Sie sich einen Pokerspieler vor. Wenn er genau wüsste, wer welche Karten hat, würde er keinerlei Fehler machen. Allerdings sieht man beim Pokern immer nur die eigenen Karten sowie diejenigen, die bereits ausgespielt wurden. Da man für die anderen Karten blind ist, macht man Fehler.

Beim Pokern oder in allen anderen Situationen können wir nur raten, warum jemand ein bestimmtes Verhalten zeigt, doch unser größter blinder Fleck besteht meist darin, dass uns unsere eigenen Schwächen nicht klar sind. Es gibt ein berühmtes Zitat von Richard Feynman: »Grundsatz Nummer eins lautet, dass man sich selbst nicht täuschen darf – und niemanden täuschen wir so leicht wie uns selbst.«[34]

Dass wir unsere eigenen Schwächen nicht wahrnehmen, hat vor allem drei Gründe.

Erstens sind diese Schwächen für uns oft schwer zu erkennen, weil sie fest mit unserem üblichen Denken, Fühlen und Handeln verknüpft sind. Fehlerhafte Verhaltensweisen sind durch einen langen Prozess der Gewohnheitsbildung entstanden. Diese Schwächen sind Teil unserer Identität, auch wenn sie nicht dem entsprechen, was wir sein wollen.

Zweitens kränkt es unser Ego, wenn wir unsere Schwächen sehen – vor allem, wenn es sich dabei um tief verwurzelte Verhaltensweisen handelt. Anders als bei anderen Unzulänglichkeiten, beispielsweise mangelndem technischen Geschick, sehen wir darin ein Persönlichkeitsmerkmal. Wir haben feste Vorstellungen von uns selbst und sperren uns oft gegen alles, das unser Selbstbild infrage stellt.

Drittens ist unsere Perspektive eingeschränkt. Ein System, dem wir selbst angehören, können wir nur schwer durchschauen. Was Sie als 16-jähriger Teenager gedacht haben, können Sie aus heutiger Sicht kaum noch nachvollziehen, und genauso wird Ihr künftiges Ich auf Ihr aktuelles Ich zurückblicken. Ihr aktuelles Ich ist blind für die Perspektive des künftigen.

Perspektive und menschliche Natur führen dazu, dass wir eigene Schwächen nur schwer erkennen, die Schwächen anderer aber sehr genau wahrnehmen. Über die Unzulänglichkeiten und Stärken unserer Kolleginnen und Freunde wissen wir bestens Bescheid. Dass andere uns vielleicht ebenso gut durchschauen, akzeptieren wir dagegen nicht so leicht. Wenn uns die Welt Rückmeldung zu unseren Schwächen gibt, haben wir die seltene Gelegenheit, uns zu verbessern und dem Menschen näherzukommen, der wir eigentlich sein wollen. Lassen Sie sich solche Gelegenheiten nicht entgehen!

Blinde Flecken auf der *USS Benfold*

Die Geschichte der *USS Benfold* zeigt sehr anschaulich, wie man blinde Flecken erkennt und ausräumt.[35]

Die *Benfold* zählte zu den leistungsschwächsten Kriegsschiffen der gesamten US-Marine. Sie wurde 1996 in den Dienst der Pazifikflotte gestellt und war mit einem der modernsten Raketen- und Technologiearsenale der damaligen Zeit ausgestattet. Ihr Radarsystem war so fortschrittlich, dass es einen Vogel aus 80 Kilometern Entfernung aufspüren konnte. Das Schiff sollte jederzeit auf einen Kriegseinsatz vorbereitet sein, doch das gelang ihm nicht.

Obwohl die Kommandanten glänzende Militärkarrieren vorweisen konnten, waren sie nicht in der Lage, die Leistung des Schiffes zu verbessern. Diese Leistung hängt zum Großteil von der Besatzung ab, nicht von der Technik.

Die wichtigste Aufgabe einer Führungskraft besteht darin, das Beste aus dem Team herauszuholen. Oft bedeutet das, Hindernisse aus dem Weg zu räumen, die das Potenzial einschränken. Alle Technologie der Welt hilft nicht weiter, wenn die Leute, die diese Technik bedienen, nicht mitspielen.

Das Schicksal der *USS Benfold* änderte sich an dem Tag, an dem Michael Abrashoff zum Kommandanten ernannt wurde. Er war Mitte dreißig, als die Marine ihm die *Benfold* anbot, sein erstes Kommando auf See. Damals, so sagte er, hatte das »schlecht funktionierende Schiff eine verdrießliche Besatzung, die nur ungern an Bord war und es kaum erwarten konnte, endlich aus der Marine entlassen zu werden«. Dennoch gelang es Abrashoff in knapp 20

Monaten, aus der *Benfold* eines der leistungsstärksten Schiffe der US-Marine zu machen. Das schaffte er trotz einer erdrückend starren Hierarchie.

Aber wie?

Das Erstaunlichste ist dabei, was er *nicht* tat. Niemand wurde entlassen oder degradiert. Die Hierarchie wurde nicht verändert. Die Technologie blieb gleich. Die einzige echte Veränderung fand bei ihm selbst statt. Er machte sich daran, mögliche blinde Flecken seiner Wahrnehmung zu ermitteln und die Welt aus der Sicht seiner Leute zu betrachten.

Kurz nachdem er das Kommando übernommen hatte, beobachtete Abrashoff das typische Sonntagsessen der Besatzung und stellte fest, dass die Matrosen in einer langen Schlange um ihre Mittagsmahlzeit anstanden, während die Offiziere an der Schlange vorbeigingen und sich ihre Portion direkt abholten. Und nicht nur das: Anschließend trugen die Offiziere ihr Essen auf ein Privatdeck, wo sie unter sich aßen. Stellen Sie sich vor, Sie sind Matrose auf dem Schiff und Ihr Vorgesetzter drängelt sich vor. Was vermittelt Ihnen das? Bewirkt es, dass Sie in Ihrem Job Ihr Bestes geben werden? Bewirkt es, dass Sie neue Ideen entwickeln wollen, die das Schiff weiterbringen?

»Die Offiziere waren keine schlechten Menschen«, erinnert sich Abrashoff, »sie wussten es nur nicht besser. So war es schon immer gewesen.« Statt den Offizieren eindeutige Anweisungen zu geben (ein typischer Befehls- und Kontrollansatz, der selten auf Dauer Wirkung zeigt), ging Abrashoff einfach ans Ende der Schlange.

Ein Versorgungsoffizier kam zu ihm und sagte: »Sie haben das falsch verstanden. Sie müssen nicht anstehen.« Abrashoff zuckte die Achseln und erwiderte, das erscheine ihm nicht richtig. Er wartete in der Schlange, bis er an der Reihe war, und setzte sich dann mit seinem Essen zu den Matrosen. Am nächsten Wochenende reihten sich sämtliche Offiziere ebenfalls in die Schlange ein und aßen gemeinsam mit den Matrosen. Ein entsprechender Befehl wurde nie erteilt.

Abrashoff wusste von Anfang an, dass man Menschen nicht einfach befehlen kann, sich zu bessern. Selbst wenn das scheinbar Wirkung zeigt, sind die Ergebnisse nur von kurzer Dauer und die Folgen gewaltig. Ob auf einem Schiff oder in einem Produktionsunternehmen – Einfallsreichtum, Intelligenz und Kompetenzen anderer Menschen lassen sich nicht durch Befehle und Kontrolle anzapfen.

»Zeigen Sie mir ein Unternehmen, in dem die Mitarbeiter Eigenverantwortung übernehmen, und ich zeige Ihnen ein Unternehmen, das der Konkurrenz überlegen ist«, so Abrashoff. »Kapitäne müssen das Schiff aus der Perspektive der Besatzung sehen. Sie müssen dafür sorgen, dass es für die Crew einfach und lohnend ist, sich und ihre Ideen einzubringen.«

In unserem Denken gibt es eine Kluft, weil wir glauben, dass die Welt so ist, wie wir sie wahrnehmen. Erst wenn wir unsere Perspektive ändern – wenn wir eine Situation aus dem Blickwinkel anderer Menschen betrachten –, erkennen wir, was wir übersehen haben. Uns wird klar, wo unsere blinden Flecken liegen.

2.

Schutzmaßnahmen zur Absicherung

Es gibt viele angeborene biologische Schwächen, die ein gutes Urteilsvermögen beeinträchtigen können: Schlafmangel, Hunger, Müdigkeit, Gefühle, Ablenkung, Stress in Drucksituationen und eine ungewohnte Umgebung sind nur einige Beispiele. Wir können nicht vermeiden, dass wir von Zeit zu Zeit in eine solche Lage geraten, aber wir können Schutzmaßnahmen ergreifen, die uns in diesem Fall vor unseren Standardeinstellungen bewahren.

Schutzmaßnahmen sind Hilfsmittel, die uns vor uns selbst schützen – vor Schwächen, die wir trotz aller Stärke nicht überwinden können.

Hier ein einfaches Beispiel: Stellen wir uns vor, Sie wollen sich gesünder ernähren. Dieses Vorhaben machen Sie sich unnötig schwer, wenn Sie in einem ungesunden Umfeld leben – etwa wenn Vorratskammer und Kühlschrank voller Junkfood sind. Eine Schutzmaßnahme wäre, dass Sie Junkfood aus dem Haushalt verbannen. Damit verhindern Sie, dass Sie bei Hunger oder Langeweile unüberlegt eine Tüte Chips aufmachen. Natürlich können Sie trotzdem in den Laden gehen und Chips kaufen, aber das ist viel Aufwand. Also überlegen Sie es sich vielleicht anders und essen lieber etwas, das besser zu Ihren Gesundheitszielen passt.

Dass Sie sämtliches Junkfood aus dem Haus verbannen, ist ein Beispiel für eine bestimmte Schutzstrategie: Sie erhöhen den

»Aufwand«, der erforderlich ist, um etwas zu tun, das Ihren langfristigen Zielen zuwiderläuft. Es gibt aber noch viele andere Schutzstrategien. Zu meinen Favoriten gehören: Vorbeugen, eigene Regeln, Checklisten, Umdeuten sowie das Sichtbarmachen des Unsichtbaren. Gehen wir nun genauer auf die einzelnen Strategien ein.

Schutzstrategie 1: Vorbeugen

Die erste Art von Schutzmaßnahmen hat das Ziel, Probleme zu verhindern, ehe sie auftreten. So kann man unter anderem vermeiden, dass Entscheidungen unter ungünstigen Bedingungen getroffen werden müssen. Unter Stress trifft man besonders häufig schlechte Entscheidungen. Einige Studien haben ergeben, dass Stress den Prozess der Entscheidungsfindung umgeht – er verhindert das gezielte Abwägen der Alternativen, das für wohlüberlegte Entscheidungen nötig ist.[36]

Die Anonymen Alkoholiker geben ihren Mitgliedern eine hilfreiche Schutzmaßnahme an die Hand. Diese heißt HALT – ein Akronym, das für *Hungry, Angry, Lonely and Tired* steht, also hungrig, wütend, einsam und müde. Wer den Drang nach Alkohol verspürt, soll überlegen, ob dieser Drang auf eines der genannten Gefühle zurückgeht, und gegebenenfalls das tatsächliche Problem – Hunger, Wut, Einsamkeit oder Müdigkeit – angehen, statt zur Flasche zu greifen.

Die HALT-Prinzipien sind auch für die Entscheidungsfindung im Allgemeinen sinnvoll. Fragen Sie sich vor einer wichtigen Entscheidung: »Bin ich hungrig? Bin ich wütend oder anderweitig emotional? Bin ich einsam oder anderweitig durch äußere Umstände gestresst, etwa weil ich mich in einer unbekannten Umgebung befinde oder unter Zeitdruck stehe? Bin ich müde, habe ich zu wenig geschlafen oder bin ich erschöpft?« Wenn Sie eine dieser Fragen mit »Ja« beantworten, sollten Sie die Entscheidung nach Möglichkeit vertagen. Warten Sie auf einen günstigeren Zeitpunkt, denn sonst kann es sein, dass Ihre Standardeinstellungen das Kommando übernehmen.

Schutzstrategie 2: Mit automatischen Regeln zum Erfolg

Wenn wir unüberlegt etwas auswählen, reagieren wir automatisch auf einen Reiz. Solche Reaktionen erfolgen meist unterhalb der Bewusstseinsebene, wir nehmen sie gar nicht richtig wahr. Manchmal können wir uns so im Zaum halten, dass wir uns über unsere angeborenen Reaktionen hinwegsetzen, aber das erfordert ein hohes Maß an bewusster Anstrengung. Zum Glück gibt es einen einfacheren Weg: Sie können neue Verhaltensweisen entwickeln, mit denen Sie das bekommen, was Sie wollen. Stellen Sie sich diese Verhaltensweisen als automatische Regeln vor, die Sie zum Erfolg führen.

Nichts zwingt Sie dazu, die tief verwurzelten Verhaltensweisen zu akzeptieren, die auf Ihre Erziehung und Ihre Lebensumstände zurückgehen. Sie können jederzeit beschließen, diese Verhaltensweisen abzustellen und durch bessere zu ersetzen.

Der Wirtschafts-Nobelpreisträger Daniel Kahneman, eine Koryphäe im Bereich der kognitiven Verzerrungen und Denkfehler, eröffnete mir in einem Gespräch eine unerwartete Methode zur Verbesserung des Urteilsvermögens: Regeln statt Entscheidungen.[37] Mit Regeln können wir unser Verhalten nämlich so automatisieren, dass wir erfolgreicher werden und unsere Ziele erreichen.

Wenn wir Entscheidungen treffen, gehen wir oft von unseren Zielen aus und versuchen dann zu ermitteln, wie wir diese erreichen können. Wenn Sie fitter werden wollen, treiben Sie Sport und ernähren sich gesünder. Wenn Sie Geld sparen wollen, verstecken Sie vielleicht jede Woche einen Teil Ihrer Einkünfte vor sich selbst. Wir setzen auf Willenskraft, um diese Ziele zu erreichen, und sobald das geschafft ist, verfallen wir oft wieder in unser früheres Standardverhalten. Irgendwann merken wir, dass wir erneut dort gelandet sind, wo wir nicht sein wollen, und der ganze Prozess beginnt von vorn.

Dieser Ansatz ist mangelhaft. Er erfordert ständige Entscheidungen und Anstrengungen. Man muss sich Ziele setzen, doch das reicht nicht aus, denn diese Ziele müssen auch konsequent verfolgt werden. Somit braucht es jeden Tag neue Entscheidungen, damit Sie Ihre Ziele erreichen. Sie müssen jeden Tag entscheiden, ob Sie trainieren oder auf den Nachtisch verzichten. Je häufiger das nötig ist, desto schwieriger wird es, das zu tun, das Sie Ihren Zielen tatsächlich näher bringt.

Das ständige Entscheiden ist enorm anstrengend. Es ist zermürbend, mit zwei Kindern über McDonald's zu streiten. Wenn wir nachgeben und etwas tun, das wir eigentlich nicht wollten, finden wir leicht bequeme Ausreden: »Ich hatte einen langen Tag« oder »Ich habe meine Sportsachen vergessen« oder »Ich muss für das Meeting morgen noch viel vorbereiten«. Irgendwann ist es leichter, eine Ausrede zu finden, als auf unsere Ziele hinzuarbeiten.

Wie in so vielen anderen Lebensbereichen wird Ihr Verhalten auch in Gesundheitsfragen durch Ihr Umfeld bestimmt. Das Umfeld legt fest, welcher Weg der leichteste ist.* Es ist einfacher, sich gesund zu ernähren, wenn Sie nur gesunde Lebensmittel zur Verfügung haben. Es ist auch einfacher, ein bestimmtes Verhaltensmuster zu zeigen, wenn Sie sich in Ihrer gewohnten Umgebung befinden. In einer fremden Umgebung werden die üblichen Verhaltensmuster schwieriger. Das erklärt zum Beispiel, wieso viele Menschen auf Reisen keinen Sport mehr treiben und sich nicht mehr gesund ernähren.

Ihr Umfeld ist nicht nur Ihre physische Umgebung, sondern umfasst auch Menschen. Manchmal ist es schwer, anderen gegenüber »Nein« zu sagen. Wir haben von Natur aus das Bedürfnis, gemocht zu werden, und fürchten, dass man uns weniger gern hat, wenn wir

* Dieser Gedanke stammt aus *The Path of Least Resistance* von Robert Fritz. Fritz erläutert, wie die Struktur das Verhalten bestimmt.

»Nein« sagen. Noch schwieriger ist oft ein mehrmaliges Nein. So lehnen wir vielleicht spontan ab, wenn ein Freund uns nach dem Training ein zuckerhaltiges Getränk anbietet, aber wenn er das drei Tage hintereinander tut, geben wir schließlich nach. Das ist nur menschlich.

Wir sind auch so gepolt, dass wir dazugehören wollen. Überlegen Sie nur, wie oft Sie in geselliger Runde Alkohol trinken, obwohl Sie eigentlich nur Wasser wollen. Wenn Ihre Freundinnen oder Kollegen schon bestellt haben – zum Beispiel ein Glas Wein –, kommen Sie sich seltsam vor, wenn Sie etwas Nichtalkoholisches wählen. Also bestellen Sie auch Wein und nicht das, was Sie eigentlich vorhatten.

Wie wäre es, wenn Sie überhaupt nicht mehr wählen müssten? Wenn Sie ein automatisches Verhalten – eine Regel – festlegen, damit Sie nicht mehr spontan entscheiden oder von anderen unter Druck gesetzt werden? Wie wäre es mit der Regel, dass Sie in Gesellschaft nur dann etwas Alkoholisches bestellen, wenn Sie tatsächlich Lust darauf haben, und niemals der Gruppe zuliebe?

Genauso könnte es sein, dass Ihr Ziel darin besteht, weniger Softdrinks zu trinken.* Statt jedes Mal von Neuem zu entscheiden, ob Sie einen Softdrink nehmen – was viel Aufwand erfordert und leicht zu Fehlern führt –, könnten Sie eine Regel aufstellen, etwa »Softdrinks nur am Freitagabend« oder auch »Überhaupt keine Softdrinks«. Wenn Sie eine Regel haben, müssen Sie nicht bei jeder Mahlzeit neu entscheiden. Der Ausführungsweg ist kurz und weniger fehleranfällig.

Seltsamerweise ist es psychologisch so, dass andere Menschen über persönliche Regeln meist nicht diskutieren, sondern diese einfach als Persönlichkeitsmerkmal akzeptieren. Entscheidungen werden hinterfragt, doch Regeln werden respektiert.

Kahneman erzählte mir, seine Lieblingsregel sei, niemals telefonischen Anfragen zuzustimmen. Er weiß, dass er von anderen

* Wie meine Freundin Annie Duke, von der dieses Beispiel stammt.

gemocht werden will und deshalb dazu neigt, spontan zuzusagen. Als sein Terminkalender irgendwann randvoll mit Dingen war, die ihn nicht glücklich machten, fasste er den Entschluss, bewusster darauf zu achten, was er zusagt und warum. Wenn man ihn jetzt am Telefon um etwas bittet, sagt er in etwa: »Ich werde es mir überlegen und zurückrufen.« Das gibt ihm nicht nur Zeit, ohne unmittelbaren sozialen Druck nachzudenken, sondern schafft auch viele dieser Anfragen aus der Welt, weil die Leute sich gar nicht mehr melden. Er selbst ruft nur selten zurück, um Ja zu sagen.*

Nach dem Gespräch mit Kahneman überlegte ich eine Zeit lang, welche automatischen Regeln ich mir selbst aufstellen könnte, damit mein momentanes Verlangen nicht mein eigentliches Verlangen aushebelt.

Dazu stellte ich mir vor, dass ich von einem Filmteam begleitet werde, das meinen Erfolg dokumentiert.† Mein tatsächlicher Erfolg spielte dabei keine Rolle, sondern es ging nur darum, mit welchem Verhalten ich der Welt zeigen würde, dass ich meinen Erfolg verdient habe. Was möchte ich anderen Menschen präsentieren? Tue ich Dinge, die niemand sehen soll, weil sie mir peinlich oder unangenehm sind?

Wenn ich dieses Experiment mit anderen durchführe, bin ich immer wieder erstaunt. Wir wissen alle nur zu gut, wie wir unsere Erfolgschancen verbessern könnten. Und wir wissen auch, was wir dazu vermeiden sollten.

Auch wenn ich nicht mein gesamtes Tun kontrollieren kann, so habe ich doch Einfluss darauf, *wann* ich etwas tue. Die Version meiner selbst, die ich dem Filmteam zeigen wollte, konzentrierte sich auf die wichtigen Dinge.

Vor diesem Hintergrund nahm ich mir vor, jeden Tag etwas Zeit für die besten Gelegenheiten zu reservieren. Ich stellte mir vor, wie

---

* Eine andere Regel, die sich bewährt hat, lautet: Eine Sache, für die Sie in den nächsten zwei Tagen keine Zeit finden, sagen Sie am besten ab.

† Ich weiß, dass dieses Gedankenexperiment nicht von mir stammt, aber ich bin mir nicht sicher, wem die Lorbeeren gebühren.

die Filmcrew beobachtete, dass ich den Kindern Frühstück machte und dann zur Arbeit ging. Statt wie erwartet Meetings und Beratungsgespräche zu erleben, musste das Team feststellen, dass ich bis zur Mittagspause keine Anrufe oder Gespräche führte, um mich in Ruhe mit den wichtigsten Gelegenheiten beschäftigen zu können. So kam meine Regel »Vormittags keine Meetings« zustande.*

Ein Leben lang sollen wir Regeln befolgen, aber niemand hat uns je gesagt, wie wir starke Regeln aufstellen können, um das zu bekommen, was wir wollen. Es fällt mir schwer, dreimal pro Woche ins Fitnessstudio zu gehen, deshalb lautet meine Regel: Ich gehe jeden Tag. Ich habe nicht jeden Tag Lust zum Sport. An manchen Tagen hasse ich es sogar. Ich weiß allerdings auch, dass es einfacher ist, meine Regel zu befolgen, als sie zu brechen.

Persönliche Regeln sind eine wirksame Technik, um sich vor den eigenen Schwächen und Einschränkungen zu schützen. Manchmal haben diese Regeln unverhoffte Vorteile.

Schutzstrategie 3: Den Aufwand erhöhen

Eine weitere Schutzstrategie besteht darin, dass man den Aufwand für die Dinge erhöht, die nicht den eigenen Zielen entsprechen. Früher hatte ich die Angewohnheit, ständig meine E-Mails zu checken, wenn ich eine Sekunde erübrigen konnte. Das tat ich vor dem Aufstehen, auf dem Heimweg von der Arbeit, in der Schlange an der Supermarktkasse.

Sicher konnte ich mich leicht damit trösten, dass ich damit nicht allein war. Der Dopamin-Kick einer Nachricht hindert viele von uns daran, an unseren Prioritäten zu arbeiten. Doch ich opferte den E-Mails nicht nur zu viel Zeit, sondern diese Zeit ging auf Kosten der Dinge, die mir wichtig waren. Was mir Sorge machte, war die

* Ich würde mich freuen, wenn Sie mir Ihre automatischen Regeln mit dem Betreff »Automatic Rule« per E-Mail an shane@fs.blog schicken würden.

Tatsache, dass ich oft von dem, was ich eigentlich tun sollte, abgelenkt werden *wollte*.

Zu Beginn meiner beruflichen Laufbahn musste ich beispielsweise einmal einen wichtigen Bericht schreiben. Ich kam ins Büro, und statt mich an den Bericht zu machen, der eindeutig meine wichtigste Aufgabe war, checkte ich meine E-Mails. Wenn im Posteingang irgendetwas war, das auch nur ein Minimum an Aufmerksamkeit erforderte, redete ich mir ein, das müsse ich erledigen, ehe ich mit dem Bericht anfangen könne. Und bis ich mit der ersten E-Mail fertig war, waren natürlich bereits weitere eingegangen, um die ich mich ebenfalls kümmern musste. Nur zu leicht machte ich mir weis, dass ich mich damit befassen musste, ehe ich anfing. Mein Arbeitstag neigte sich schon dem Ende zu und ich war geistig erschöpft, als ich endlich den Bericht in Angriff nahm.

Aus der Distanz betrachtet, ist offensichtlich, dass ich mich der wichtigsten Aufgabe erst widmete, als ich schon längst nicht mehr zu Bestleistungen in der Lage war. In die E-Mails, die mir sonst sehr zuwider sind, steckte ich maximale Energie und Kreativität. In Beziehungen verhalten wir uns oft ganz ähnlich. Wenn wir alles erledigt haben, was im Laufe eines langen Tages zu tun ist, sind wir erschöpft. Und genau diese Zeit verbringen wir mit den wichtigsten Menschen in unserem Leben!

Wenn es einen Weg gibt, der unweigerlich ins Verderben führt, dann besteht er darin, dass wir bei unwichtigen Dingen unser Bestes geben und bei wichtigen Dingen schwache Leistungen zeigen.

Schlechte Gewohnheiten lassen sich abstellen, indem wir das erwünschte Verhalten zum Standardverhalten machen. Um mit dem Bericht weiterzukommen, verkündete ich im Kollegium, ich würde bis 11 Uhr vormittags nicht in meine E-Mails schauen, solange der Bericht noch nicht abgegeben war, und wenn mich jemand dabei erwischen sollte, würde ich alle zum Essen einladen. Da ich nicht gerne verliere und mir die Kosten sparen wollte, konnte mich das davon abhalten, gleich morgens mein Postfach zu öffnen.

So arbeitete ich den ganzen Vormittag ohne Ablenkung. Nachmittags bearbeitete ich dann E-Mails, führte Telefonate, nahm an Besprechungen teil oder leitete Meetings. So machte ich unglaubliche Fortschritte.

Man unterschätzt allzu leicht, welche Rolle der Aufwand in der Entscheidungsfindung spielt. Das Verhalten folgt meist dem Weg des geringsten Widerstands, deshalb ist es erstaunlich erfolgreich, die Dinge, die Sie nicht tun wollen, aufwendiger zu gestalten.

Schutzstrategie 4: Leitplanken anbringen

Eine weitere Schutzstrategie besteht darin, dass Sie bestimmte Arbeitsabläufe festlegen, wenn Sie aus Erfahrung wissen, dass Ihre Standardeinstellungen in gewissen Situationen Ihre Entscheidungsfindung blockieren. Die Standardeinstellungen verhindern, dass wir die Lage realistisch einschätzen und so reagieren, wie es unserem besten Selbstbild entspricht.

Wir sind bereits auf automatische Regeln eingegangen, etwa auf Kahnemans Grundsatz, niemals Zusagen am Telefon zu machen und wichtige Entscheidungen nicht unter ungünstigen Umständen zu treffen. Es gibt jedoch noch weitere wirksame Schutzmaßnahmen, die uns dazu zwingen, in einer bestimmten Situation innezuhalten und ein kleines Zeitfenster zu schaffen, in dem wir klarer überlegen können. Mit diesen Strategien können wir auf Distanz gehen und uns fragen: »Was will ich erreichen?« und »Komme ich damit dem Ziel näher oder rückt es in weitere Ferne?«. Diese Fragen wirken sehr einfach, doch im Eifer des Gefechts geraten sie oft in Vergessenheit.

Checklisten beispielsweise sind eine einfache Möglichkeit, die Standardeinstellungen auszuhebeln. Piloten gehen vor jedem Flug eine Vorflug-Checkliste durch. In der Chirurgie wird vor jeder Operation eine Checkliste abgehakt. Sie selbst haben vielleicht eine Checkliste, wenn Sie für den Urlaub packen. In all diesen Fällen dient die Liste als Schutzmaßnahme, die uns zwingt, uns auf das Wesentliche zu besinnen: »Was will ich erreichen? Und was brauche ich dafür?« Solche Fragen sind die Leitplanken auf dem Weg zum Erfolg.*

Schutzstrategie 5: Die Perspektive ändern

Wir alle sehen die Dinge nur aus einem bestimmten Blickwinkel. Niemand kann wirklich alles sehen. Das schließt jedoch nicht aus, dass wir in einer bestimmten Situation unsere Sichtweise ändern können.

In der Physik ist das Bezugssystem ein Gebilde aus Koordinaten, anhand derer man Ereignisse beobachtet. In unterschiedlichen Perspektiven gibt es unterschiedliche Bezugssysteme, und was man in dem einen sieht, ist in dem anderen unter Umständen nicht zu erkennen. Wenn Sie beispielsweise in einem fahrenden Zug sitzen, befinden Sie sich in einem anderen Bezugssystem als ich, wenn ich am Bahnhof stehe und Ihren Zug vorbeifahren sehe. In Ihrem Bezugssystem sind Sie selbst und Ihr Sitzplatz unbeweglich, doch aus meiner Sicht sind sowohl Sie als auch der Sitz rasend schnell.

Stellen Sie sich nun vor, Sie könnten Ihr Bezugssystem ändern. Wie wäre es, wenn ich Ihnen zum Beispiel einen Livestream schicke, der zeigt, wie Ihr Zug immer näher kommt? Dann könnten Sie sich selbst und Ihre Position aus meiner Perspektive sehen und bekämen neue Informationen über Ihre Situation, die in Ihrem Bezugssystem nicht zu erkennen sind. Nehmen wir an, Ihr Zug droht mit einem Hindernis auf den Gleisen zu kollidieren, das nur aus meiner Perspektive zu sehen ist. Aus Ihrer Sicht würde es scheinen, als sei alles in Ordnung. Sie würden nicht ahnen, dass Sie auf eine Katastrophe zusteuern. Wenn Sie Ihr Bezugssystem ändern und die

* Wenn ich meine Kinder bremsen und zum Nachdenken anregen will, haben sich zwei effektive Fragen bewährt: 1. Willst du in dieser Situation Wasser oder Öl ins Feuer gießen? Und 2. Wirst du mit diesem Verhalten das erreichen, was du willst?

Dinge aus meiner Perspektive wahrnehmen, erhalten Sie entscheidende Informationen und können Maßnahmen ergreifen, um das Unglück zu verhindern.

Was für das Zugbeispiel gilt, trifft auch auf viele andere Fälle zu. Während Sie mit diesem Buch auf dem Sofa sitzen und sich vielleicht überhaupt nicht rühren, drehen Sie sich aus Sicht der Sonne mit 100 000 Stundenkilometern im Kreis. Aus der Außenperspektive sieht man oft besser, was tatsächlich geschieht. Wenn Sie Ihre Perspektive ändern, verändert sich Ihre Sichtweise.

Ein Wechsel des Bezugssystems schützt sehr gut vor blinden Flecken. Wir haben bereits erfahren, wie Michael Abrashoff die Leistung der *USS Benfold* optimieren konnte, indem er sein Bezugssystem änderte. Statt das übliche Bezugssystem zu übernehmen – ein System, in dem die Offiziere es normal fanden, Matrosen wie Menschen zweiter Klasse zu behandeln –, setzte Abrashoff auf ein anderes und betrachtete die Lage aus der Perspektive gewöhnlicher Matrosen und allgemeiner Gerechtigkeit.

Ich hatte mal einen Kollegen, mit dem ich auch befreundet war. Eines Tages kam er mit einer Neuigkeit in mein Büro. »Ich weiß jetzt, was ich falsch mache«, verkündete er. »Ich bin so sehr damit beschäftigt, allen zu beweisen, dass ich recht habe, dass ich die Welt nicht aus ihrer Sicht sehen kann.«

Das Problem war nicht, dass er nicht schlau war. Ganz im Gegenteil. Es war nicht so, dass er nicht fleißig war. Ganz im Gegenteil. Das Problem lag darin, dass er kein Verständnis für andere aufbringen konnte, weil er sich nie die Mühe gemacht hatte, die Dinge aus ihrem Blickwinkel zu betrachten. Nun hatte er das selbst erkannt und arbeitete daran, sein Verhalten zu ändern.

Er gewöhnte sich an, bei allen beruflichen Gesprächen zunächst zu schildern, wie er die Sicht seines Gegenübers wahrnahm. Dann fragte er: »Habe ich etwas übersehen?«

Diese Frage ist ein geschickter Schachzug. Sie zeigt die Bereitschaft, sich korrigieren zu lassen, und gibt der anderen Person die Möglichkeit, etwas richtigzustellen. Dass wir andere korrigieren wollen, ist ein besonders tief verwurzelter Instinkt, und mit dieser Frage ermutigt mein Kollege seine Mitmenschen dazu. Wenn sein Gegenüber ihn dann tatsächlich korrigiert, wird deutlich, welche Aspekte dieser Person besonders wichtig sind.

Ist diese erste Frage dann beantwortet, hält mein Freund seinen eigenen Standpunkt noch zurück und hakt nach: »Habe ich noch etwas übersehen?«

Diese Art der zwischenmenschlichen Kommunikation zeigt beispielhaft, wie sich das Bezugssystem verschieben lässt. Indem er die beiden Fragen stellt und sich die Antworten anhört, zwingt sich mein Freund dazu, die Sicht der anderen wahrzunehmen. Damit schützt er sich vor einer Veranlagung, die er an sich als Schwäche erkannt hat.

Diese neue Strategie machte ihn mit der Zeit zum Bindeglied zwischen seinem Team und dem Rest des Unternehmens. Immer häufiger wurde er gebeten, seinen Chef zu Sitzungen zu begleiten, und als dieser schließlich einen neuen Posten annahm, wünschten sich alle, dass mein Freund die freie Stelle bekommen sollte. Er brauchte nicht einmal darum zu bitten.

3.

Mit Fehlern umgehen

Fehler sind ein unvermeidlicher Teil des Lebens. Selbst die kompetentesten Menschen machen Fehler, denn unser Erfolg wird von zahllosen Faktoren beeinflusst, die wir nicht kennen und nicht steuern können. Das gilt vor allem dann, wenn wir bis an die Grenzen dessen gehen, was wir wissen oder können. Dort gibt es keine ausgetretenen Pfade, denen wir folgen können, keine vertrauten Orientierungspunkte, keine Meilensteine und keine Straßenkarten, die uns die Richtung weisen. Wir bahnen uns einen Weg, ohne uns auf die Erfahrungen anderer verlassen zu können. Fehltritte sind unvermeidlich. Wer sein Leben selbst in die Hand nimmt, muss wissen, wie mit solchen Fehltritten umzugehen ist.

Wenn etwas nicht so läuft, wie wir es uns gewünscht haben, suchen wir die Schuld meist bei den äußeren Umständen und nicht bei uns selbst. Das ist eine Variante dessen, was in der Psychologie als *selbstwertdienliche Verzerrung* bezeichnet wird: Wir neigen dazu, Dinge so zu deuten, dass unser Selbstbild geschützt oder verbessert wird, wie ich es bereits erläutert habe. Wenn uns etwas gelingt, führen wir den Erfolg meist auf unsere Fähigkeiten oder Anstrengungen zurück: »Ich bin wirklich schlau«, »Ich habe mich sehr angestrengt«, »Ich kannte alle Tricks«. Ein Scheitern dagegen wird eher externen Faktoren zugeschrieben: »Mein Chef mag mich nicht«, »Die Prüfung war nicht fair« und so weiter.

Mit anderen Worten: »Kopf – ich bin im Recht. Zahl – ich bin nicht im Unrecht.«

Wenn Sie Ergebnisse erzielen, die Sie nicht wollten, vermittelt Ihnen die Welt mindestens eine von zwei Botschaften:

- Sie hatten Pech.
- Sie sind von falschen Voraussetzungen ausgegangen.

Wenn Sie Pech hatten, sollte ein neuer Versuch mit demselben Ansatz zu einem anderen Ergebnis führen. Doch wenn Sie zum wiederholten Male nicht die gewünschten Ergebnisse erzielen, sagt Ihnen die Welt, dass Sie Ihre Vorstellungen hinterfragen sollten.

Viele Menschen wollen nicht hören, dass sie falsche Vorstellungen haben. Sie wollen sich die Fehler in ihrer Denkweise nicht bewusst machen und schlafwandeln lieber durchs Leben. Das liegt zum Teil daran, dass es das Selbstbild erschüttert, wenn man sich eingesteht, dass man falsche Vorstellungen hatte: Es beweist, dass Sie nicht so klug oder clever sind, wie Sie meinten. Dann regt sich die Ego-Standardeinstellung.

Um zu ermitteln, ob Ihre Denkweise falsch ist, müssen Sie diese sichtbar machen. So decken wir auf, was wir zum Zeitpunkt einer Entscheidung wussten und dachten. Dabei darf man sich nicht auf die Erinnerung verlassen, denn das Ego verzerrt Informationen, damit wir besser dastehen, als wir es tatsächlich waren.

Haben Sie dann festgestellt, dass Sie Ihre Vorstellungen revidieren sollten, müssen Sie daran arbeiten, Ihre Sicht auf die Welt zu ändern. Viele ignorieren deshalb lieber, was die Welt ihnen sagen will, machen wie gewohnt weiter und erhalten immer die gleichen Ergebnisse. Dann ist die Trägheits-Standardeinstellung am Werk.

Fehler stellen uns vor die Wahl

Wie bei allen anderen Dingen gibt es auch im Umgang mit Fehlern bessere und schlechtere Methoden. Die Welt geht nicht unter, nur weil man einen Fehler gemacht hat. Das Leben geht weiter, und auch Sie müssen nach vorn schauen. Sie können nicht die Flinte ins Korn werfen, denn es gibt weitere Entscheidungen zu treffen, andere Dinge zu erreichen, und hoffentlich werden Sie Fehler dieser Art in Zukunft nicht wiederholen.

Jeder Mensch macht Fehler, denn jeder Mensch hat seine Grenzen. Auch Sie. Wer für die eigenen Entscheidungen, Handlungen oder Ergebnisse keine Verantwortung übernehmen will, behauptet im Prinzip, keine Grenzen zu haben. Außergewöhnliche Menschen zeichnen sich unter anderem dadurch aus, wie sie mit Fehlern umgehen und ob sie daraus lernen, um besser zu werden.

Fehler stellen uns vor die Wahl: Entweder hinterfragen wir unsere Vorstellungen oder wir ignorieren die Misserfolge, die dadurch entstanden sind, und glauben weiter das, was wir immer geglaubt haben. Nicht wenige entscheiden sich für Letzteres.

Der größte Fehler ist meist nicht der erste, sondern der Versuch, diesen Fehler zu vertuschen und dafür keine Verantwortung zu übernehmen. Der erste Fehler ist teuer, aber der zweite kostet ein Vermögen.

Meine Kinder mussten das auf die harte Tour lernen. Einmal entdeckte ich beim Nachhausekommen eine seltsame Glasscherbe auf dem Boden. Ich hob sie auf und fragte, was passiert sei, doch alle beteuerten, nichts zu wissen. Als ich dann den Mülleimer aufklappte und ein Blatt Papier beiseiteschob, das offenbar etwas verbergen sollte, fand ich die Scherben einer zerbrochenen Vase. Ich gab meinen Kindern eine letzte Chance, mir die Wahrheit zu sagen. So überzeugend, wie Grundschulkinder nur sein können, beharrten sie auf ihrer Version. Die Konsequenzen, die sie dann erlebten, hatten nichts mit der kaputten Vase zu tun, sondern mit der Lüge.

Wenn man Fehler vertuschen will, bringt das drei Probleme mit sich. Erstens kann man aus Fehlern, die man ignoriert, nichts lernen. Zweitens wird das Vertuschen schnell zur Gewohnheit, und drittens machen Vertuschungsmanöver eine schlechte Situation nur noch schlimmer.

Indem Sie Fehler eingestehen und den Kurs korrigieren, sparen Sie viel Zeit und verhindern, dass Sie in Zukunft weitere Fehler begehen. Und wenn Sie aus Fehlern lernen, kommen Sie dem Menschen, der Sie sein möchten, ein gutes Stück näher. Freuen Sie sich über diese Gelegenheit und lassen Sie sich die Chance nicht entgehen!

Die vier Schritte zum effektiveren Umgang mit Fehlern lauten wie folgt: 1. Verantwortung übernehmen, 2. aus dem Fehler lernen, 3. beschließen, es künftig besser zu machen, und 4. den Schaden so gut wie möglich beheben.

1. Schritt: Verantwortung übernehmen

Wenn Sie Ihr Leben selbst in die Hand genommen haben, müssen Sie sich eingestehen, welchen Anteil Sie an einem Fehler hatten, und die Verantwortung für die Folgen übernehmen, die sich daraus ergeben. Selbst wenn der Fehler nicht ausschließlich Ihre Schuld ist, so ist er doch Ihr Problem, und Sie müssen dazu beitragen, ihn zu beheben.

Wenn es zu Fehlern kommt, drängt sich die emotionale Standardeinstellung mit Macht in den Vordergrund. Wenn Sie nicht dagegen angehen, wird sie das Kommando übernehmen. Dann haben Sie Ihr Leben nicht selbst in der Hand, sondern lassen es von einer emotionalen Laune steuern. Sie müssen Ihre Gefühle unbedingt im Zaum halten. Wenn Sie dazu noch nicht in der Lage sind, können Sie nicht viel tun. Deshalb ist ständiges Üben so wichtig.

2. Schritt: Aus dem Fehler lernen

Überlegen Sie gründlich, welchen Anteil Sie an dem Fehler hatten, indem Sie die Gedanken, Gefühle und Handlungen analysieren, die Sie in diese Lage gebracht haben. Wenn Ihnen in einer kritischen Lage die Zeit zum Nachdenken fehlt, holen Sie das auf jeden Fall nach, denn wenn Sie die Ursachen eines Problems nicht erkennen, können Sie es auch nicht beheben. Und dann können Sie es in Zukunft auch nicht besser machen, sondern sind dazu verdammt, stets denselben Fehler zu wiederholen.

Wenn Sie sich in dieser Phase dabei ertappen, dass Sie anderen die Schuld geben oder denken: »Das ist nicht fair!« oder »Warum musste mir das passieren?«, dann haben Sie noch keine Verantwortung für den Fehler übernommen und müssen den 1. Schritt wiederholen.

3. Schritt: Beschließen, es künftig besser zu machen

Entwerfen Sie einen Plan, wie Sie es in Zukunft besser machen können. Möglich wäre zum Beispiel, eine Stärke aufzubauen, etwa mehr Selbstverantwortung oder Selbstvertrauen. Oder Sie könnten eine Schutzmaßnahme ergreifen, wie es mein Freund und Kollege tat, als er feststellte, dass er die Dinge nie aus der Sicht anderer sah. In jedem Fall müssen Sie planen, was Sie in Zukunft verbessern können, und diesen Plan auch umsetzen. Nur dann wird es Ihnen gelingen, Ihre Vorgehensweise zu ändern und die Fehler der Vergangenheit künftig zu vermeiden.

4. Schritt: Den Schaden so gut wie möglich beheben

In den meisten Fällen lässt sich der Schaden, der durch einen Fehler zustande gekommen ist, irgendwie beheben. Je länger die Beziehung zu einem anderen Menschen schon besteht und je verlässlicher Sie selbst bisher waren, desto leichter ist die Wiedergutmachung. Das heißt jedoch nicht, dass im Handumdrehen alles vergessen ist. Wunden brauchen eine gewisse Zeit, bis sie verheilt sind, und bei Beziehungen ist es genauso. Es reicht nicht, dass Sie die Folgen Ihres Verhaltens akzeptieren und sich aufrichtig entschuldigen. Sie müssen auch in Zukunft konsequent besseres Verhalten zeigen, denn der nächste Fehltritt macht die Wiedergutmachung schnell wieder zunichte.

Andererseits gibt es auch Fehler, deren Folgen sich nicht mehr beheben lassen. Dann müssen Sie dafür sorgen, dass eine schlechte Situation nicht noch schlimmer wird.

Ein Freund von mir ist General Manager eines großen Sportteams. In einem Gespräch über Fehler berichtete er mir einst von einem seiner Mentoren, der aus einem Impuls heraus unüberlegt einen »schlechten Deal« gemacht hatte. Als die Verträge unterschrieben waren, konnte er das Geschäft nicht mehr rückgängig machen. Dem Mentor war klar, dass er einen Fehler begangen hatte, noch ehe der Spieler sein erstes Spiel bestritt. Seine innere Stimme, der kleine Saboteur, der in uns allen steckt, redete ihm ein, er sei ein Blender und nun würde es jeder merken. Sie redete ihm ein, er sei ein Idiot. Diese kleine Stimme machte jahrelange überragende Managementarbeit zunichte und nahm ihm in Windeseile das Selbstvertrauen und die Fähigkeit, in unklaren Situationen die richtige Entscheidung zu treffen. Er war wie gelähmt, konnte nicht effektiv entscheiden und meinte, er müsse möglichst viele Informationen sammeln, um diese Unsicherheit zu überwinden. Schon bald hatte er seinen Job verloren.

Fehler, die man nicht akzeptiert, werden zu Ankern. Akzeptanz bedeutet auch, dass man aus Fehlern lernt und sie anschließend abhakt. Wir können die Vergangenheit nicht ändern, aber wir können dafür sorgen, dass sie unsere Zukunft nicht beeinträchtigt.

Die mächtigste Geschichte der Welt ist die, die Sie sich selbst erzählen. Diese innere Stimme hat die Macht, Sie vorwärtszubringen oder Sie in der Vergangenheit zu halten. Wählen Sie weise.

TEIL 4

Entscheidungen: Klares Denken in Aktion

Wer sich entscheidet, nicht zu entscheiden, trifft damit trotzdem eine Entscheidung.

Neil Peart

Sobald Sie Ihre Standardeinstellungen umprogrammiert haben, um Raum für klares Denken zu schaffen, müssen Sie lernen, wie man richtig entscheidet.

Entscheiden ist nicht das Gleiche wie auswählen. Wenn Sie leichthin eine Alternative unter mehreren nehmen, treffen Sie damit eine Wahl. Wenn Sie reagieren, ohne nachzudenken, treffen Sie eine unbewusste Wahl. Doch beides ist keine Entscheidung. Eine Entscheidung ist eine Wahl, die bewusst getroffen wird.

Entscheidung = darüber urteilen, welche Option die beste ist

Was im Nachhinein wie eine schlechte Entscheidung wirkt, nehmen wir im Augenblick oft gar nicht als Entscheidung wahr. Wenn die Standardeinstellungen gemeinsam am Werk sind, reagieren wir, ohne zu überlegen. Und diese Reaktion ist gar keine Entscheidung.

Sobald wir die Gelegenheit zu einer bewussten Wahl erkennen, stellt sich die Frage: Wie können wir die bestmögliche Entscheidung treffen?

Die Entscheidung selbst sollte das Ergebnis eines Entscheidungsprozesses sein. Bei diesem Prozess wägen Sie Ihre Optionen ab, um die beste zu ermitteln, und gehen dabei vier Schritte durch: Definition des Problems, Erkundung möglicher Lösungen, Bewertung der Optionen und schließlich das abschließende Urteil und die Umsetzung der besten Option. Diese vier Komponenten werden wir in diesem Kapitel ausführlich erörtern.

Der Entscheidungsprozess

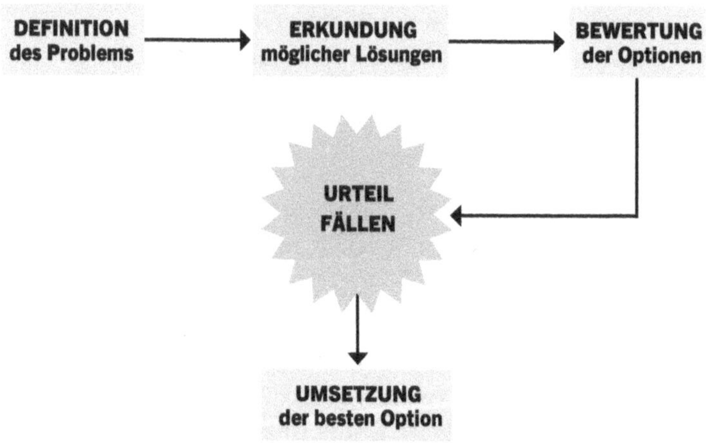

Entscheidung = darüber urteilen, welche Option die beste ist

Ohne diesen Prozess treffen Sie eine Wahl, aber nicht unbedingt eine Entscheidung.

Kleine Kinder neigen dazu, ohne vorherige Bewertung eine Wahl zu treffen. Erwachsene tun das manchmal auch. Manchmal, weil die Zeit so drängt, dass eine Bewertung der Optionen nicht möglich ist. Manchmal, weil wir uns von der Gewohnheit leiten lassen und aus Trägheit das wählen, was wir früher schon einmal gewählt haben, ohne uns mit den aktuellen Optionen zu befassen. Oder wir merken gar nicht, dass wir unsere Gefühle die Wahl treffen lassen – spontane Wut, Angst oder Sehnsucht stellen sich einem Urteil in den Weg, und wir handeln, ohne nachzudenken oder unbegründet.

All diese Beispiele sind keine Entscheidungen. Allerdings heißt das nicht, dass wir dafür nicht verantwortlich sind. Das sind wir sehr wohl! Es bedeutet nur, dass wir nicht nachdenken. Wir denken nicht bewusst nach, sondern reagieren nur und überlassen die Entscheidungsfindung unseren Standardeinstellungen. In solchen Situationen entspricht unser Handeln oft nicht der Entscheidung, die wir treffen würden, wenn wir vernünftig nachdenken würden, statt nur zu reagieren. Mit unüberlegtem Reagieren schaffen wir neue Probleme, statt sie zu lösen. Könnten wir doch nur von vornherein so schlau sein, wie wir meist im Nachhinein sind!

Nicht jede schlechte Entscheidung erfolgt übereilt, und nicht jede gute Entscheidung kommt langsam zustande. So einfach ist das nicht.

Eine schnelle Wahl wird oft mit Entschlossenheit gleichgesetzt, ein gründlicher Entscheidungsprozess mit Zaudern. Dass es uns schwerfällt, sorgfältig über ein Problem nachzudenken, liegt auch daran, dass es für Außenstehende zögerlich wirkt. Untätigkeit ist jedoch eine Wahl.

Wenn nicht viel auf dem Spiel steht, ist Untätigkeit schädlicher als Tempo. Manchmal ist es besser, einfach schnell eine Wahl zu treffen und keine Zeit für Überlegungen zu opfern. Wozu lange hin und her überlegen, wenn die Handlung nicht weiter wichtig ist und ihre Folgen leicht rückgängig gemacht werden können? Wenn im Fitnessstudio zwei identische Squat Racks (Kniebeugenständer) gerade frei sind, ist es völlig egal, welchen Sie nehmen. Wenn Ihre Entscheidung zu lange dauert, kann es sein, dass beide von anderen belegt werden. Wählen Sie einfach einen aus.

Steht jedoch mehr auf dem Spiel, kann eine schnelle Wahl verhängnisvoll sein. Bei Handlungen, die erhebliche Auswirkungen auf Ihr Leben oder Ihr Unternehmen haben könnten und deren Folgen sich nicht rückgängig machen lassen, ist eine Entscheidung nötig, da geht es nicht nur um eine bloße Wahl. Wenn hohe Verluste drohen, ist die Zeit, die Sie für die Entscheidungsfindung aufwenden, eine sinnvolle Investition. In diesen Fällen sollten Sie die Optionen abwägen und eine Entscheidung treffen, statt nur zu wählen.

Auf den nächsten Seiten werde ich einige Hilfsmittel beschreiben, mit denen Sie Entscheidungen besser abwägen können. Damit wird nicht jedes Entscheidungsproblem gelöst, denn es gibt kein Universalwerkzeug, das für alle Fälle gleich gut geeignet ist; jedes hat seine Vorteile und seine Grenzen. In Ihrem Werkzeugkasten brauchen Sie ein ganzes Sortiment, sonst lösen Sie noch die falschen Probleme. Ein bekanntes Zitat lautet: »Wer als Werkzeug nur einen Hammer hat, sieht in jedem Problem einen Nagel.«

Ihre Werkzeuge lassen sich nur sinnvoll einsetzen, wenn Sie die Standardeinstellungen im Griff haben und überhaupt vernünftig denken *können*. Können Sie das nicht, so werden Sie lediglich mit einer Standardeinstellung reagieren. Das mag zwar für eine Weile die gewünschten Ergebnisse bringen, doch es ist nur eine Frage der Zeit, bis sich das fehlende Nachdenken rächt. Erst wenn Sie die Standardeinstellungen beherrschen, entfalten die hier beschriebenen Werkzeuge ihren Nutzen.

Wenn Ihnen das nicht gelingt – wenn Sie sich leicht von Gefühlen leiten lassen, wenn Sie sich nicht an Veränderungen anpassen können, wenn Ihnen Rechthaben wichtiger ist als optimales Handeln –, dann werden Ihnen die besten Werkzeuge der Welt nicht helfen. Die Standardeinstellungen werden Sie überwältigen, Ihren Entscheidungsprozess steuern und die Kontrolle über Ihr Leben übernehmen.

1.

Das Problem definieren

Der erste Grundsatz der Entscheidungsfindung lautet: Wer entscheidet, muss das Problem definieren.* Wenn Sie nicht die Entscheidung treffen, können Sie zwar das Problem nennen, das gelöst werden muss, aber Sie können es nicht definieren. Das kann nur die Person, die für das Ergebnis verantwortlich ist. Sie kann sich von allen Seiten Anregungen holen – von Vorgesetzten, Unterstellten, Kollegen, Expertinnen und dergleichen –, doch die Verantwortung, dem Problem auf den Grund zu gehen – Fakten von Meinungen zu trennen und zu ermitteln, was wirklich Sache ist –, liegt letztlich bei ihr allein.

Um das Problem zu definieren, muss man zunächst zweierlei ermitteln, was man erreichen möchte und welche Hindernisse dem entgegenstehen.

Leider wird nur allzu oft das falsche Problem gelöst.

Folgendes Szenario habe ich im Laufe der Jahre Tausende Male erlebt, und vielleicht kommt es Ihnen auch bekannt vor. Eine entscheidungsbefugte Person stellt ein diverses Team zusammen, um

* Das habe ich bei Einsatzbesprechungen selbst miterlebt. Nur die Person, die für die Operation verantwortlich war, konnte das Fernziel, die Unterziele und die Probleme definieren. Alle anderen konnten Vorschläge machen, aber eine Person musste die Entscheidung treffen, und zwar diejenige, die für den Einsatz verantwortlich war. Adam Robinson, Peter Kaufman und Randall Stutman haben das immer wieder bestätigt.

ein kritisches und zeitkritisches Problem zu lösen. Zehn Leute sind versammelt, die alle einen Beitrag zum Sachverhalt leisten – jeweils aus einer anderen Perspektive. Nach ein paar Minuten sagt jemand, was er für das Problem hält, eine Mikrosekunde lang herrscht Stille, und dann machen sich alle daran, mögliche Lösungen zu diskutieren.

Oft definiert die erste plausible Beschreibung der Situation das Problem, für das dann Lösungen gesucht werden.* Wenn die Gruppe eine Lösung findet, ist die verantwortliche Person zufrieden, stellt Ressourcen für die Idee zur Verfügung und geht davon aus, dass das Problem gelöst ist. Aber dem ist nicht so. Da das eigentliche Problem nur selten auf Anhieb deutlich ist, bleibt es sehr oft ungelöst.

Wie kommt das?

Die soziale Standardeinstellung führt dazu, dass wir die erste Definition akzeptieren, auf die sich alle einigen können, und nicht weiter darüber nachdenken. Sobald jemand ein Problem benennt, schaltet das Team in den »Lösungsmodus«, ohne zu überlegen, ob das Problem überhaupt richtig definiert wurde. Das geschieht, wenn man einer Gruppe kluger Alphamenschen den Auftrag gibt, ein Problem zu lösen. In den meisten Fällen entgeht ihnen das eigentliche Problem und sie befassen sich lediglich mit einem der Symptome. Sie reagieren, ohne nachzudenken.

Viele von uns haben gelernt, dass wir einen Mehrwert schaffen, wenn wir Probleme lösen. In der Schule müssen wir Aufgaben lösen, im Beruf erwarten die Vorgesetzten das Gleiche. Unser ganzes Leben lang wird uns beigebracht, dass wir Probleme lösen sollen.

Mit der Definition von Problemen haben wir dagegen weniger Erfahrung. Oft ist die Lage nicht eindeutig. Nur selten haben wir alle Informationen. Manchmal gibt es widersprüchliche Auffassungen zu einem Problem, widersprüchliche Lösungsansätze und

---

* Ich hatte das schon jahrelang beobachtet, ehe Randall Stutman mich auf diese Dynamik hinwies.

viele zwischenmenschliche Reibungen. Deshalb tun wir uns mit der Definition von Problemen viel schwerer als mit deren Lösung, und die Schwäche nutzt die soziale Standardeinstellung. Sie drängt uns dazu, zu reagieren, anstatt zu überlegen, um zu beweisen, dass wir einen Mehrwert schaffen. Löse einfach ein Problem – *irgendeines*!

Die Folge: Unternehmen und Einzelpersonen verschwenden viel Zeit damit, die falschen Probleme anzugehen. Es ist weitaus einfacher, Symptome zu behandeln, statt die ursächliche Krankheit zu finden, Brände einzudämmen, statt sie zu verhindern, oder Dinge einfach aufzuschieben. Dieser Ansatz ist deshalb so problematisch, weil die Brände dann niemals richtig verlöschen, sondern immer wieder aufflammen. Und wenn man etwas auf später verschiebt, ist dieses »Später« irgendwann da.

In unseren Berufen haben wir mehr zu tun als je zuvor, doch meist löschen wir nur Feuer – Feuer, die sich vor Jahren durch eine falsche Entscheidung entzündet haben und die man von vornherein hätte verhindern müssen.

Und weil es an so vielen Stellen brennt und unsere Zeit so knapp ist, konzentrieren wir uns meist darauf, nur die Flammen zu ersticken. Dabei weiß jeder erfahrene Camper, dass ein Feuer nicht gelöscht ist, nur weil die Flammen nicht mehr lodern. Es kostet uns so viel Zeit, hektisch umherzueilen und Flammen auszutreten, dass wir nicht über die aktuellen Probleme nachdenken können, aus denen die Feuer von morgen entstehen.

Wer den Entscheidungsprozess beherrscht, weiß genau, wie wichtig die exakte Definition für die allgemeine Sicht auf das Problem und die Lösungen ist. Dass man das Problem richtig versteht, ist der kritischste Schritt bei jeder Entscheidung. Hier gewinnen wir unschätzbare Erkenntnisse. Man kann ein Problem nicht lösen, wenn man es nicht versteht, deshalb ist die genaue Definition eine gute Gelegenheit, viele relevante Informationen zusammenzutragen. Das genaue Problem lässt sich nur erfassen, wenn man mit Experten spricht, andere Meinungen einholt, sich unterschiedliche Sichtweisen anhört und herausfindet, was wahr ist und was nicht.

Wenn man ein Problem wirklich verstanden hat, liegt die Lösung oft auf der Hand. Später werden wir darauf eingehen, woran man erkennt, ob jemand ein Problem nicht richtig verstanden hat.

Die beiden folgenden Prinzipien beherzigen die Regeln der guten Entscheidungsfindung:

Das Prinzip der Definition: Übernehmen Sie die Verantwortung für die Definition des Problems. Überlassen Sie die Definition nicht anderen. Machen Sie sich die Mühe, das Problem richtig zu verstehen. Verwenden Sie keine Floskeln, um es zu beschreiben oder zu erklären.

Das Prinzip der Ursachenforschung: Ermitteln Sie die Grundursache des Problems. Geben Sie sich nicht damit zufrieden, nur die Symptome zu behandeln.

Ich habe einmal eine Abteilung übernommen, in der es regelmäßig vorkam, dass die Software einfror. Um das Problem zu lösen, musste der Server manuell rebootet werden. (Die Arbeit in streng geheimen Einrichtungen hat leider den Nachteil, dass es keine Verbindung zur Außenwelt gibt.)

Fast jedes Wochenende musste jemand aus meinem Team ins Büro fahren, um das Problem zu beheben. Jedes Mal brachte er das System schnell wieder zum Laufen. Es gab nur geringe Ausfälle und minimale Folgen. Problem gelöst. Oder etwa nicht?

Am Ende des ersten Monats wurde mir die Überstundenabrechnung zum Abzeichnen vorgelegt. Diese Wochenendeinsätze kosteten ein kleines Vermögen. Wir bekämpften das Symptom, ohne das Problem zu lösen. Um das eigentliche Problem zu beheben, hätte man einige Wochen investieren müssen statt nur ein paar Minuten am Wochenende. Das wollte niemand angehen, weil es mühsam war. Also erstickten wir weiter nur die Flammen und ließen das Feuer stets wieder auflodern.

Man kann die Grundursache eines Problems gut ermitteln, indem man fragt: »Was wäre nötig, damit dieses Problem gar nicht erst auftritt?« Hier ein praktisches Beispiel für diese Methode:

Die ASPCA zählt zu den größten Tierschutzorganisationen in den Vereinigten Staaten. Ihren Schätzungen zufolge landen alljährlich mehr als drei Millionen Hunde in Tierheimen und werden zur Adoption freigegeben. Etwa 1,4 Millionen dieser Tiere werden erfolgreich adoptiert, doch das bedeutet auch, dass jedes Jahr mehr als eine Million Hunde in den USA nicht vermittelt werden.*

Die Zahl der Menschen, die ein Haustier adoptieren möchten, ist nicht unendlich, und jede Familie kann nur eine begrenzte Anzahl an Tieren aufnehmen. Daher stehen die meisten Tierheime vor der Frage: »Wie können wir mehr Menschen zur Adoption bewegen?« Diese Frage führt jedoch nicht zu einer langfristigen Lösung.

Downtown Dog Rescue, ein Tierheim in Los Angeles, wählte einen anderen Ansatz. Lori Weise, die Gründerin des Heims, fragte sich nämlich: »Was wäre nötig, damit von vornherein weniger Hunde ins Heim kommen?«[38] Weise durchforstete die Daten und fand heraus, dass 30 Prozent der Hunde, die im Tierheim landeten, von ihren Besitzern gebracht wurden – sie wurden freiwillig weggegeben. Außerdem stellte sie fest, dass die Besitzer oft fürsorgliche Menschen waren, die sich aber das Futter nicht leisten konnten und dachten, jemand anderes werde besser für ihr Tier sorgen können. Diese Erkenntnis führte zu einer besseren und nachhaltigeren Lösung.

Weise startete ein neues Programm: Wenn eine Familie ein Haustier brachte, fragte das Tierheimpersonal nun immer, ob sie das Tier lieber behalten würde. Wenn das der Fall war, nutzte das Team sein Netzwerk, um das Problem zu lösen – sei es eine Tollwutimpfung für zehn Dollar oder eine langfristige Versorgung mit

* Dieses Beispiel verwenden wir in unserem Kurs *Decision by Design*, in dem wir Topleuten vermitteln, wie man bessere Entscheidungen trifft. (Wenn Sie auf die Warteliste möchten, schicken Sie mir einfach eine E-Mail mit dem Betreff »DBD Waitlist« an shane@fs.blog.)

Futter. Weise und ihre Leute stellten fest: Wenn sie den Familien ermöglichten, ihr Tier selbst zu versorgen, kostete das weniger als eine Unterbringung im Tierheim. Und vor allem hatte das Programm zur Folge, dass 75 Prozent der Familien das Tier, das sie abgeben wollten, auf Dauer behalten konnten.

Auch in der Wirtschaft gilt es, der Ursache von Problemen auf den Grund zu gehen. Wenn eine Firma beispielsweise meint, ihr Problem sei der geringe Absatz, könnte sie Ressourcen für die Gewinnung neuer Leads bereitstellen. Aber vielleicht ist die Neukundengewinnung gar nicht die Ursache des Problems? Könnte es vielleicht sein, dass mit dem Produkt an sich etwas nicht in Ordnung ist? Die Grundursache bei derartigen Problemen ist die Kundenzufriedenheit, und diese lässt sich nicht unbedingt durch neue Kundschaft erreichen. Möglicherweise wäre es wichtiger, die Zufriedenheit der Bestandskunden zu erhöhen. Die Definition des Problems beeinflusst die Sichtweise.

Ihre Standardeinstellungen sind immer da und können Sie auf Abwege führen, selbst wenn Sie darauf achten, das Problem genau zu definieren und Ursachenforschung zu betreiben.

Schutzmaßnahmen für die Phase der Problemdefinition

Es gibt zwei Möglichkeiten, um den Entscheidungsprozess vor den Standardeinstellungen zu schützen: Sie können eine Firewall schaffen und die Zeit zu Ihrem Vorteil nutzen.

> **Schutzmaßnahme:** *die Problemlösungs-Firewall.* **Trennen Sie im Entscheidungsprozess die Phase der Problemdefinition von der Phase der Problemlösung.**

Von einem Mentor habe ich eine Strategie gelernt, wie sich im Beruf verhindern lässt, dass man die perfekte Lösung für das falsche Problem findet: Man hält, sofern es die Zeit erlaubt, zwei gesonderte Meetings ab, eines zur Definition des Problems und ein zweites, um die Lösung zu ermitteln.

Zeit und intellektuelle Kompetenz der besten Leute sind in jeder Firma die wertvollste Ressource. Deshalb ist es schwer zu verkaufen, wieso zwei gesonderte Meetings nötig sein sollten, um eine Lösung für ein Problem zu finden, das allen offensichtlich erscheint. Aber es lohnt sich. Ich wende diese Schutzmaßnahme seit vielen Jahren an und sehe immer wieder, dass Menschen, die durchweg gute Entscheidungen treffen, ebenfalls darauf setzen. Sobald sie diese Technik anwenden, wird ihnen deutlich, dass sie sich allzu leicht von der sozialen Standardeinstellung beeinflussen lassen, wenn sie beide Schritte in nur einem Meeting abhandeln – handlungsorientierte Teams nehmen sich meist nur einen kurzen Moment für die Definition des Problems und widmen den Großteil der Zeit der Lösung, oder alle schlagen die verschiedensten Lösungen für ihre persönliche Version des Problems vor. So oder so ist das Meeting dann nicht so sinnvoll, wie es sein sollte.

Wenn Sie sich Zeit nehmen, um das Problem zu verstehen, werden Sie erkennen, dass alle Anwesenden über Wissen verfügen, das Ihnen selbst fehlt. Um Meetings kurz zu halten und zu vermeiden, dass nur das wiederholt wird, was ohnehin alle wissen, können Sie einfach in die Runde fragen: »Was wissen Sie über dieses Problem, das die anderen hier nicht wissen?«

Diese Frage regt zum Nachdenken an. Nun wird niemand mehr Ideen in den Raum werfen, die schon allgemein bekannt sind, sondern alle werden ihre persönliche Sicht auf das Problem erläutern.

So lernt man nicht nur voneinander, sondern versteht auch das Problem besser, weil sich unterschiedliche Perspektiven auftun (die hoffentlich geschätzt werden). Später, im zweiten Meeting, liegt die Lösung dann oft für alle auf der Hand. Und weil alle das Problem verstehen, wissen sie, wie sie mit ihrem Teil der Organisation dazu beitragen können, dass das Problem für alle gelöst wird und nicht nur für sie selbst. Ein apokryphes Zitat, das oft dem Philosophen Ludwig Wittgenstein zugeschrieben wird, bringt diesen Gedanken auf den Punkt: »Verstehen heißt wissen, was zu tun ist.«*

Im operativen Umfeld herrscht ein hohes Tempo. Wenn der Entscheidungsprozess zu aufwendig ist, verpasst man das kleine Zeitfenster, in dem sich Chancen ergeben. Allerdings ist hektisches Geschehen auch ein Paradies für Standardeinstellungen. Sie müssen langsamer vorgehen – aber nicht zu langsam – und mit einer Kombination aus Urteilsvermögen, Grundsätzen und Schutzmaßnahmen dafür sorgen, dass Sie die bestmögliche Antwort erhalten und klar denken. Nachhaken und weiterführende Fragen verlangsamen den Prozess gerade so sehr, dass die Wahrscheinlichkeit, dass Sie das richtige Problem angehen, drastisch steigt.

Auch im privaten Bereich ist es hilfreich, wenn zwischen der Definition eines Problems und der Lösung etwas Abstand liegt. Geben Sie sich Zeit, um sich das Problem bewusst zu machen, ehe Sie sich mit der Lösung befassen. Meist werden Sie feststellen, dass Sie die zugrunde liegende Problematik beim ersten Versuch nicht ganz genau definiert haben.

Tipp: Denken Sie daran, dass das Unsichtbare sichtbar wird, wenn man ein Problem schriftlich festhält. Schreiben Sie auf, was Sie für das Problem halten, und sehen Sie sich Ihre Beschreibung am nächsten Tag erneut an. Wenn Sie darin Floskeln verwenden, liegt es nahe, dass Sie das Problem nicht umfassend verstehen. Und wenn Sie es nicht verstehen, sollten Sie darüber auch nicht entscheiden.

* Dieses Zitat wurde von verschiedenen Leuten Wittgenstein zugeschrieben, aber in der InteLex-Datenbank, die sowohl seine veröffentlichten als auch seine unveröffentlichten Schriften enthält, ist es nicht nachzuweisen. Ein Zitat, das der Aussage am nächsten kommt, stammt aus Abschnitt 199 seiner *Logisch-philosophischen Abhandlung*: »Einen Satz verstehen, heißt, eine Sprache verstehen. Eine Sprache verstehen, heißt, eine Technik beherrschen.«

Kommen wir nun zur zweiten Möglichkeit, diese Phase des Entscheidungsprozesses zu schützen.

Schutzmaßnahme: *die Bewährungsprobe.* Um zu ermitteln, ob Sie die Grundursache eines Problems angehen oder nur ein Symptom behandeln, können Sie sich fragen, ob sich die Lösung auf lange Sicht bewähren wird. Wird das Problem dauerhaft behoben oder wird es in Zukunft wieder auftreten? Wenn Letzteres wahrscheinlich scheint, behandeln Sie wohl nur ein Symptom.

Stellen wir uns beispielsweise vor, *Downtown Dog Rescue* in Los Angeles hätte versucht, den Platzmangel im Tierheim mit einer Adoptionskampagne zu lösen, statt eine der Hauptursachen zu bekämpfen, nämlich dass die Besitzer ihre Hunde aus finanziellen Gründen nicht mehr versorgen konnten. Eine solche Kampagne hätte die Anzahl der Hunde im Heim vermutlich reduziert, aber nur vorübergehend. Wenige Monate später wäre die Einrichtung wieder überfüllt gewesen.

Kurzfristige Lösungen mögen im Moment sinnvoll erscheinen, bewähren sich aber niemals auf lange Sicht. Man hat zwar das Gefühl, dass man vorankommt, dreht sich in Wirklichkeit jedoch im Kreis. Der Mensch neigt zu solchen kurzfristigen Lösungen, weil sie anderen signalisieren, dass man etwas tut. Hier ist die soziale Standardeinstellung am Werk. Handeln wird mit Fortschritt verwechselt, die lauteste Stimme mit der richtigen und Vertrauen mit Kompetenz. Im Laufe der Zeit entpuppen sich kurzfristige Lösungen als Pflaster, das die tieferen Probleme verdeckt. Lassen Sie sich nicht davon täuschen!

Sie können Ihre Energie in kurzfristige oder langfristige Lösungen stecken, aber nicht in beide. Alle Energie, die Sie auf kurzfristige Abhilfemaßnahmen verwenden, steht für langfristige Lösungen nicht mehr zur Verfügung.[39] Manchmal braucht es kurzfristige

Lösungen, um Raum für langfristige zu schaffen. Achten Sie aber darauf, dass Sie im Hier und Jetzt nicht nur Feuer eindämmen, die in Zukunft wieder auflodern werden. Wenn immer wieder dasselbe Problem auftaucht, ist man irgendwann erschöpft und entmutigt, weil man niemals echte Fortschritte sieht. Löschen Sie das Feuer heute gründlich, damit es Sie morgen nicht verbrennen kann.

Diese Prinzipien, Schutzmaßnahmen und Tipps werden Sie davor bewahren, nach der Pfeife der sozialen Standardeinstellungen zu tanzen.

2.

Mögliche Lösungen erkunden

Sobald Sie sich über das Problem im Klaren sind, geht es darum, geeignete Lösungen zu finden – Strategien zur Überwindung von Hindernissen, damit Sie das erreichen, was Sie wollen. Geeignete Lösungen findet man, indem man sich mögliche Varianten der Zukunft vorstellt – Möglichkeiten, wie sich die Dinge entwickeln könnten.

Ein sehr häufiger Fehler in dieser Phase der Entscheidungsfindung besteht darin, dass man brutale Tatsachen nicht wahrhaben will.

In seinem Buch *Der Weg zu den Besten* berichtet der Autor Jim Collins von einem Interview, das er mit Admiral James Stockdale geführt hat. Während des Vietnamkriegs war Stockdale der ranghöchste US-Offizier im berüchtigten Kriegsgefangenenlager Hỏa Lò (das sarkastisch als »Hanoi Hilton« bezeichnet wurde). Während seiner achtjährigen Haft wurde er mehr als zwanzigmal gefoltert; man nannte ihm kein Entlassungsdatum, er hatte keine Häftlingsrechte und wusste nicht, ob er überleben und seine Familie jemals wiedersehen würde.

Als Collins Stockdale nach den Mitgefangenen fragte, die das Lager nicht überlebt hatten, hob der Admiral die Optimisten hervor: »Das waren diejenigen, die sagten: ›Bis Weihnachten sind wir draußen.‹ Weihnachten kam und ging. Dann sagten sie: ›Bis Ostern sind wir draußen.‹ Ostern kam und ging. Und dann kam Thanksgiving, und dann war wieder Weihnachten. Und sie starben an gebrochenem Herzen.«

Nach einer langen Pause wandte sich der Admiral an Collins und sagte: »Das ist eine sehr wichtige Lektion. Man darf den Glauben daran, dass man schließlich gewinnen wird – und den darf man nie verlieren –, nicht mit der Disziplin verwechseln, den brutalsten Tatsachen der aktuellen Realität ins Auge zu schauen, was auch immer diese sein mögen.«[40]

Diese Kombination aus dem Glauben an den Sieg und der Disziplin, sich brutalen Tatsachen zu stellen, bezeichnete Collins als Stockdale-Paradoxon. Er sagt, dass er noch immer bildlich vor sich sehe, wie Stockdale den Optimisten einschärft: »Wir kommen nicht bis Weihnachten raus; findet euch damit ab!«

Probleme verschwinden nicht von selbst

Wir alle haben mit schwierigen Problemen zu tun. Die Standardeinstellungen schränken unsere Perspektive ein. Sie beengen unsere Sicht auf die Welt und verleiten uns dazu, Dinge so zu sehen, wie wir sie uns wünschen, und nicht, wie sie sind. Nur wenn wir uns mit der Realität abfinden – der oft brutalen Wahrheit, wie es auf der Welt wirklich zugeht –, können wir für die Ergebnisse sorgen, die wir uns wünschen.

Bei schwierigen Problemen ist nichts schädlicher als magisches Denken – wenn wir den Kopf in den Sand stecken und hoffen, dass das Problem von selbst verschwindet oder dass uns eine Lösung in den Schoß fällt.

Die Zukunft ist nicht wie das Wetter. Sie ereignet sich nicht von selbst. Wir gestalten unsere Zukunft durch die Entscheidungen, die wir in der Gegenwart treffen, so wie unsere gegenwärtige Situation durch das zustande gekommen ist, was wir in der Vergangenheit getan haben.

Unsere aktuelle Lage spiegelt frühere Entscheidungen und Verhaltensweisen, die uns hierhergeführt haben. Wenn wir in einer glücklichen Beziehung leben, sehen wir im Rückblick die jahrelangen Bemühungen, die Kommunikation, das Verhandeln, das Glück und (vielleicht) die Therapien, die das möglich gemacht haben. Wenn wir mit verquollenen Augen und schwerem Schädel aufwachen, sehen wir, wie der übermäßige Alkoholkonsum vom Vorabend unseren Schlaf beeinträchtigt hat. Wenn wir ein erfolgreiches Unternehmen führen, sehen wir, wie eine Verschlankung zur richtigen Zeit oder vielleicht auch eine Expansion unter ungewissen Umständen zu unserem heutigen Erfolg geführt hat.

Wenn wir doch nur im Voraus wissen könnten, wie wir unsere heutigen Entscheidungen im Nachhinein sehen werden – wenn wir doch nur die Gegenwart so klar und deutlich sehen könnten wie die Vergangenheit! Der Philosoph Søren Kierkegaard sagte einst: »Man kann das Leben nur rückwärts verstehen, aber leben muss man es vorwärts.«

Zum Glück gibt es eine Möglichkeit, von nachträglicher Einsicht zu kluger Voraussicht zu gelangen.

Dieses Gedankenexperiment wird in der Psychologie als »Pre-Mortem« bezeichnet und ist als Konzept nicht neu. Schon der altrömische Stoiker Seneca setzte auf *premeditatio malorum* (»die geistige Vorwegnahme schlimmer Ereignisse«), um sich auf die unvermeidlichen Höhen und Tiefen des Lebens vorzubereiten. Dabei geht es nicht darum, sich vor Problemen zu fürchten, sondern darum, sich dafür zu rüsten und darauf vorzubereiten.

Rückschläge sind dann am schlimmsten, wenn wir nicht darauf vorbereitet sind und nicht damit rechnen. Deshalb muss man sie vorhersehen, ehe sie auftreten, und jetzt handeln, um sie zu vermeiden.

Viele Menschen glauben, dass sie Probleme schlecht lösen können, dabei fehlt ihnen in Wirklichkeit die Fähigkeit, Probleme vorherzusagen. Die meisten von uns wollen nicht über weitere Probleme nachdenken; schließlich haben wir schon genug. Wir denken, dass wir rechtzeitig gewarnt werden, ehe etwas Schlimmes geschieht, dass wir Zeit haben werden, uns darauf einzustellen, dass wir uns vorbereiten können. Aber so läuft es leider nicht.

Immer wieder erleben gute Menschen schlimme Dinge. Wir werden ohne Vorwarnung entlassen. Wir haben einen Autounfall. Unser Chef kommt ins Büro und macht uns nieder. Eine Pandemie breitet sich auf der ganzen Welt aus. Keine Vorwarnung. Keine Zeit zur Vorbereitung.

Ein Pre-Mortem mag Sie zwar nicht vor jeder Katastrophe schützen, aber Sie werden staunen, vor wie vielen Sie sich damit retten können. Und so funktioniert es.

Was könnte schiefgehen?

Wer sich vorstellt, was schiefgehen könnte, ist nicht pessimistisch, sondern gut vorbereitet. Wenn Sie nicht berücksichtigt haben, was schiefgehen könnte, sind Sie den Umständen hilflos ausgeliefert. Angst, Wut, Panik – wenn Gefühle Sie überwältigen, können Sie nicht richtig nachdenken und reagieren nur noch.

Dagegen hilft das folgende Prinzip:

> **Das Prinzip des schlechten Ergebnisses**: Denken Sie nicht nur an das angestrebte Ideal-Ergebnis. Stellen Sie sich vor, was schiefgehen könnte und wie Sie damit umgehen, wenn es passiert.

Wenn Sie nächste Woche eine Präsentation vor dem Vorstand halten müssen, stellen Sie sich vor, was alles passieren könnte: Was, wenn die Technik versagt? Was, wenn die Präsentation nicht zu finden ist? Was, wenn niemand richtig zuhört?

Berücksichtigen Sie alle Eventualitäten. Nichts sollte Sie überraschen. Seneca sagte, wir müssen jede Möglichkeit in Betracht ziehen und den Geist stärken, um mit den Dingen umzugehen, die möglicherweise geschehen können.[41]

Wenn etwas Schlimmes passiert, kann man sich keine Auszeit nehmen, um sich in Ruhe vorzubereiten. Man wird unverhofft damit konfrontiert und muss sich damit auseinandersetzen. Die besten Entscheidungen treffen Menschen, die wissen, dass schlimme Dinge passieren können, dass man nicht dagegen gefeit ist. Sie beschränken sich nicht darauf, zu improvisieren und nur zu reagieren, sondern erstellen Pläne für den Notfall. Und weil sie entsprechend vorbereitet sind, wird ihr Selbstvertrauen nicht erschüttert. Der Risikokapitalgeber Josh Wolfe pflegt zu sagen: »Wenn man scheitert, liegt das daran, dass man sich ein Scheitern nicht vorstellen konnte.«[42]

Fazit: Wer überlegt, was schiefgehen könnte, und festlegt, was dann zu tun ist, wird mit größerer Wahrscheinlichkeit erfolgreich sein, wenn etwas nicht nach Plan läuft.

Mit dem folgenden Prinzip können Sie Ihre Optionen geschickt beurteilen:

Das Prinzip des »Second-Level-Thinking«: Second-Level-Thinking bedeutet, dass Sie einen Schritt weiter denken. Sie fragen sich: »Was mache ich dann/danach?«

Wenn Sie ein Problem lösen, nehmen Sie eine Veränderung vor. Entweder entspricht diese Veränderung Ihren langfristigen Zielen oder sie entspricht ihnen nicht. Wenn Sie bei Hunger beispielsweise einen Schokoriegel essen, haben Sie zwar das unmittelbare Hungerproblem gelöst, aber diese Lösung hat Konsequenzen: Nach einer oder zwei Stunden kommt es unvermeidlich zum Zuckersturz. Wenn Ihr längerfristiges Ziel darin besteht, am Nachmittag leistungsfähig zu sein, ist der Schokoriegel nicht die optimale Lösung für das unmittelbare Problem.

Sicher, ein einmaliger Schokoriegel wird weder eine Diät noch den ganzen Tag ruinieren. Aber wenn Sie diese scheinbar kleine

Fehlentscheidung im Laufe Ihres Lebens täglich wiederholen, sind Sie nicht auf dem Weg zum Erfolg. Winzige Entscheidungen summieren sich. Deshalb braucht es Second-Level-Thinking, das einen Schritt weiter geht.

Second-Level-Thinking

In uns allen konkurriert das heutige mit dem zukünftigen Ich.* Unser zukünftiges Ich möchte oft andere Entscheidungen als unser heutiges. Während sich das heutige Ich für das Hier und Jetzt interessiert, interessiert sich das zukünftige für das, was noch kommt. Jede dieser Persönlichkeiten liefert eine andere Sicht auf Probleme. Unser zukünftiges Ich sieht, welche Vorteile oder Folgen es hat, wenn sich scheinbar unbedeutende Entscheidungen summieren.

Das heutige Ich denkt quasi auf dem ersten Level, das künftige Ich auf dem zweiten.

Beim First-Level-Thinking geht es darum, das unmittelbare Problem zu lösen, ohne Rücksicht auf künftige Probleme, die eine Lösung mit sich bringen könnten. Second-Level-Thinking dagegen betrachtet das Problem von Anfang bis Ende. Es schaut über die unmittelbare Lösung hinaus und fragt: »Was mache ich dann/danach?«† Diese Frage lässt den Schokoriegel nicht mehr so verlockend erscheinen.

Ein Problem können Sie nur dann optimal lösen, wenn Sie nicht nur überlegen, ob es Ihren kurzfristigen Zielen entspricht, sondern auch, ob es zu Ihren langfristigen Zielen passt. Wenn wir die weiteren Konsequenzen nicht beachten, treffen wir schlechte Entscheidungen, ohne es zu merken. Wenn Sie die Zukunft einfacher gestalten wollen, reicht es nicht, nur an die Lösung des aktuellen

---

* Diese Idee stammt aus einem Gespräch mit meinem Freund Chris Sparling.

† Auf diesen Gedanken bin ich erstmals bei Garrett Hardin gestoßen, der genau diese Frage stellt. Mehr dazu unter »Three Filters Needed to Think Through Problems«, *Farnam Street* (Blog), 14. Dezember 2015, https://fs.blog/garrett-hardin-three-filters/.

Problems zu denken, ohne die Probleme zu berücksichtigen, die sich daraus ergeben werden. Das wird deutlich, wenn man sich den Krieg der USA in Afghanistan anschaut.

Laut einem Bericht des für den Wiederaufbau zuständigen *Special Inspector General for Afghanistan Reconstruction* waren

> [...] viele der Institutionen und Infrastrukturprojekte, die die Vereinigten Staaten aufbauten, nicht nachhaltig [...] Jeder Kilometer Straße, den die Vereinigten Staaten bauten, und jeder Regierungsangestellte, den sie ausbildeten, sollte weitere Verbesserungen anstoßen und dazu beitragen, dass die Wiederaufbaumaßnahmen irgendwann beendet werden konnten. Allerdings achtete die US-Regierung oft nicht darauf, die langfristige Nachhaltigkeit ihrer Projekte zu gewährleisten. Milliardenbeträge für den Wiederaufbau wurden vergeudet, weil Projekte ungenutzt blieben oder verfielen. Die Forderung nach schnellen Fortschritten verleitete die US-Verantwortlichen dazu, kurzfristige Projekte auszuwählen und umzusetzen, ohne die Kapazitäten der Behörden des Gastlandes und die langfristige Nachhaltigkeit angemessen zu berücksichtigen.[43]

Ganz anders im folgenden Beispiel für praktisch angewandtes Second-Level-Thinking: Ein Freund von mir hat eine Kundin – nennen wir sie Maria –, die sich weitgehend autodidaktisch zur Datenwissenschaftlerin fortgebildet hat.* Sie konnte sich in der Start-up-Welt hocharbeiten und war fünf Jahre lang recht erfolgreich in einer Führungsposition für ein Technologieunternehmen tätig. Dann verschwand ihre Stelle quasi über Nacht, weil das Unternehmen sich auflöste.

Maria hat das Ziel, weiterhin das Gehalt einer Führungskraft zu verdienen (etwa 180 000 Dollar pro Jahr), dabei aber im Homeoffice zu arbeiten und ihre Arbeitszeit so zu gestalten, dass sie für ihre

* Dieses Beispiel stammt aus dem Kurs *Decision by Design*.

Familie da sein kann. Idealerweise möchte sie für ein Unternehmen arbeiten, das sich der sozialen Verantwortung verschrieben hat. Sie hat 100 000 Dollar angespart und möchte innerhalb von zwei Jahren eine neue Stelle finden, kann aber auch bis zu vier Jahre warten. Derzeit hat sie zwei Jobangebote, bei denen die Bezahlung geringer ist als erwünscht, und keine der beiden Stellen reizt sie besonders. Sie überlegt, einen Master zu machen, da sie hofft, dass sich dadurch bessere berufliche Chancen ergeben, weiß jedoch, dass es ihr bei einer Vollzeitstelle nicht gelingen wird, gleichzeitig auch noch für die Uni zu lernen und Zeit für die Familie zu haben.

Betrachten wir nun einige mögliche Lösungen. Marias Optionen sind unter anderem:

- ein Masterstudium aufnehmen
- eine der angebotenen Vollzeitstellen mit 90 000 Dollar/Jahr annehmen
- als Beraterin arbeiten
- weiter nach anderen Vollzeitstellen suchen

Nun überlegen wir, welche unmittelbaren Folgen diese Optionen haben:

- **Wenn Maria wieder studiert**, könnte das bedeuten, dass sie mehr als 30 Stunden pro Woche für ihr Studium aufwenden muss. Damit hätte sie weniger Zeit für eine bezahlte Tätigkeit oder ihre Familie.
- **Wenn sie eine der angebotenen Vollzeitstellen annimmt**, verdient sie Geld und kann ihren Lebensunterhalt bestreiten. Es wäre weit weniger, als sie sich wünscht, aber sie könnte dafür sparsamer leben und Geld für den Ruhestand zurücklegen.
- **Wenn sie als Beraterin arbeitet**, gibt es eine Menge Ungewissheiten. Sie weiß nicht, wie gefragt ihr Leistungsangebot ist und wie viel sie damit verdienen kann.
- **Wenn sie weiter nach Vollzeitstellen sucht**, könnte sie die beiden Jobangebote verlieren, die ihr aktuell vorliegen, denn darauf muss sie innerhalb angemessener Zeit reagieren.

Nun haben wir eine Vorstellung von den unmittelbaren Folgen von Marias Optionen und sollten uns dem Second-Level-Thinking zuwenden. Wir müssen die Folgen dieser Folgen bedenken, die Antwort auf die Frage: »Was mache ich dann?«

Wenden wir dazu das Prinzip des schlechten Ergebnisses an – wir stellen uns bei den verschiedenen Optionen also nicht nur den Idealfall vor, sondern auch, dass es schiefgehen kann.

Maria studiert wieder:

- **Wenn es gut läuft**: Sie erhält ein Stipendium, baut sich ein tolles Netzwerk auf, erwirbt Fähigkeiten und eröffnet sich eine Menge Chancen. In diesem Fall besteht das neue Problem darin, eine gutbezahlte Tätigkeit zu finden, die diesen Fähigkeiten entspricht und ihr gefällt.
- **Wenn es schlecht läuft**: Sie erwirbt keine Fähigkeiten, die tatsächlich gesucht werden, und verschuldet sich dabei. In diesem Fall besteht das neue Problem darin, dass sie neben den laufenden Kosten für ihren Lebensunterhalt auch die Schulden abzahlen muss, während sie weiterhin einen Job sucht, der in noch weitere Ferne gerückt ist als zuvor.

Wir erkennen also, dass Maria weitere Informationen benötigt, um zu entscheiden, ob ein Studium für sie die beste Option ist:

- Wird sie ein Stipendium bekommen oder nicht?
- Wie gut ist die Hochschule in der Privatwirtschaft vernetzt?
- Sind die Fähigkeiten, die sie erwerben will, auf dem Arbeitsmarkt gefragt und wie werden sie bezahlt?
- Wie lange wird es dauern, um mit ihren neuen Fähigkeiten 180 000 Dollar im Jahr zu verdienen?

Maria nimmt eine der Vollzeitstellen an, die ihr angeboten wurden:

- **Wenn es gut läuft**: Sie verdient weniger, als sie möchte, aber es gibt im Unternehmen Aufstiegschancen. In diesem Fall ergeben sich mindestens drei neue Fragen: 1. Sie muss herausfinden, wie sie die Verdienstlücke schließen kann, um zu dem Zeitpunkt in den Ruhestand gehen zu können, zu dem sie es möchte; 2. sie muss ermitteln, wie sie im Unternehmen aufsteigen kann; 3. sie muss herausfinden, wie sie im privaten Bereich ihren Wunsch nach sozialer Verantwortung erfüllen kann.

- **Wenn es schlecht läuft**: Sie hat einen neuen Job, der ihr nicht gefällt, und verdient weniger als erhofft. In diesem Fall ist das neue Problem gar nicht so neu: Sie befindet sich mehr oder weniger in der gleichen Situation wie aktuell, hat jedoch ein gewisses Einkommen.

Um zu entscheiden, ob eine dieser Vollzeitstellen die beste Option für sie ist, benötigt Maria folgende Informationen:

- Wie wahrscheinlich ist es, dass ihr der Job gefallen wird?
- Welche Aufstiegschancen bieten sich in der Firma?
- Wird sie in dem Job Erfahrungen sammeln, mit denen sie sich beruflich verändern kann, wenn sie es möchte?
- Kann sie studieren oder nebenbei als Beraterin tätig sein, wenn sie diese Stelle annimmt?

Maria arbeitet als Beraterin:

- **Wenn es gut läuft**: Sie könnte sich ein eigenes Unternehmen aufbauen und flexibler sein. In diesem Fall besteht das neue Problem darin, herauszufinden, wie sich ein Unternehmen skalieren lässt.
- **Wenn es schlecht läuft**: Ihre Beratungseinsätze sind dünn gesät und sie hat die angebotenen Stellen abgesagt. In diesem Fall besteht das neue Problem darin, den nächsten Schachzug zu überlegen. Sie befindet sich in der gleichen Position wie jetzt, hat aber weniger Spielraum: Ihr bleibt weniger Zeit, ein Angebot anzunehmen.

Nun wissen wir, welche weiteren Informationen Maria benötigt, um diese Option zu bewerten:

- Wird sie mit ihren derzeitigen Kenntnissen und Fähigkeiten Geld verdienen können?
- Wie viel könnte sie damit verdienen?

Marias Beispiel veranschaulicht einen wichtigen Aspekt des Second-Level-Thinking: Wir können damit nicht nur künftige Probleme vermeiden, sondern auch ermitteln, welche Informationen wir benötigen, um eine bessere Entscheidung zu treffen – Informationen, von denen wir vorher nichts wussten. Man kann es sich leicht machen und einfach darauf hoffen, dass die richtigen Informationen sich schon ergeben werden. Doch das wird nicht geschehen!

Schutzmaßnahmen für die Phase der Lösungserkundung

Nur weil Ihnen ein paar Lösungen eingefallen sind, heißt das jedoch noch lange nicht, dass es keine blinden Flecken mehr gibt. Binäres Denken bedeutet, dass man bei einem Problem nur zwei Alternativen in Betracht zieht. Auf den ersten Blick scheint eine einfache Auswahl vorzuliegen: Wir bringen das Produkt auf den Markt oder nicht. Wir nehmen den neuen Job an oder nicht. Wir heiraten oder nicht. Schwarz oder weiß – »tun« oder »nicht tun«. Einen Mittelweg gibt es nicht.

Diese einfache Denkweise ist in den meisten Fällen jedoch voreilig. Bei manchen Entscheidungen scheint es, als müsse man zwischen zwei Alternativen wählen, doch oft gibt es noch eine weitere Möglichkeit. Echte Entscheidungsprofis wissen das nur zu gut. Binäres Denken deutet darauf hin, dass wir ein Problem nicht umfassend verstanden haben – dass wir versuchen, die Ausmaße des Problems zu reduzieren, noch ehe wir sie ganz erfasst haben.

Sobald wir uns ausführlicher mit einem Problem befassen, wird es komplizierter, bis wir es schließlich so gut verstehen, dass wir Alternativen erkennen können.

Wer nicht viel Erfahrung mit der Problemlösung hat, versucht meist, eine Entscheidung auf nur zwei Optionen zu reduzieren. Das vermittelt den falschen Eindruck, man sei dem Problem auf den Grund gegangen, doch in Wirklichkeit hat man nur nicht weitergedacht. Aber man sollte nie aufhören zu denken! Profis sehen komplexe Zusammenhänge, die Neulingen entgehen – das Einfache, das im Komplexen verborgen liegt. Frederick Maitland schrieb dazu: »Das Einfache ist nicht der Ausgangspunkt, sondern das Ergebnis langer, harter Arbeit.« Wenn wir ein Problem auf Schwarz-Weiß-Lösungen reduzieren, müssen wir uns vergewissern, dass wir Profis sind und keine Neulinge.

Damit kommen wir zum nächsten Prinzip der effektiven Problemlösung:

Das 3+ Prinzip: Zwingen Sie sich, mindestens drei mögliche Lösungen für ein Problem zu finden. Wenn Sie feststellen, dass Sie nur zwei Möglichkeiten in Betracht ziehen, zwingen Sie sich, mindestens eine weitere zu finden.

Eine binäre Sicht ist so bequem wie passiv. Indem wir uns eine dritte Option überlegen, zwingen wir uns dazu, kreativ vorzugehen und uns wirklich mit dem Problem auseinanderzusetzen. Selbst wenn wir uns letztlich nicht für die dritte Option entscheiden, haben wir durch die Überlegungen, aus denen sie hervorgegangen ist, das Problem besser verstanden. Das eröffnet uns nicht nur mehr Möglichkeiten, unsere Entscheidungen auf unsere Ziele abzustimmen, sondern auch mehr Optionen für die Zukunft, sodass wir mit höherer Wahrscheinlichkeit mit unserer Entscheidung zufrieden sein werden.

Zwei Maßnahmen schützen vor binärem Denken. Die erste lautet:

Schutzmaßnahme: *Stellen Sie sich vor, dass eine der Optionen vom Tisch ist.* **Überlegen Sie sich zu jeder der Optionen, die infrage kommen: »Was würde ich tun, wenn das nicht möglich wäre?«**

Nehmen wir an, Sie überlegen, wie es für Sie beruflich weitergehen soll, weil Sie mit einem Kollegen nicht zurechtkommen. Das binäre Denken sagt Ihnen, dass Sie bleiben oder kündigen können. Wenn Sie sich vorstellen, dass eine der Optionen nicht infrage kommt, zwingen Sie sich zu einer anderen Sicht auf das Problem. Gehen wir also davon aus, dass eine Kündigung aus irgendwelchen Gründen ausgeschlossen ist: Sie müssen bleiben. Jetzt sind Sie gezwungen, die Dinge aus einem neuen Blickwinkel zu betrachten. Was könnten Sie tun, damit Ihre tägliche Arbeit trotz des problematischen Kollegen mehr Freude macht? Was könnten Sie tun, um Ihre Stelle zu behalten und Ihren Zielen trotzdem näher zu kommen? Was könnten Sie tun, damit Sie künftig mehr Möglichkeiten haben und sich nicht hilflos fühlen müssen? Vielleicht bedeutet Bleiben, dass Sie ein unangenehmes Gespräch mit Ihrer Chefin und Ihrem Kollegen führen müssen, das Sie bisher vermieden haben. Vielleicht bedeutet es, dass Sie eine Versetzung in eine andere Abteilung beantragen. Vielleicht bedeutet es, dass Sie sich erkundigen, ob Sie im Homeoffice arbeiten können.

Nun versuchen Sie, die Situation genau andersherum zu betrachten. Stellen Sie sich vor, dass Sie Ihren Job aus irgendeinem Grund auf gar keinen Fall behalten können: Sie müssen kündigen. Was würden Sie dann tun? Würden Sie alte Kunden anrufen und fragen, ob es in ihren Firmen Arbeit für Sie gibt? Würden Sie Menschen aus Ihrem Netzwerk kontaktieren und sich erkundigen, ob jemand Sie empfehlen könnte? Würden Sie sämtliche Möglichkeiten nutzen, um eine bessere Stelle zu finden?

Manchmal können wir zu einem bestimmten Zeitpunkt nicht das tun, was wir wollen, etwa eine Stelle kündigen, die wir nur noch schwer ertragen können. Das heißt jedoch nicht, dass wir keinen Handlungsspielraum haben. Es gibt immer etwas, das wir tun können, um vorwärtszukommen und uns eine bessere Position zu verschaffen, in der wir mehr von dem haben, was wir wollen, und weniger von dem, was wir nicht wollen. Wenn wir unseren Job nicht kündigen können, können wir vielleicht aber etwas an der Situation verbessern. Wenn wir die Stelle nicht behalten können, können wir uns auf den Abschied vorbereiten. Eine neue Sicht auf das Problem zeigt uns den nächsten Schritt.

Denken Sie daran: Wenn wir uns auf binäres Denken beschränken, ehe wir ein Problem umfassend verstanden haben, vereinfachen wir es auf gefährliche Weise und schaffen damit blinde Flecken. Eine falsche Dualität verhindert, dass Sie alternative Wege und weitere Informationen erkennen, die Ihre Meinung ändern könnten. Wenn Sie dagegen eine von zwei offensichtlichen Optionen ausschließen, zwingen Sie sich dazu, eine neue Sicht auf das Problem zu entwickeln und sich aus der Klemme zu befreien.

Die zweite Schutzmaßnahme gegen binäres Denken lautet:

> **Schutzmaßnahme:** *Finden Sie Sowohl-als-auch-Optionen.* Versuchen Sie, Möglichkeiten zu finden, die binäre Alternativen kombinieren. Stellen Sie sich nicht vor, dass Sie entweder X oder Y wählen müssen, sondern dass sowohl X als auch Y möglich ist.

Roger Martin, ehemaliger Dekan der Rotman School of Management in Toronto, bezeichnet diese Technik als *integratives Denken.*[44] Anstatt sich mit scheinbar gegensätzlichen binären Optionen auseinanderzusetzen, sollte man sie miteinander kombinieren. Vereinfachte Entweder-oder-Optionen werden zu integrativen Sowohl-als-auch-Optionen. Sie können die Kosten niedrig halten *und* in ein besseres Kundenerlebnis investieren. Sie können Ihren Job behalten *und* eine Nebentätigkeit starten. Sie können für Ihre Aktionäre Rendite generieren *und* die Umwelt schützen.

F. Scott Fitzgerald sagte einmal: »Herausragende Intelligenz zeichnet sich durch die Fähigkeit aus, zwei gegensätzliche Vorstellungen gleichzeitig zu vertreten und dennoch handlungsfähig zu bleiben. Man sollte zum Beispiel erkennen können, dass eine Lage hoffnungslos ist, und dennoch entschlossen sein, sie zu ändern.«

Im Gegensatz zu Fitzgerald glaube ich jedoch nicht, dass man über herausragende Intelligenz verfügen muss, um Sowohl-als-auch-Optionen zu entwerfen. Kombilösungen können nicht nur Hochbegabte finden. Diese Fähigkeit lässt sich erlernen und einsetzen; sie wird nur nicht gelehrt. Entscheidend ist, dass man lernt, die unangenehme Spannung zwischen gegensätzlichen Vorstellungen so lange zu ertragen, bis man erkennt, dass es eine Lösung gibt, die das Beste von beiden kombiniert. Und genau darum geht es beim integrativen Denken.

Eine solche Denkweise kann anstrengend sein, doch sie ist fast immer möglich. Ein Bereich, in dem uns das integrative Denken oft ziemlich gut gelingt, ist die Urlaubsplanung. Wir fragen alle Mitreisenden, was sie sich vorstellen, und versuchen dann, einen Ort zu finden, der allen Wünschen gerecht wird. Deshalb bieten Ferienresorts oder Kreuzfahrtschiffe eine breite Palette an Aktivitäten: Je größer die Vielfalt, desto attraktiver sind sie für Gruppen mit unterschiedlichen Interessen. Bei einem solchen Urlaub muss man nur selten die schwere Entscheidung »Strand oder Pool« treffen. Man kann beides haben.

Diese Denkweise können Sie auch auf andere Bereiche Ihres Lebens anwenden, etwa auf den Beruf. Wenn ein Job nicht erfüllend ist, beschränkt sich die Lösung nur selten auf die beiden Optionen »gehen oder bleiben«, auch wenn es zunächst so scheinen mag. Sie können *sowohl* bleiben *als auch* Ihr Netzwerk weiter ausbauen. Sie können sich *sowohl* auf andere Stellen bewerben *als auch* abends Kurse belegen, um sich neue Fähigkeiten anzueignen. Sie können *sowohl* ein kreatives Projekt in Angriff nehmen *als auch* dafür sorgen, dass Sie in Ihrem derzeitigen Job mehr Kreativität zeigen können.

Roger Martin hat es so formuliert: »Wer gegensätzliche Ideen nutzt, um eine neue Lösung zu entwickeln, hat automatisch einen Vorteil gegenüber jenen, die sich immer nur ein Modell vorstellen können.« Damit hat er recht. Durch integratives Denken verschafft man sich nicht nur Vorteile, sondern diese Vorteile potenzieren sich, weil man sich damit von herkömmlichen Denkansätzen löst.

Das zeigt das Beispiel von Isadore Sharp, der die Luxushotelkette *Four Seasons* gegründet hat. Sharp hatte zum einen ein kleines Hotel am Straßenrand in einem Vorort von Toronto, zum anderen ein großes Kongresshotel im Herzen der Stadt. Beide Häuser verkörperten eines der damals üblichen Betriebsmodelle: entweder ein kleines Hotel, in dem der persönliche Service im Vordergrund stand, oder ein großes Haus mit Schwerpunkt auf Annehmlichkeiten. Die Hotelbranche war in binärem Denken gefangen. Sharp jedoch entschied sich nicht für eines der beiden Modelle, sondern kombinierte die Intimität eines kleinen Hotels mit den Annehmlichkeiten eines großen. So entwickelte er eine neue Strategie und eine der erfolgreichsten Hotelketten aller Zeiten.

Auch im Privatleben ist Sowohl-als-auch-Denken vorteilhaft. So erwarten wir zum Beispiel oft, dass unsere Partner oder Partnerinnen unsere emotionalen Bedürfnisse zu 100 Prozent erfüllen. Das ist viel verlangt, sodass es zwangsläufig zu Enttäuschungen kommt und die Beziehung kriselt. Doch statt zu fragen: »Soll ich bleiben oder gehen?«, sollten Sie sich vielmehr fragen: »Könnte jemand anderes einige der emotionalen Bedürfnisse stillen, die mein Partner nicht erfüllt? Könnte ich mich mit einer Kollegin bei der Arbeit austauschen? Habe ich einen Freund, der ein bestimmtes Interesse teilt oder einen bestimmten Kurs mit mir besuchen würde?«

Wenn wir überlegen, ob wir weitere Menschen in unser Leben aufnehmen können, eröffnen wir uns die Option des Sowohl-als-auch.

Statt der üblichen binären Beziehungsfrage »Soll ich bleiben oder gehen?« fragen wir uns dann: »Wen könnte ich in mein Leben hinzuholen, der mir das gibt, was mein Partner nicht so gut kann?«

Wir brauchen nicht viele weitere Optionen, sondern nur ein paar wirklich gute. Wenn Sie »entweder X oder Y« sagen, stecken Sie zwischen Baum und Borke – Sie müssen eine binäre Entscheidung treffen. Wenn Sie sich gründlich damit auseinandersetzen und sich zwingen, gangbare Alternativen zu ergänzen, können Sie Lösungen erkennen, die Sie vorher vielleicht nicht in Betracht gezogen haben.

Opportunitätskosten

Besseres Denken bedeutet nicht, dass Sie Ihr Gehirn mit Antworten auf Fragen füllen, die Sie schon kennen. Es bedeutet nicht, dass Sie auswendig lernen, was wann zu tun ist. Und es bedeutet auch nicht, dass Sie andere für sich denken lassen. Es bedeutet, dass Sie über das Offensichtliche hinausschauen und das Verborgene wahrnehmen.

Die Realität ist eine Welt der Kompromisse; einige sind offensichtlich, andere versteckt. Opportunitätskosten sind die versteckten Kompromisse, die wir oft nur schwer einschätzen können, wenn wir etwas entscheiden. Bei jeder Entscheidung gibt es mindestens einen Kompromiss. Wir können nicht immer alles tun, was wir wollen, und wenn wir eine Sache wählen, verzichten wir damit in der Regel auf eine andere. Echte Entscheidungsprofis sind in der Lage, versteckte Kompromisse richtig zu beurteilen. Diese Fähigkeit ist zudem ein Kernelement der Führungskompetenz.

Charlie Munger drückte das so aus: »Intelligente Menschen entscheiden anhand der Opportunitätskosten … auf ihre Alternativen kommt es an. So treffen wir alle unsere Entscheidungen.«[45]

Besseres Denken heiß nicht, die Fragen beantworten zu können, denen wir schon einmal begegnet sind. Es heißt nicht, dass wir uns verschiedene Handlungsabläufe einprägen. Es heißt nicht, dass wir uns darauf verlassen, dass andere uns das Denken abnehmen. Vielmehr geht es darum, tiefer zu bohren, unter die Oberfläche zu schauen und aufzudecken, was nicht auf Anhieb sichtbar ist.

Viele Menschen konzentrieren sich nur auf die Vorteile, die eine bestimmte Option bringt, und beachten dabei nicht, was sie verlieren, wenn sie auf eine andere Option verzichten. Die Fähigkeit, diese Kosten abzuschätzen, zeichnet jedoch eine gute Entscheidungsfindung aus.

Das zeigt eine Geschichte über Andrew Carnegie, die ich gerne als Beispiel anführe. Als Carnegie noch jung und auf seinem Posten bei der Pennsylvania Railroad ziemlich unerfahren war, ereignete sich ein schweres Zugunglück. Die Waggons lagen quer über den Gleisen, das gesamte System kam zum Stillstand. Da sein Chef nicht da war, musste Carnegie selbst entscheiden, wie er mit dem Vorfall umgehen wollte. Die Bergung der Waggons hätte einen Großteil der Ladung gerettet, wäre aber langwierig und kostspielig gewesen und hätte den gesamten Zugverkehr tagelang lahmgelegt. Carnegie erkannte, dass Fracht und Waggons nicht so wertvoll waren, dass sie eine mehrtägige Blockade des gesamten Systems rechtfertigten. Er schickte eine kühne Anweisung, die er im Namen seines Chefs unterzeichnete: »Waggons verbrennen!« Als Carnegies Chef von seiner Entscheidung erfuhr, machte er diese Methode unverzüglich zum Standard bei ähnlichen Unfällen.[46]

Ein genaues Überdenken der Opportunitätskosten gehört zu den effektivsten Maßnahmen für Beruf und Alltag. Sie können Ihre Optionen nur dann optimal beurteilen, wenn Sie alle relevanten Faktoren berücksichtigen. Das geht nicht ohne die Opportunitätskosten.

In Bezug auf die Opportunitätskosten gelten zwei Prinzipien. Das erste lautet:

Das Prinzip der Opportunitätskosten: Überlegen Sie, welche Möglichkeiten Ihnen entgehen, wenn Sie einer Option den Vorzug gegenüber einer anderen geben.

Das zweite Prinzip ist eng damit verknüpft:

Das Prinzip der drei Perspektiven: Betrachten Sie die Opportunitätskosten aus den folgenden drei Perspektiven: 1. Im Vergleich wozu stehen sie? 2. Was kommt danach? 3. Zu welchem Preis?*

Für die meisten von uns entspricht die erste Perspektive der Standardeinstellung, weil die Kosten direkt und sichtbar sind. Stellen Sie sich zum Beispiel vor, dass Sie ein Auto kaufen. Die meisten Menschen können die Entscheidung ziemlich schnell auf einige wenige Optionen eingrenzen: »Der Tesla ist besonders cool und verbraucht wenig, aber eignet er sich auch für lange Reisen? Ein BMW sieht schick aus und hat mehr Ladefläche, aber ist ein Verbrenner noch zeitgemäß? Soll ich den Wagen für 42 000 Dollar oder den für 37 000 Dollar kaufen?« Wenn wir die beiden Modelle vergleichen, konzentrieren wir uns darauf, welchen Mehrwert wir für die zusätzlichen 5000 Dollar bekommen, vergessen jedoch, die Optionen von den beiden anderen Perspektiven zu betrachten.

Mit der zweiten Perspektive berücksichtigen wir die zusätzlichen Kosten, die entstehen, nachdem wir uns für eine Option entschieden haben – zum Beispiel dass der Tesla geladen werden muss, welche voraussichtlichen Betriebskosten im Jahr anfallen werden, wie lange er halten wird und wie viele lange Fahrten wir jedes Jahr unternehmen. Wenn wir die Entscheidung aus der dritten

* Ich habe dazu die Ideen von Warren Buffett, Charlie Munger und Peter Kaufman kombiniert.

Perspektive betrachten, überlegen wir, was wir mit den 5000 Dollar stattdessen machen könnten. Verzichten wir auf einen Familienurlaub? Welche Rendite könnten wir erzielen, wenn wir das Geld investieren? Was würden wir sparen, wenn wir die Hypothek abbezahlen? Was ist mit Rücklagen für schlechte Zeiten? Der Blick aus allen drei Perspektiven hilft uns, eine bessere Entscheidung zu treffen.

Geld gehört nicht zu den einzigen Opportunitätskosten, die zu berücksichtigen sind, doch die meisten Menschen konzentrieren sich darauf, weil dieser Aspekt der unmittelbarste und offensichtlichste ist. Sie reden sich ein, dass nur das zählt, was leicht zu erkennen ist. In vielen Fällen lohnt es sich jedoch, die Opportunitätskosten sorgfältig zu überdenken, um die indirekten, versteckten Kosten zu erkennen.

Zeit ist nicht so offensichtlich wie Geld, aber genauso wichtig. Nehmen wir an, Ihre Familie wächst, sodass ein Umzug ansteht. In einem Vorort gäbe es ein größeres Haus mit einem größeren Garten für die Kinder, und zwar günstiger als eine kleinere Doppelhaushälfte in der Stadt mit einem briefmarkengroßen Hinterhof. In dieser Situation denken viele nur daran, wie viel Geld sie durch den Umzug in den Vorort sparen können, und freuen sich auf den Moment, in dem sie zum ersten Mal ihr neues Haus betreten werden. Allerdings wird die Situation dabei nur aus der ersten Perspektive betrachtet. Die weniger offensichtlichen Kosten, die ein Leben im Vorort mit sich bringt, bleiben außer Acht. Wenn wir die beiden anderen Perspektiven hinzuziehen, werden diese Kosten deutlicher.

Nehmen wir zunächst die zweite Perspektive. Sie kaufen also das Haus im Vorort. Fragen Sie sich: »Was kommt danach?« Wie wird sich Ihr Alltag ändern, wenn Sie sich für diese Option entscheiden? Zum einen könnte sich das auf Ihren Arbeitsweg auswirken. Während Sie bislang zuverlässig dreißig Minuten pro Strecke gebraucht haben, könnte die Dauer künftig sehr ungewiss sein und bis zu anderthalb Stunden betragen.

Wechseln Sie nun zur dritten Perspektive und fragen Sie sich: »Zu welchem Preis?« Was wird Ihnen entgehen, wenn Sie täglich zwei bis drei Stunden länger unterwegs sind? Werden Sie weniger Zeit mit Ihren Kindern und Ihrer Partnerin oder Ihrem Partner verbringen? Worauf verzichten Sie, wenn Sie nicht mit Ihrer Familie zusammen sein können? Werden Sie auf dem Arbeitsweg eine neue Sprache lernen oder gute Bücher lesen können, oder werden Sie sich durch frustrierenden, stressigen Pendlerverkehr quälen müssen? Welche Option ist langfristig besser für Ihre geistige und körperliche Verfassung?

Tipp: Wenn es Ihnen schwerfällt, die Opportunitätskosten zu beurteilen, hilft es manchmal, sie mit einem Preis zu versehen. Wenn Sie beispielsweise den zwei bis drei Stunden täglich, die Sie für das Pendeln aufwenden müssen, einen gewissen Preis zuschreiben, werden die Kosten sichtbarer und leichter zu beurteilen.

Beachten Sie jedoch, dass ein solcher Preis für Dinge, deren Kosten schwer abzuschätzen sind, nur ein Hilfsmittel ist. Wie jedes Hilfsmittel ist es in einigen Fällen sinnvoll, aber nicht in allen. Es soll dazu beitragen, das Unsichtbare sichtbar zu machen. Manchmal gibt es wichtige Faktoren, denen man keinen Preis zuschreiben kann, ohne die Gegenüberstellung grob zu verzerren. Schon Einstein sagte: »Nicht alles, was zählt, kann man zählen, und nicht alles, was man zählen kann, zählt.« Wir werden später noch sehen, dass die wahre Kunst der Entscheidungsfindung darin besteht, diese »unbezahlbaren« Faktoren richtig zu beurteilen.

3.

Die Optionen bewerten

Sie haben einige Lösungsmöglichkeiten gründlich ausgearbeitet. Jede eröffnet einen Weg, der funktionieren könnte. Nun müssen Sie die Optionen bewerten und diejenige auswählen, die Ihnen mit der höchsten Wahrscheinlichkeit die Zukunft leichter machen wird. Dabei sind zwei Aspekte entscheidend: Ihre Kriterien für die Bewertung der Optionen und wie Sie diese Kriterien anwenden.

Jedes Problem hat seine ganz spezifischen Kriterien. Zu den gängigsten gehören die Opportunitätskosten, die Rendite und die Wahrscheinlichkeit des erwünschten Ergebnisses, aber es gibt noch viele andere. Wenn Sie das Problem verstehen, sollten die Kriterien offensichtlich sein. Ich selbst habe kürzlich Renovierungsarbeiten durchführen lassen. Zu meinen Kriterien gehörten die Erfahrung der Handwerker, die Verfügbarkeit, die Zeit, die für frühere Projekte benötigt wurde, und die Qualität der Arbeit.

Wenn es Ihnen schwerfällt, spezifische Kriterien festzulegen, haben Sie entweder das Problem nicht richtig verstanden oder Ihnen ist nicht klar, welche allgemeinen Merkmale die Kriterien aufweisen sollten. Zu diesen Merkmalen zählen:

Klarheit: Die Kriterien sollten einfach, klar und frei von jeglichen Floskeln sein. Idealerweise sollten Sie in der Lage sein, sie einem zwölfjährigen Kind zu erklären.

Zweckdienlichkeit: Die Kriterien müssen den Optionen den Vorzug geben, mit denen sich das gewünschte Ziel erreichen lässt.

Ausschlagkraft: Die Kriterien müssen genau eine Option bevorzugen und dürfen nicht zu einem Gleichstand zwischen mehreren Optionen führen.

Kriterien, die diese Bedingungen nicht erfüllen, führen häufig zu Fehlentscheidungen. Sind sie zu kompliziert, weiß man nicht, wie man sie anwenden soll. Sind sie nicht eindeutig, kann man sie so interpretieren, wie es gerade passt. Dann legt man die Kriterien je nach aktueller Vorliebe oder Gefühlslage unterschiedlich aus, sodass der Entscheidungsfindungsprozess zum Spielball der emotionalen Standardeinstellung wird.

Im beruflichen Umfeld führen mehrdeutige oder floskelhafte Kriterien zu endlosen Debatten über die genaue Bedeutung. Wir gehen davon aus, dass bestimmte Begriffe oder Wendungen für alle das Gleiche bedeuten, aber das ist nicht der Fall. Wir gehen auch davon aus, dass unsere eigenen Definitionen unveränderlich sind, aber das ist ebenfalls nicht der Fall. Was zwei Menschen unter einem Begriff wie »strategisch« verstehen, ist nicht unbedingt identisch. Bei uneindeutigen Kriterien können wir deshalb kaum unterscheiden, wer recht hat und wer nicht, sodass wir über die Semantik diskutieren müssen statt über die bestmögliche Lösung.

In anderen Fällen sind die Kriterien nicht zweckdienlich. Dann ist häufig die soziale Standardeinstellung im Spiel. Ein gängiges Beispiel wäre, dass es bei der Stellenbesetzung oder Beförderung nicht nach Qualifikation, sondern nach persönlicher Sympathie geht. Wer nett ist, ist nicht zwangsläufig kompetent. Nettigkeit als Kriterium bei Personalentscheidungen dient häufig nicht den Zielen der Organisation.

Manchmal können Kriterien das falsche Ziel fördern – etwa eines, das sich besonders schnell erreichen lässt, statt eines, das auf lange Sicht das Beste für das Unternehmen wäre. Das zeigt ein tragisches Beispiel aus dem Januar 1986.

Das Space Shuttle *Challenger* sollte in wenigen Wochen abheben. Die NASA wollte die Raumfähre als zuverlässiges Fahrzeug für kommerzielle und wissenschaftliche Weltraummissionen etablieren und hatte einen unglaublich ehrgeizigen Startplan aufgestellt. Mit Präsident Ronald Reagan war vereinbart, das Shuttle am Tag seiner Rede zur Lage der Nation zu starten. Das war als spektakuläres Medienereignis geplant, Schulen im ganzen Land sollten erstmals naturwissenschaftlichen Unterricht aus dem Weltraum erleben.

Doch wenige Tage vor dem Start, während einer Besprechung vor dem Flug, waren die Ingenieure von Morton-Thiokol, einem Subunternehmer des *Challenger*-Projekts, völlig aufgelöst. Sie fürchteten, dass die O-Ringe bei den für den Starttag vorhergesagten Temperaturen nicht richtig funktionieren würden. Wenn die O-Ringe versagten, würde das katastrophale Folgen haben. Sie brauchten Zeit, um das Problem zu beheben oder damit sich die Witterungsbedingungen verbesserten, und flehten die NASA an, den Start zu verschieben. Ihre Bitten wurden abgelehnt. »Ihr Anliegen ist empörend«, sagte ein NASA-Verantwortlicher. »Wann soll ich denn starten? Nächsten April?«, fragte ein anderer.[47] Fast alle, die die 1980er-Jahre miterlebt haben, wissen noch, was dann geschah: Die Challenger explodierte 73 Sekunden nach dem Abflug. Es wäre eindeutig besser gewesen, wenn bei den Kriterien für die Entscheidung über den Starttermin die Sicherheit Vorrang vor dem Tempo gehabt hätte.

Auch die Trägheits-Standardeinstellung kann uns zu Kriterien verleiten, die nicht zweckdienlich sind. So könnte es sein, dass die Führungskräfte eines Unternehmens nicht erkennen, dass sich die Marktbedingungen geändert haben. Statt sich Zeit zu nehmen, um die neuen Bedingungen zu verstehen und ihre Kriterien entsprechend anzupassen, setzen sie weiterhin auf Kriterien aus der Vergangenheit, obwohl diese in der Gegenwart nicht zielführend sind.

Manchmal sind Kriterien auch nicht ausschlagkräftig genug. Kriterien, die Ihre Optionen nicht eingrenzen, sind sinnlos und zeigen zudem, dass Sie das Problem nicht umfassend verstehen und von der Angst getrieben werden, einen Fehler zu begehen. Die soziale Standardeinstellung lebt von Menschen, die keine Verantwortung für ihre Ergebnisse übernehmen wollen oder sich nicht darüber im Klaren sind, was sie wollen.

Stellen Sie sich vor, Sie überlegen im Freundeskreis, in welchem Restaurant Sie zu Abend essen wollen. Jemand wird den ersten Vorschlag machen – etwa mexikanisch –, doch dann äußert unweigerlich jemand anderes: »Mexikanisch habe ich erst gestern gegessen.« Dann heißt es: »Wie wäre es mit Salaten?«, worauf jemand einwendet: »Für Salat bin ich zu hungrig.« Und so geht es endlos weiter: Alle sagen, was sie nicht wollen, bis die ganze Gruppe so hungrig ist, dass das Naheliegendste gewählt wird. Das habe ich schon so oft erlebt, dass es geradezu lustig ist. (Achten Sie darauf, wenn es Ihnen demnächst passiert!)

Das Problem ist dabei, dass rein negative Kriterien in vielen Fällen nicht ausschlagkräftig genug sind: Sie schränken die Optionen nicht auf eine ein. Folglich überlässt man die endgültige Wahl dem Zufall oder den Umständen. Wie ein altes Sprichwort sagt: »Wenn du das Ziel nicht kennst, ist jeder Weg der richtige.«

Stellen wir uns dagegen vor, man würde bei der Entscheidung über das Restaurant nicht sagen, was man *nicht* will, sondern vielmehr, was man gerne hätte:

- »Ich möchte ein Lokal, in dem es Salate gibt und das in zehn Minuten zu Fuß erreichbar ist.«
- »Ich möchte ein Lokal, in dem es Burger gibt.«
- »Mir ist es wirklich egal, Hauptsache, ich muss nicht zu lange aufs Essen warten.«

So käme die Entscheidung viel schneller zustande, und deutlich mehr der Beteiligten bekämen das, was sie gerne möchten.

Das Wichtigste festlegen

Nicht alle Kriterien sind gleichwertig. Es mag hundert Variablen geben, aber sie haben nicht alle die gleiche Bedeutung. Wenn man sich darüber im Klaren ist, was wichtig ist, lassen sich die Optionen leichter bewerten. Viele Menschen scheuen davor zurück, sich auf das Wichtigste festzulegen, weil sie keinen Fehler machen wollen. Wenn Sie nicht klarstellen, was das Wichtigste ist, können andere nur raten, was zählt. Dann müssen Sie das Problem für andere lösen. Das gibt Ihnen zwar das Gefühl, gebraucht zu werden und wichtig zu sein, doch gleichzeitig sind Sie dann mit all den Entscheidungen beschäftigt, die eigentlich Ihre Kolleginnen und Kollegen treffen sollten.

Viele Führungskräfte genießen es insgeheim, dieser Flaschenhals zu sein. Sie mögen das Gefühl, dass das Team von ihnen abhängig ist. Lassen Sie sich nicht hinters Licht führen! Hier ist die Ego-Standardeinstellung am Werk, und diese schränkt Ihre Möglichkeiten ein. Sie will Ihnen weismachen, dass Sie allen überlegen sind, dass Sie so klug, so geschickt, so qualifiziert sind, dass nur Sie die Entscheidungen treffen können. In Wirklichkeit bremsen Sie damit lediglich das Team aus.

Ich habe das auf die harte Tour gelernt, als ich ein neues Team übernommen und mich gewundert habe, dass alle vor jeder Entscheidung mit mir Rücksprache halten wollten – der vorherige Vorgesetzte hatte das so verlangt.

Um effizienter arbeiten zu können, überlegte ich mir ein System mit drei Kategorien, in die meine Leute ihre Entscheidungen einordnen konnten:

1. Entscheidungen, die sie ohne mein Mitwirken treffen können

2. Entscheidungen, die sie treffen können, nachdem ich ihre Argumentation und Schlussfolgerung geprüft habe
3. Entscheidungen, die ich selbst treffen will

Da das Problem dennoch bestehen blieb, wandte ich mich nach ein paar Monaten an meinen Mentor. »Wissen die Leute denn, welche Entscheidungen sie übernehmen sollen und welche du selbst treffen willst?«, fragte er. »Sind die Kategorien eindeutig?«

»Ja«, erwiderte ich, »aber unsere betrieblichen Abläufe sind so, dass sie Entscheidungen der dritten Kategorie ohne mich fällen müssen, wenn ich nicht da bin. An dieser Stelle gibt es die größten Probleme. Dazu sind sie offenbar nicht in der Lage.«

»Wissen sie, was das Wichtigste ist?«, hakte er nach.

»Ich weiß nicht genau, was du meinst«, sagte ich. »Das Wichtigste ist nicht immer gleich.« Ich zählte ein paar unterschiedliche Entscheidungstypen auf und erläuterte, wie unterschiedlich die Variablen waren.

»Das meine ich nicht«, erwiderte mein Mentor. »Wissen deine Leute, was dir am wichtigsten ist?« Ich zögerte. Er sah mir tief in die Augen: »Shane, weißt *du*, was dir am wichtigsten ist?« Ich starrte ihn begriffsstutzig an. Er seufzte: »Das Problem ist nicht dein Team. Das Problem bist du. Du weißt nicht, was das Wichtigste ist. Solange du das nicht weißt, werden deine Leute keine Entscheidungen ohne dich treffen. Es ist ihnen zu riskant, sich auf das Wichtigste festzulegen. Mach deinem Team das klar, dann wird es in der Lage sein, selbstständig Entscheidungen zu treffen.«

»Was, wenn sie falsch entscheiden?«

»Solange sie sich bei der Entscheidung am Wichtigsten orientieren, werden sie nicht falschliegen.« Nach einer kurzen Pause fuhr er langsam fort: »Viele Menschen kommen in diesem Beruf nicht weiter, weil sie sich diese eine Sache nicht klarmachen können.«

Ich habe an jenem Tag drei wichtige Dinge gelernt. Erstens: Ich konnte von meinem Team keine selbstständigen Entscheidungen erwarten, wenn ich nicht deutlich machte, wie es diese Entscheidungen treffen sollte. Dazu musste ich einen einzigen, wichtigsten Aspekt in den Mittelpunkt stellen, statt Hunderte von Variablen zu nennen, die es zu bedenken galt. Zweitens: Wenn meine Leute eine Entscheidung anhand des wichtigsten Aspekts trafen und diese Entscheidung sich als falsch herausstellen sollte, durfte ich mich darüber nicht ärgern. Ansonsten würden sie niemals wieder ohne mich entscheiden. Die dritte Lektion war die vielleicht aufschlussreichste: Ich wusste selbst nicht, was das Wichtigste war. Deshalb konnte ich es meinem Team auch nicht sagen.

Schutzmaßnahmen für die Bewertungsphase

Bei jedem Projekt, jedem Ziel und jedem Unternehmen ist immer nur eine Sache das Wichtigste. Wenn Sie zwei oder mehr Dinge für das Wichtigste halten, denken Sie nicht klar. Dies ist ein entscheidender Aspekt der Personalführung und der Problemlösung im Allgemeinen: Sie müssen ein Kriterium auswählen, das Sie über alle anderen stellen und so kommunizieren, dass Ihre Leute es verstehen und anhand dessen eigene Entscheidungen treffen können. Das ist wahre Führungskompetenz. Sie müssen sich darüber im Klaren sein, nach welchen Werten sich die Entscheidungsfindung richten soll. Wenn ich Ihnen sage, dass Kundenfreundlichkeit das Wichtigste ist, wissen Sie, wie Sie ohne mich Entscheidungen treffen können. Wenn Sie eine schlechte Entscheidung treffen, aber der Kunde an erster Stelle steht, kann ich Ihnen keinen Vorwurf machen. Sie haben das getan, was ich wollte.

Allerdings ist es eine hohe Kunst, das Wichtigste zu erkennen. Das muss man üben. Am besten verwenden Sie für diese Übungen Klebezettel. Schreiben Sie zunächst auf jeden Zettel ein Kriterium für die Bewertung Ihrer Optionen – eine Sache, die Ihnen wichtig ist.

Vor meiner Entscheidung, bei Pixel Union – einer der größten und besten Designagenturen im Shopify-Universum – zu investieren, notierte ich mir beispielsweise einige Kriterien, die mir wichtig waren. Dazu gehörten:

- Win-win-Situation für Beschäftigte, Kunden und Aktionäre
- Unternehmen erweitern statt schrumpfen
- Zusammenarbeit mit Menschen, denen ich vertraue
- keine Personalführung und keine weiteren Verpflichtungen
- kein Geld leihen
- hohe Wahrscheinlichkeit einer vernünftigen Rendite

Es gibt noch viele mehr, aber sicher haben Sie jetzt eine Vorstellung. Schreiben Sie auf jeden Zettel jeweils nur ein Kriterium, denn nun folgt der Kampf der Kriterien.

Wählen Sie den Punkt aus, der Ihnen am wichtigsten erscheint, und hängen Sie ihn an die Wand. Dann nehmen Sie sich ein anderes Kriterium. Vergleichen Sie beide und fragen Sie sich: »Wenn ich nur zwischen diesen beiden wählen dürfte, welches wäre wichtiger?«

Bei meinem Beispiel der Pixel-Union-Investition könnte die erste Gegenüberstellung wie folgt aussehen: Rendite erzielen oder keine Personalführung und keine weiteren Pflichten?

Wenn ich nur eines davon haben könnte – wenn für eine Rendite Personalführung nötig wäre oder wenn ich ohne Personalführung weniger Geld verdienen würde –, was würde ich wählen? Ich würde mich dafür entscheiden, mehr Geld zu verdienen, selbst wenn ich dafür Personalführung übernehmen müsste. Also würde ich dieses Kriterium höher ansetzen.

Natürlich wäre ich dazu nur bis zu einem gewissen Grad bereit. Wenn die Personalführung zu zeitaufwendig wäre, müsste ich die Reihenfolge vielleicht ändern. Damit kommen wir zum nächsten Schritt: Mengen dazunehmen. Wenn Ihre Kriterien gegeneinander antreten, werden Sie feststellen, dass es auf die jeweilige Menge ankommt. Deshalb ergänzen Sie diese bei jedem Kriterium.

Angenommen, ich bin bereit, jede Woche fünf bis zehn Stunden extra für Personalführung oder eigene Arbeit aufzuwenden, solange meine Rendite pro Jahr bei mindestens 15 Prozent liegt. Wenn ich mehr als zehn Stunden pro Woche investieren muss, müsste meine Rendite mindestens 20 Prozent pro Jahr betragen, und wenn ich mehr als 20 Stunden pro Woche opfern muss, wäre es mir das nicht mehr wert, unabhängig von der Rendite, da die Opportunitätskosten in Sachen Zeit zu hoch wären.

Wenn Sie die Reihenfolge dieser beiden Kriterien festgelegt haben, ist das nächste Paar an der Reihe. Gehen Sie von oben nach unten vor, lassen Sie Ihre Kriterien gegeneinander antreten und ergänzen Sie dabei die Mengen, die Ihnen wichtig sind.

Bei einer solchen Gegenüberstellung der Kriterienpaare denken Sie vielleicht: »Ich muss doch nicht zwangsläufig zwischen beiden wählen.« Lassen Sie sie trotzdem gegeneinander antreten! Es geht nicht darum, die Kriterien zu vergleichen, sondern herauszufinden, welches Ihnen wichtiger ist.

Vielleicht können Sie im wirklichen Leben beide Kriterien erfüllen – zum Beispiel eine hohe Rendite erzielen und gleichzeitig in ein sozial verantwortliches Unternehmen investieren oder besser in Form kommen und trotzdem dreimal pro Woche auswärts essen oder ein Haus in einer tollen Lage kaufen, das Ihre Mittel nicht übersteigt. Aber wenn wir eine Option gewählt haben, stellen wir oft fest, dass wir ein Kriterium über ein anderes stellen müssen – und sei es auch nur in geringem Maße. Im Kampf der Kriterien geht es meist darum, die Graustufen zu kalibrieren. Es ist eine Gedankenübung, die dafür sorgt, dass Sie nicht nur reagieren, sondern gezielt überlegen.

In dieser Phase ist es oft hilfreich, wenn Sie Ihren Kriterien gewisse Werte beimessen. Indem Sie verschiedene Dinge vergleichen und überlegen, wie viel Sie dafür bezahlen würden – und zwar in Form von Zeit, Geld oder kollektiver Intelligenz –, machen Sie sich klar, was für Sie besonders wichtig ist und was nicht. Sie sind dann gezwungen, in Kategorien von Vorteil und Risiko zu denken, und erkennen Aspekte, die Sie vorher nicht gesehen haben – bisher unsichtbare Kosten werden sichtbar. Aus all diesen Gründen fördert der Kampf der Kriterien Objektivität und Genauigkeit und hilft Ihnen zu ermitteln, was Ihnen am wichtigsten ist.

Sobald Sie Ihre Kriterien und die Reihenfolge ihrer Bedeutung festgelegt haben, müssen Sie diese auf Ihre Optionen anwenden. Dazu benötigen Sie Informationen zu diesen Optionen, die zwei Bedingungen erfüllen: Sie müssen *relevant* und *genau* sein.

Die meisten Informationen sind irrelevant

Wenn Sie Informationen zusammentragen, die für die Entscheidung relevant sind, sollten Sie Folgendes bedenken:

> **Das Targeting-Prinzip**: Machen Sie sich klar, wonach Sie suchen, ehe Sie die Daten sichten.

Wenn man nicht weiß, wonach man sucht, wird man es kaum finden, genauso wie man kaum das Ziel treffen wird, wenn man nicht weiß, was man überhaupt anpeilt. Wenn Sie nicht wissen, was Ihnen wichtig ist, übersehen Sie relevante Dinge oder vergeuden viel Zeit mit Irrelevantem.

Die meisten Informationen sind irrelevant. Um wertvolle Zeit zu sparen, muss man wissen, was man ignorieren kann – wie man das Signal vom Grundrauschen trennt. Denken wir zum Beispiel an Investitionsentscheidungen. Investment-Profis kennen die Variablen, von denen das Ergebnis aller Wahrscheinlichkeit nach abhängen wird, und konzentrieren sich auf diese. Es ist zwar nicht so, dass sie alles andere ignorieren, doch da ihr Hauptaugenmerk auf diesen Variablen liegt, können sie sehr schnell ungeheure Mengen an Informationen filtern.

Wer rasch zwischen Wichtigem und Unwichtigem unterscheiden kann, ist in einer Welt, in der der Informationsfluss nie abreißt, gewaltig im Vorteil.

Wenn Sie wissen, was Sie ignorieren können, können Sie sich auf das Wesentliche konzentrieren. Orientieren Sie sich am Beispiel der Investment-Profis und ermitteln Sie, welche Variablen für die Bewertung der Optionen ausschlaggebend sind, *bevor* Sie Informationen auswerten.

Präzise Informationen aus erster Hand

Wenn es darum geht, genaue Informationen zu erhalten, sollten Sie zwei Prinzipien kennen: das Prinzip der hohen Genauigkeit (*High-Fidelity*-Prinzip) und das Prinzip der hohen Expertise (*High-Expertise*-Prinzip). Das erste liefert Ihnen in einer bestimmten Situation die bestmöglichen Informationen direkt von der Quelle, mit dem zweiten finden Sie die bestmöglichen Informationen von außerhalb.

Das Prinzip der hohen Genauigkeit: Beschaffen Sie sich Informationen aus erster Hand, die nicht durch die Voreingenommenheit und Interessen anderer Menschen gefiltert wurden.

Die Qualität Ihrer Entscheidungen hängt unmittelbar mit der Qualität Ihrer Gedanken zusammen, und die Qualität Ihrer Gedanken hängt unmittelbar mit der Qualität Ihrer Informationen zusammen.

Für viele Menschen sind alle Informationsquellen gleichwertig. Doch das sind sie nicht. Auch wenn man sämtliche Meinungen zu schätzen weiß, sollte längst nicht jede Meinung das gleiche Gewicht oder den gleichen Stellenwert haben.

Die Informationen, die wir aufnehmen, sind oft Zusammenfassungen, Kurzüberblicke oder Destillate. Damit sind sie nur eine Illusion von Wissen. Wir kennen die Antwort, haben sie aber nicht selbst erarbeitet.

So ist es zum Beispiel, wenn Sie eine Ernährungsberatung konsultieren. Die jahrelange Erfahrung und alles Wissen der Beratungsstelle wird zu einer Liste mit empfohlenen Nahrungsmitteln und Verhaltensweisen komprimiert. Wenn Sie nur wissen wollen, was und wie viel Sie essen sollen, wird man Ihnen das sagen. Das ist eine Abstraktion; so, als würde man im Matheunterricht die Lösungen von der Sitznachbarin abschreiben. Sicher, Sie haben die richtige Antwort, aber Sie wissen nicht, warum diese Antwort richtig ist. Ihnen fehlt das Verständnis, und Informationen ohne Verständnis sind eine gefährliche Sache.

Es ist ganz natürlich, dass wir meinen, mit solchen Abstraktionen könnten wir Zeit sparen und bessere Entscheidungen treffen, aber oft ist das leider nicht so. Eine Zusammenfassung haben wir zwar schneller gelesen als das komplette Dokument, aber dabei können viele Details verloren gehen – die Person, von der die Zusammenfassung stammt, fand diese Details vielleicht nicht relevant, doch für Sie selbst könnten sie wichtig sein. Sie sparen zwar Zeit, doch dafür entgehen Ihnen möglicherweise entscheidende Informationen. Oberflächliches Überfliegen lässt blinde Flecken entstehen.

Informationen sind Nahrung für den Geist. Was Sie heute aufnehmen, prägt Ihre Lösungen von morgen. Und so wie Sie für die Nahrung verantwortlich sind, die Sie zu sich nehmen, sind Sie auch für die Informationen verantwortlich, die in Ihren Kopf gelangen. Wenn Sie jeden Tag zu Junkfood greifen, kann das nicht gesund sein, und wenn Sie minderwertige Informationen konsumieren, können Sie keine guten Entscheidungen treffen. Hochwertiger Input führt zu hochwertigem Output.

Der Wunsch nach Abstraktion ist verständlich. Tagtäglich prasseln so viele Informationen auf uns ein, dass sie uns manchmal schier überwältigen. Aber je weiter die ursprüngliche Quelle entfernt ist, desto mehr Filter haben die Informationen durchlaufen, ehe sie uns erreichen. Wer nur Abstraktionen konsumiert, ernährt sich quasi von Junkfood: Der Nährwert ist geringer – die Informationen sind nicht so gehaltvoll, sodass man weniger lernt.

Echtes Wissen muss man sich erarbeiten, Abstraktionen sind nur eine Leihgabe. Viele Menschen verlassen sich bei Entscheidungen auf Informationen und Beobachtungen aus Quellen, die nicht unmittelbar mit dem Problem zu tun haben. Solche Abstraktionen öffnen der Ego-Standardeinstellung Tür und Tor, denn so entsteht eine Illusion von Wissen: Wir vertrauen darauf, dass wir die richtige Lösung kennen, ohne das Problem wirklich zu verstehen.

Auf der Basis schlechter Informationen kann man keine guten Entscheidungen treffen. Wenn andere Menschen Entscheidungen treffen, die Sie nicht nachvollziehen können, beruhen diese mit hoher Wahrscheinlichkeit auf Informationen, die von den Ihren abweichen. Junkfood ist auf Dauer ungesund, und schlechter Input führt auf Dauer zu schlechten Entscheidungen.

Wie kommen wir also an bessere Informationen?

Die genauesten Informationen zu einem Problem haben meist diejenigen, die unmittelbar damit zu tun haben. Dafür fehlt ihnen in der Regel eine umfassendere Sicht. Wer bei McDonald's an der Kasse arbeitet, kann ein gängiges Problem im Restaurant besser beheben als jemand, der lediglich Daten analysiert, weiß dagegen aber nicht, wie sich das Problem in das Gesamtbild fügt – ob das Problem überall auftritt, ob es sinnvoll oder nachteilig wäre, die Lösung in allen Restaurants anzuwenden, oder wie man sie global einführen könnte.

Mein Freund Tim Urban hat eine gute Metapher, die dieses Konzept erklärt. In der Gastronomie gibt es Chefköche und Beiköche.[48] Beide können ein Rezept nachkochen. Wenn alles nach Plan läuft, sind Ablauf und Ergebnis gleich. Aber wenn etwas schiefgeht, weiß der Chefkoch, woran das liegt. Der Beikoch weiß es oft nicht. Der Chefkoch hat durch jahrelange Erfahrung, Experimentieren und

Nachdenken tiefgehendes Wissen erworben und kann etwaige Probleme deshalb besser diagnostizieren als ein Beikoch.*

Die Geschichte zeigt, dass sich alle Geistesgrößen auf Informationen stützten, die sie persönlich zusammengetragen hatten. Sie erwarben ihr Wissen auf die harte Tour, in den Schützengräben der Erfahrung oder durch sorgfältiges Studium von Vorbildern. Sie suchten nach ungefilterten Informationen im Urzustand und wagten sich in die Welt hinaus, um direkt mit ihr zu interagieren.

Ein gutes Beispiel ist Leonardo da Vinci. Er führte sein ganzes Leben lang Tagebuch und notierte darin, wie er sich die richtigen Informationen beschaffte. So schrieb er zum Beispiel: »Lass dir vom Meister der Arithmetik zeigen, wie man ein Dreieck quadriert« und »Lass dir von einem Meister der Hydraulik sagen, wie man eine Schleuse, einen Kanal und eine Mühle auf lombardische Weise repariert«.

Große Geister wissen, wie wichtig hochwertige Informationen sind und dass Abstraktionen anderer Menschen oft nur einen begrenzten Nutzen haben.

Wenn Informationen innerhalb einer Organisation weitergegeben werden, verlieren sie an Qualität und Nuancierung. Das ist wie bei dem Kinderspiel »Stille Post«: Man flüstert dem Sitznachbarn einen Satz zu, dieser flüstert ihn weiter, und wenn der Satz die halbe Klasse durchlaufen hat, ist er nicht mehr der gleiche wie zu Beginn. Die Änderungen von einer Person zur anderen sind oft nur minimal, aber je mehr Personen involviert sind, desto mehr summieren sich diese Kleinigkeiten. Genauso ist es, wenn Informationen durch eine Organisation gehen. Sie durchlaufen mehrere Filter, darunter individuelle Verständnisebenen, politische Deutungen und Vorurteile. Einzelheiten werden vom Original abstrahiert, das Signal geht verloren. Dass

* Dies entspricht Nassim Talebs Konzept von der *Domain Dependence*: Wir kennen die Antwort, doch da unser Wissen nicht fundiert genug ist, finden wir keine Lösung, wenn etwas nicht funktioniert, und können unsere Kenntnisse nicht auf ähnliche, aber etwas abweichende Probleme übertragen.

jeder Mensch unterschiedliche Absichten verfolgt, wenn er Informationen weitergibt, macht die Sache noch komplizierter.

Problematisch ist dabei nicht nur die Unzuverlässigkeit der Informationsvermittlung, sondern auch, dass eine Abstraktion immer nur ein begrenztes Maß an Informationen enthalten kann. Stellen Sie sich eine Straßenkarte vor. Sie zeigt eine abstrakte Darstellung einer realen Landschaft. Zu dieser Landschaft gehören Felsen, Pflanzen, Tiere, Städte, Wind und Wetter und vieles andere mehr. Die Karte gibt längst nicht alles wieder, sondern nur das, was für uns relevant ist – etwa Straßen, Flüsse und geografische Grenzen. Diese Merkmale werden aus dem Gesamtbild herausgezogen und so abgebildet, dass sie deutlich werden. (Genau das bedeutet das Wort »Abstraktion«, lateinisch für *wegziehen.*)

Die Karte ist nützlich, weil das weggelassen wurde, was für uns nicht von Belang ist. Allerdings hat bei der Kartenerstellung irgendjemand nach seinen eigenen Maßstäben entschieden, was von Interesse ist und was nicht. Und wenn uns etwas anderes interessiert? Etwa die Bevölkerungsdichte oder die Gesteinsschichten? Dann ist eine Straßenkarte nicht das Richtige für uns, denn diese Aspekte werden darauf nicht berücksichtigt.

Was für Karten gilt, gilt auch für alle anderen Abstraktionen: Es liegt in ihrer Natur, dass sie den Interessen derjenigen entsprechen, die sie erstellen. Wenn diese Personen nicht die gleichen Interessen haben wie Sie selbst, liefern die Abstraktionen Ihnen nicht die Informationen, die Sie brauchen. Zudem wurde alles, was Sie aus zweiter Hand erfahren, wahrscheinlich durch die Interessen der jeweiligen Quelle gefiltert. Und da Ihre Quelle vermutlich nicht die gleichen Interessen hat wie Sie selbst, dürften in deren Zusammenfassungen, Überblicken und Beschreibungen Informationen fehlen, die für Ihre Entscheidung relevant sein könnten.

Wie wichtig exakte Informationen sind, habe ich gelernt, als ich für den CEO eines großen Unternehmens gearbeitet habe. Alles, was auf seinem Schreibtisch landete, ging erst über meinen. Einmal sah ich frühmorgens eine E-Mail, in der eine direkt unterstellte

Person auf ein technisches Problem hinwies, das sich auf den ganzen Betrieb auswirkte. Als ich meinem Chef von dem Problem berichtete, reagierte er mit einer einfachen Frage: »Woher haben Sie diese Information?« Ich erwiderte, ich hätte sie von der zuständigen Abteilungsleitung. Meinem Chef war die Enttäuschung deutlich anzusehen. Im ersten Moment sagte er gar nichts.

Dann erklärte er mit leiser Stimme, seine Entscheidungen könnten nur so gut sein wie seine Informationen.

Ich lieferte ihm keine ungefilterten Hohe-Genauigkeit-Informationen. Er wusste, dass die Leute in der Organisation Informationen oft so vermittelten, dass Fehler vertuscht wurden oder sie selbst gut dastanden. Und er wusste auch, dass die wahren Fakten durch diese Filter eher verschleiert als geklärt wurden.

Wenn Sie bessere Entscheidungen treffen wollen, brauchen Sie bessere Informationen. Wenn möglich, sollten Sie sich Ihr Wissen selbst erarbeiten, Dinge mit eigenen Augen sehen oder selbst erledigen. Die besten Informationen sind manchmal diejenigen, die sich am schlechtesten vermitteln lassen.

Informationen von hoher Genauigkeit eröffnen bessere Optionen

Der US-General George Marshall war eine außerordentlich kompetente und selbstlose Führungspersönlichkeit. Das Wohlergehen seiner Truppe überließ er nie dem Zufall. Er legte Wert auf Informationen von hoher Genauigkeit und bezog sie immer aus erster Hand.

Während des Zweiten Weltkriegs hatte er es mit einer schwierigen Situation zu tun: Die Piloten der US-Luftwaffe im Pazifik wollten nicht fliegen. Den Berichten entnahm Marshall, dass das mit den Flugzeugen zu tun hatte. Um Ersatzteile ging es nicht, denn die Männer bekamen alles, was sie brauchten. Marshall erkundigte sich, ob die Piloten Änderungen an den Flugzeugen verlangten.

Die amerikanischen Bomber waren schwerer und weniger wendig als die japanischen Trägerjagdflugzeuge, also ließ er bei einem Flieger die Panzerung abnehmen, um das Gewicht zu reduzieren. Aber das war nicht das Problem. Die Piloten wollten nicht auf die Panzerung verzichten.

Marshall konnte nicht nachvollziehen, was los war. Gespräche mit dem Kommandanten machten ihn nicht schlauer, deshalb tat er das, was er häufig machte: Er schickte jemanden mit dem Auftrag, »sich umzuschauen und auf Dinge zu achten, die nicht gemeldet wurden – nicht nur auf das, worüber geklagt wurde«. Niemand hat es gern, wenn jemand von »oben« kommt, um nach dem Rechten zu sehen, weder ein Kommandant noch ein Beikoch. Alle reagierten mit Argwohn. Aber Marshall brauchte jemanden, der vor Ort Augen und Ohren offen hielt, um der Sache auf den Grund zu gehen. Er wusste, dass er die nötigen Antworten nur direkt an der Quelle bekommen würde.

Marshalls Abgesandter brachte Folgendes ans Licht: Das Bodenpersonal der Luftwaffe hatte keinen Mückenschutz. Die Männer arbeiteten nachts im Scheinwerferlicht an den Flugzeugen und wurden dabei von Moskitos förmlich aufgefressen. Malaria oder Malariamittel hatten die Mechaniker so geschwächt, dass die Piloten ihrer Arbeit nicht trauten und nicht mehr fliegen wollten.

Die Leute im Hauptquartier hatten in ihren mückensicheren Regionen keine Vorstellung davon, was im Feld wirklich vor sich ging. Sie lieferten das, was für den Kampfeinsatz nötig war – Munition, Ersatzteile, Lebensmittel –, hatten aber nicht an Moskitonetze gedacht. Als er seine Informationen von hoher Genauigkeit erhielt, entschied Marshall, die ursprünglich vorgesehene Fracht zu ändern und für Netze zu sorgen. Problem gelöst!

Marshall hatte erkannt, dass man ein Problem nur direkt an der Quelle verstehen und lösen kann. Deshalb begab er sich immer wieder selbst an die Front oder schickte Vertraute, um zu ermitteln, was wirklich vor sich ging.[49]

So erhalten Sie Informationen von hoher Genauigkeit

Sie wissen nun also, wie wichtig Informationen von hoher Genauigkeit sind. Mit den folgenden vier Schutzmaßnahmen können Sie sicherstellen, dass Sie diese immer erhalten.

Schutzmaßnahme: *Machen Sie ein Experiment.* **Probieren Sie etwas aus, um zu ermitteln, welche Ergebnisse Sie damit erzielen.**

Mit einem Experiment können Sie ohne großes Risiko wichtige Informationen sammeln. Wenn Sie etwa wissen wollen, ob sich mit einer bestimmten Sache Geld verdienen lässt, könnten Sie etwas zum Verkauf anbieten, das noch gar nicht hergestellt ist. So haben es meine Freunde von *Tuft and Needle* gemacht, die als eines der ersten Unternehmen einen Direktversand von Schaumstoffmatratzen anboten. Beim Kaffee erzählten sie mir einmal eine unglaubliche Geschichte über ihre Anfangszeit. Um ihre Idee zu testen, richteten sie eine Landingpage ein, schalteten ein paar Anzeigen auf Facebook und nahmen Bestellungen entgegen. Damals hatten sie weder ein Produkt noch ein Unternehmen, sondern wollten nur herausfinden, ob jemand Schaumstoffmatratzen bei ihnen kaufen würde. Nachdem ein paar Tage lang Bestellungen eingegangen waren, stand fest, dass ihr Produkt Absatz finden würde. Alle, die etwas bestellt hatten, bekamen eine Erstattung, dann wurde die Firma offiziell gegründet. Dieses Beispiel mag zwar etwas unorthodox sein, aber es gibt viele Möglichkeiten, mithilfe von Experimenten herauszufinden, ob es für ein Produkt oder eine Dienstleistung ausreichend Nachfrage gibt.

Schutzmaßnahme: **Versuchen Sie, Motivation und Absicht Ihrer Quellen zu beurteilen. Denken Sie daran, dass jeder Mensch eine eingeschränkte Sichtweise hat.**

Dass Sie die Motivation und Absicht anderer Menschen richtig einschätzen, ist besonders dann sehr wichtig, wenn Sie nicht die Möglichkeit haben, sich selbst ein Bild zu machen. Wenn Sie sich ausschließlich auf die Informationen und Meinungen anderer verlassen müssen, ist es Ihre Verantwortung, das Objektiv zu berücksichtigen, durch das diese anderen Menschen die Situation betrachten. Jeder Mensch hat eine begrenzte Sicht auf das Problem. Jeder Mensch hat einen blinden Fleck. Wenn Sie für die Entscheidung verantwortlich sind, ist es Ihre Aufgabe, die individuelle Sicht mit anderen Perspektiven zu verknüpfen, um der Realität näherzukommen.

Das, was man für Informationen oder Fakten hält, sind in Wirklichkeit oft nur Meinungen oder wenige Fakten, die mit viel Meinung durchsetzt sind. Wenn Sie beispielsweise Ihr Haus verkaufen wollen, haben alle Beteiligten eine andere Vorstellung davon, was Sie dabei verdienen werden: die Bank, Ihre Immobilienmaklerin, der Makler des Käufers, Ihre Freunde, die Bauprüfung, das Internet und die Behörden. Alle sehen jeweils nur einen Teil des Gesamtbildes. Alle haben unterschiedliche Motivationen und Absichten, die ihre Sicht auf die Welt beeinflussen. Um sich ein klareres Bild von der konkreten Realität zu machen, sollten Sie überlegen, welchen Nutzen jede einzelne Person aus den Informationen zieht, die sie Ihnen liefert, und diese unterschiedlichen Perspektiven miteinander verknüpfen.

Es ist hilfreich, sich die Perspektive anderer Menschen wie ein Brillenglas vorzustellen, durch das sie auf die Welt schauen. Wenn man eine fremde Brille aufsetzt, sieht man, was andere sehen, und kann ihre Gefühle besser nachvollziehen. Aber diese Brille hat blinde Flecken, sodass man wichtige Informationen übersieht oder Fakten mit Meinungen verwechselt. Um das zu erkennen, was anderen entgeht, muss man alle Brillen durchprobieren.

Wenn Sie Informationen von anderen Personen erhalten, müssen Sie unvoreingenommen bleiben. Das bedeutet, dass Sie Ihr eigenes Urteil so lange wie möglich zurückhalten. Es schadet der

Informationsbeschaffung, wenn man anderen das eigene Urteil, eigene Überzeugungen und die eigene Sichtweise aufdrängt. Diskussionen und Widerspruch haben keinen Sinn. Wenn Sie andere kritisieren und darauf hinweisen, dass sie sich irren, werden sie sich gar nicht mehr äußern, und das hemmt den Informationsfluss. Während Sie Informationen sammeln, müssen Sie die Welt mit den Augen anderer Menschen sehen, um zu verstehen, was sie erlebt haben und wie sie das Erlebte verarbeiten. Auch wenn Sie diese Weltsicht nicht teilen, kann sie Ihnen wertvolle Informationen liefern. Stellen Sie Fragen, behalten Sie Ihre Meinung für sich und bleiben Sie aufgeschlossen für andere Sichtweisen.

Schutzmaßnahme: Stellen Sie bei der Informationsbeschaffung Fragen, die zu ausführlichen Antworten führen. Fragen Sie nicht, was jemand denkt, sondern *wie* jemand denkt.

Wenn Sie andere um Rat bitten, erhalten Sie vielleicht die richtige Antwort, haben jedoch nichts gelernt. Nehmen wir an, eine Arbeitsgruppe der Kommunalverwaltung möchte für ein Projekt jemanden für die Softwareentwicklung einstellen, hat in diesem Bereich aber keine Erfahrung und weiß nicht, was es zu beachten gilt. Person A aus der Arbeitsgruppe fragt eine befreundete Entwicklerin: »Wen soll ich für dieses Projekt engagieren?« Person B informiert sich ebenfalls, sagt aber: »Ich muss eine Stelle in der Softwareentwicklung besetzen und würde gerne aus deinen Erfahrungen lernen. Welche Fähigkeiten sollte jemand mitbringen, was kann man später noch lernen? Und warum? Wo finde ich die besten Leute? Wie kann ich diese Fähigkeiten testen?« Und so weiter.

Während Person A vielleicht schon im ersten Gespräch eine konkrete Empfehlung bekommt, sind die Chancen, dass Person B schließlich eine geeignetere Person findet, in meinen Augen deutlich höher. Und das aus folgendem Grund: Person B erkundigt sich nach den Prinzipien, die für die Entscheidungsfindung in diesem Bereich relevant sind, und nicht nach Details zum speziellen Fall. Sie fragt nach dem Wissen, das sich andere erarbeitet haben, und macht sich dieses Wissen zu eigen.

Um gute Entscheidungen treffen zu können, brauchen wir nicht einfach nur Informationen, sondern Informationen, die für unsere Entscheidung relevant sind. Dazu reicht es nicht, nur ein Inventar von Datenpunkten zu erstellen – wir müssen das Warum und das Wie hinter diesen Datenpunkten verstehen, also die Prinzipien, die man in diesem Bereich bei guten Entscheidungen anwendet.

Diese Prinzipien lassen sich durch die richtigen Fragen ermitteln. Ich empfehle die folgenden drei:

Frage 1: *Welche Variablen würden Sie an meiner Stelle für diese Entscheidung nutzen? Wie hängen diese Variablen zusammen?*

Frage 2: *Wissen Sie über dieses Problem etwas, das ich (oder jemand anderes) nicht weiß? Erkennen Sie aufgrund Ihrer Erfahrung etwas, das jemand ohne Ihre Erfahrung nicht erkennt? Wissen Sie etwas, das den meisten Menschen entgeht?*

Frage 3: *Wie sähe Ihr Entscheidungsfindungsprozess aus, wenn Sie an meiner Stelle wären? Wie würden Sie vorgehen? (Oder: Welches Vorgehen würden Sie Ihrer Mutter oder einem Freund raten?)*

Sicher fällt Ihnen auf, dass sich diese Fragestellungen deutlich vom typischen »Das ist das Problem. Was soll ich tun?« unterscheiden. Sie wissen ja: Die Art und Weise, wie Sie Ihre Fragen formulieren, hat entscheidenden Einfluss auf die Qualität der Informationen, die Sie bekommen.

Präzise Informationen von Experten

Wir wissen nun also, dass es wichtig ist, für Informationen von hoher Genauigkeit zu sorgen. Das zweite Prinzip bei der Informationenbeschaffung lautet, dass Sie sich um Informationen mit hoher Expertise bemühen sollten:

> **Das Hohe-Expertise-Prinzip**: Holen Sie Informationen mit hoher Expertise ein – zum einen von Personen mit viel Wissen und/oder Erfahrung in einem spezifischen Bereich, zum anderen von Personen mit Wissen und Erfahrungen in vielen Bereichen.

Wenn Sie sich nicht an einen Menschen wenden können, der unmittelbar mit dem Problem zu tun hat, suchen Sie sich Leute, die kürzlich ein ähnliches Problem gelöst haben. Die Einschränkung »kürzlich« ist dabei sehr wichtig. Spezifischen Expertenrat holen Sie sich am besten von einer Person, die das Problem, mit dem Sie zu tun haben, vor kurzer Zeit gelöst hat. Wenn sich jemand vor 20 Jahren mit etwas Ähnlichem befasst hat, wird die damalige Lösung vermutlich keine spezifischen und effektiven Erkenntnisse liefern. Sie brauchen aktuelle Experten – und damit meine ich nicht die Leute, die sich in Fernseh-Talkshows äußern. Diese sind nämlich nur selten echte Experten.

Experten können Ihnen in kürzester Zeit sehr genaue Informationen liefern. Ein einziger Expertenrat kann oft viel Unklarheit beseitigen, sodass Sie bestimmte Optionen viel schneller formulieren und/oder ausschließen können. Wie wertvoll Expertenrat ist, habe ich aus erster Hand erlebt, als ich anfing, für einen Geheimdienst zu programmieren. Mit früheren Programmierarbeiten war das nicht zu vergleichen, denn in der Schule hatte ich im Prinzip einfach gegoogelt und die Ergebnisse dann zusammengesetzt. Andere hatten schon längst eine Lösung gefunden, und diese

Lösungen hatten sich nicht entscheidend verändert. Mein Job beim Geheimdienst war dagegen viel schwieriger. Aus Sicherheitsgründen war es verboten, für unsere Programmieraufgaben Google zu nutzen, und selbst wenn es erlaubt gewesen wäre, hätte uns das nicht viel gebracht: Wir arbeiteten an Dingen, mit denen sich noch niemand befasst hatte.

Nach ein paar Monaten kam ich bei einem Problem nicht weiter. Kein Stück! Zwar betrachtete ich Probleme damals immer aus unterschiedlichen Blickwinkeln, doch letztlich war ich davon überzeugt, dass ich mich nur richtig anstrengen musste, um auf die Lösung zu kommen. Es vergingen Tage und Wochen. Ich konnte mir nicht erklären, was los war. Schließlich wandte ich mich ganz verschämt an einen Kollegen, der bereits an einem ähnlichen Problem gearbeitet hatte, und erklärte ihm, wo ich feststeckte.

»Zeig mir mal deinen Code«, sagte er. Keine zwanzig Minuten später hatte er herausgefunden, wo der Fehler lag: Die Beschreibung in der Dokumentation unterschied sich minimal von dem, was in bestimmten Ausnahmefällen tatsächlich geschah. Da kaum jemand mit diesen Ausnahmefällen zu tun hatte, war das Problem nirgends dokumentiert. Der Kollege hatte sich jedoch mit genau diesem Problem befasst, lange daran getüftelt und es schließlich gemeistert. Er war gerne bereit, sein hart erarbeitetes Wissen an mich weiterzugeben. Ich ärgerte mich zwar ein wenig, dass ich aus Sturheit Wochen vergeudet hatte, aber dieser Kontakt war der Auftakt einer langjährigen Beziehung, in der ich viel von ihm gelernt habe.

Die Meinung eines einzigen Experten kann hilfreicher sein als die Gedanken und Vermutungen von Dutzenden oder Hunderten Amateuren. Aber wie finden Sie einen Experten, der Sie unterstützt?

Ich kenne den Expertenrat von beiden Seiten, als Geber und als Empfänger. Ich bitte ständig Experten um Rat und werde selbst von Tausenden kontaktiert, die sich von mir Beratung wünschen. Im Folgenden möchte ich darlegen, welche Erfahrungen ich im Umgang mit Experten gemacht habe.

Experten für sich gewinnen

Viele Menschen wenden sich niemals an Experten – entweder kommt es ihnen nicht in den Sinn oder sie möchten nicht aufdringlich sein. Wenn wir Experten persönlich kennen, ist es uns manchmal peinlich, sie um Rat zu fragen. Schließlich könnte sich dabei herausstellen, dass wir weniger wissen, als sie dachten!

Falls Sie derartige Befürchtungen haben, sollten Sie sich zunächst einmal klarmachen, dass Experten ihr Wissen *liebend gerne* weitergeben, wenn es für andere wertvoll ist. Leben und Arbeit erscheinen uns sinnvoller, wenn wir anderen dabei helfen, ihre Ziele zu erreichen. Denken Sie nur einmal an Situationen zurück, in denen Sie jemandem mit etwas geholfen haben, das Sie sehr gut beherrschen. Wie haben Sie sich dabei gefühlt? Für die meisten von uns ist es schön, das eigene Fachwissen weiterzugeben. Wenn wir etwas gut können, tun wir das gern und genießen auch die Anerkennung, die wir dafür bekommen.

Allerdings behandeln Experten nicht alle Anliegen gleich. Manche Anfragen sind eher unangenehm, etwa solche, in denen es im Prinzip heißt: »Sag mir, was ich machen soll.« Wer so fragt, hat sich oft keine Mühe gegeben, sondern will die Entscheidungsarbeit auf andere abwälzen. Ich erhalte jedes Jahr Hunderte, wenn nicht Tausende Anfragen dieser Art. Viele Leute wollen, dass ich ihre Probleme für sie löse. Sie legen auf zwanzig Seiten ihre Gedanken dar und fragen dann: »Was soll ich tun?«*

Sie wissen mittlerweile: Das Ziel kann nicht sein, dass Ihnen jemand sagt, was zu tun ist; vielmehr sollten Sie sich erkundigen, wie Experten über das Problem denken, welche Variablen sie für relevant halten und wie diese Variablen im Laufe der Zeit zusammenwirken. Wenn Sie Ihr Problem schildern und ein Experte daraufhin sagt, was zu tun ist, bekommen Sie eine Abstraktion. Die

* Das führt nie zum Erfolg. Wenn sie keinen Mehrwert bieten und ihren Standpunkt nicht in wenigen Sätzen vermitteln können, lese ich ihre Nachrichten gar nicht.

Antwort mag zwar richtig sein, aber Sie lernen nichts daraus. Und wenn etwas schiefgeht, was unweigerlich irgendwann geschieht, haben Sie keine Ahnung, woran es liegt. Sie sind ein Beikoch, der sich als Chefkoch ausgibt. Wenn Experten Ihnen dagegen verraten, *wie* sie über das Problem denken, dann entwickeln Sie mit der Zeit ein tieferes Verständnis.

Deshalb wollen wir nun darauf eingehen, wie Sie Experten so ansprechen können, dass Ihre Anfrage aus der Masse hervorsticht und man Ihnen gerne weiterhilft. Dazu habe ich fünf Tipps:

- **Zeigen Sie, was Sie bereits investiert haben.** Wenn Sie sich an Experten wenden, sollten Sie klarmachen, wie viel Zeit, Energie und Geld Sie bereits in das Problem gesteckt haben. Machen Sie deutlich, dass Sie sich bemüht haben und jetzt nicht weiterkommen. Auf Anfragen von Personen, die offensichtlich viel in die Lösung eines Problems investiert haben und sich erkennbar große Mühe mit einem Pitch für eine sehr spezifische Sache gegeben haben, bei der ich helfen kann, antworte ich gerne und bereitwillig. Allerdings kommen auch E-Mails, in denen es heißt: »Hey Shane, in welche Aktien sollte ich investieren?« Was würden Sie lieber beantworten?
- **Formulieren Sie Ihre Anfrage präzise.** Machen Sie ganz deutlich, was Sie möchten. Soll jemand Ihren Plan überprüfen und Ihnen Feedback geben? Möchten Sie, dass Ihnen jemand Kontakt zu Leuten verschafft, die das Problem lösen können? Ganz gleich, was Sie wollen, formulieren Sie es eindeutig.
- **Zeigen Sie Respekt vor Zeit und Aufwand.** Man wird Ihre Bitte weitaus wohlwollender aufnehmen, wenn Sie darin ausdrücklich erwähnen, wie sehr Sie die Zeit und den Aufwand des Experten respektieren. Auch dem Menschen gegenüber sollten Sie Respekt zeigen. Bitten Sie also nicht darum, eine Viertelstunde lang ein paar Fragen stellen zu dürfen, sondern erkundigen Sie sich, ob der jeweilige Experte einmalige Beratungsgespräche anbietet und wie viel so etwas kostet. Experten sind teuer, und das meist aus gutem Grund. Wenn Sie 1000 oder 2000 Dollar pro Stunde

berappen müssen, sollten Sie sich vor dem Gespräch über Ihre Absichten im Klaren sein. Wenn Sie Experten für ihre Zeit bezahlen, ist das nicht nur die Gegenleistung für den Mehrwert, den Sie erhalten, sondern Sie zwingen sich damit auch dazu, im Gespräch auf den Punkt zu kommen und keine kostbare Zeit zu verschwenden.

- **Fragen Sie nach Gründen und hören Sie zu.** Wie bereits erwähnt, sollten Sie Experten nicht nur fragen, *was* sie denken, sondern auch, *wie* sie denken. Nutzen Sie die Chance, von ihnen zu lernen, wie man Dinge richtig beurteilt, damit Sie künftig genauso vorgehen können. Sie müssen nicht einer Meinung sein, sollten jedoch bedenken: Die Experten sollen nicht Ihr Problem für Sie lösen, sondern Ihnen vermitteln, wie man besser denkt.
- **Geben Sie Rückmeldung.** Wenn Sie ein Netzwerk aufbauen wollen und sich langfristigen Kontakt wünschen, sollten Sie nachfassen und über Ihre Fortschritte berichten, und zwar unabhängig vom Ergebnis. Ganz gleich, ob der Expertenrat im aktuellen Fall geholfen hat oder nicht: Wenn Sie sich melden und von Ihren Fortschritten berichten, werden die Experten eher bereit sein, Ihnen auch in Zukunft zu helfen. Wenn sie sehen, dass Sie ihren Rat beherzigt haben, können Sie mit erneuter Unterstützung rechnen.

Natürlich können die meisten Experten nicht allen antworten, die sich an sie wenden. Deshalb empfiehlt es sich, eine persönliche Beziehung zu solchen Leuten aufzubauen, noch ehe Sie ihre Hilfe benötigen. Dann ist die Anfrage nicht rein transaktional. Es lässt sich unmöglich vorhersehen, in welchen Bereichen Sie eines Tages einen Expertenrat benötigen werden, und genau deshalb sollten Sie sowohl im privaten als auch im beruflichen Bereich ein weites Netz auswerfen. Letzte Woche hatte ich in meinem Posteingang 53 Mails, die in der einen oder anderen Form um »Hilfe« gebeten haben. Zwei davon kamen von Freunden. Ich kann nicht allen antworten, für wen also werde ich meine Zeit opfern?

Experten oder Blender?

Informationen hoher Expertise erhalten Sie, wenn Sie sich von echten Experten helfen lassen. Allerdings gibt es nur zu viele, die sich als Experten ausgeben (oder von anderen als Experten bezeichnet werden), obwohl sie es gar nicht sind.

> **Schutzmaßnahme:** *Nehmen Sie sich Zeit, um echte Experten von Blendern zu unterscheiden.* **Nicht alle, die sich als Experten ausgeben, sind es auch. Nehmen Sie sich die Zeit, den Unterschied zu erkennen.**

Denken Sie nur an all die Vermögensverwalter, die ihre Argumente von Warren Buffett abkupfern. Sie klingen vielleicht wie Buffett, aber sie kennen sich mit Investitionen längst nicht so gut aus wie er. Sie sind Blender. Charlie Munger hat dies einmal so kommentiert: »Es ist nicht leicht, einen guten Vermögensverwalter von jemandem zu unterscheiden, der nur die richtigen Sprüche kennt.«

Aber was tun, wenn Sie selbst kein Expertenwissen haben? Wie erkennt man den Unterschied zwischen Experten und Blendern?

Experten sind meist von ihrem Fachgebiet begeistert. Deshalb beherrschen sie es so gut: Sie verbringen sogar ihre Freizeit damit, ihr Wissen und ihre Fähigkeiten zu pflegen und zu optimieren, und das merkt man ihnen an. Blendern dagegen ist es nicht wichtig, dass sie gut sind, sie wollen nur gut wirken. Deshalb sind sie anfällig für die Ego-Standardeinstellung, und das macht sich ebenfalls bemerkbar.

Auf die folgenden Dinge sollten Sie achten:

- **Blender können keine tiefergehenden Fragen beantworten.** Spezialwissen kann man nicht lernen, man muss es sich erarbeiten;* deshalb haben Blender die Konzepte, von denen sie reden, nicht umfassend verstanden. Ihr Wissen ist oberflächlich. Wenn man sie nach Einzelheiten, grundlegenden Prinzipien oder ungewöhnlichen Fällen fragt, können sie keine guten Antworten liefern.
- **Blender können ihre Wortwahl nicht variieren.** Sie können Dinge nur mit dem Vokabular erklären, das sie gelernt haben und das oft voller Floskeln steckt. Da sie die Konzepte hinter den Begriffen nicht richtig verstehen, können sie diese Konzepte nicht so umformulieren, dass sie für ihr Publikum verständlicher werden.
- **Blender reagieren verärgert, wenn Sie etwas nicht verstehen.** Das liegt daran, dass die Blender sich so bemühen, kompetent zu wirken – und diesen Schein können sie unter Umständen nicht aufrechterhalten, wenn sie bei einer Erklärung besonders ins Detail gehen müssen. Echte Experten haben sich ihr Fachwissen erarbeitet und geben es nur zu gerne weiter. Sie ärgern sich nicht, wenn Sie etwas nicht verstehen, sondern freuen sich über Ihr echtes Interesse an einer Sache, die ihnen wichtig ist.
- **Experten können berichten, wie sie schon einmal gescheitert sind.** Sie wissen und akzeptieren, dass ein gewisses Scheitern oft zum Lernprozess dazugehört. Blender dagegen geben Fehler ungern zu, weil sie fürchten, damit dem Bild zu schaden, das sie vermitteln wollen.
- **Blender wissen nicht, wo die Grenzen ihres Fachwissens sind.** Experten wissen, was sie wissen, und wissen auch, was sie nicht wissen. Sie wissen, dass ihre Kenntnisse Grenzen haben, und

---

* Das ist eine Anspielung auf ein Zitat von Naval Ravikant. »Specific knowledge cannot be taught, but it can be learned.« *[Spezialwissen kann man nicht lehren, aber man kann es erlernen.]* (@naval), Twitter, 17. Januar 2019, 22.48 Uhr, https://twitter.com/naval/status/1086108038539309061.

können Ihnen sagen, wann die Grenzen ihrer Kompetenzen erreicht sind. Blender können das nicht. Sie können nicht sagen, wann sie die Grenze zu dem überschreiten, was sie nicht verstehen.

Ein letztes Wort zum Unterschied zwischen Experten und Blendern: Wer sich über ein Thema informiert, will dafür oft keine Zeit für Originalforschungsarbeiten oder stundenlange Expertenvorträge opfern, sondern liest lieber Zusammenfassungen, die das Wissen in Kurzform vermitteln sollen. Machen Sie sich noch einmal deutlich, wie sich ein akademischer Aufsatz von einem Zeitungsbericht zu einem bestimmten Thema unterscheidet. Sogenannte Populisatoren wissen zwar mehr als Laien, haben aber kein Expertenwissen. Vielmehr haben sie die Fähigkeit, Ideen klar und einprägsam zu vermitteln, sodass man sie oft fälschlicherweise für Experten hält. Behalten Sie das im Hinterkopf, wenn Sie sich auf die Suche nach Experten machen: Das wahre Fachwissen haben oft nicht diejenigen, die ein Thema populär gemacht haben.

4.
Aktiv werden

Sie haben sich Optionen überlegt. Sie haben die Optionen bewertet. Sie haben die beste gefunden. Jetzt ist es Zeit zu handeln!

Wenn Sie wissen, was zu tun ist, gibt es keinen Grund, noch länger zu warten. Wenn Sie Ergebnisse wollen, müssen Sie handeln.

Ein Urteil zu fällen und auszuführen, ist einfacher, als es scheint, und schwieriger, als manche sich das vorstellen. Wenn wir nicht handeln, liegt es oft daran, dass wir die Konsequenzen fürchten. Auch wenn wir eigentlich wissen, was wir tun sollten, scheuen wir uns davor, tatsächlich zur Tat zu schreiten. Wir wollen Gespräche vermeiden, die andere kränken könnten. Wir wollen eine nette Person nicht entlassen, auch wenn wir wissen, dass sie nicht die Richtige für den Job ist.

Die Ego-, die soziale und die Trägheits-Standardeinstellung versuchen mit vereinten Kräften, unsere Entschlossenheit zu schwächen und uns von dem abzuhalten, was wir tun müssen. Doch nicht nur deshalb fällt es uns schwer, aktiv zu werden.

Ein weiterer wichtiger Grund, der uns am Handeln hindert, ist die Angst, dass wir falschliegen. In diesem Fall werden wir durch Trägheit gehemmt und tragen immer mehr Informationen zusammen, weil wir die falsche Hoffnung haben, damit die Ungewissheit irgendwann zu beseitigen.

Mit drei Prinzipien können Sie erkennen, wann Sie nicht länger überlegen, sondern handeln sollten. Zunächst jedoch wollen wir darauf eingehen, wie sich Entscheidungen sinnvoll einordnen lassen – nämlich anhand dessen, wie *folgenreich* und *revidierbar* sie sind.

Folgenreichtum und Revidierbarkeit

Folgenreiche Entscheidungen betreffen das, was besonders wichtig ist: wen Sie heiraten, wo Sie wohnen, welches Unternehmen Sie gründen. Je stärker sich eine Entscheidung auf kurze oder lange Sicht auf das auswirkt, was Ihnen wichtig ist, desto folgenreicher ist sie.

Revidierbare Entscheidungen können im Nachhinein rückgängig gemacht werden. Je schwieriger oder kostspieliger es ist, die Folgen einer Entscheidung rückgängig zu machen, desto weniger revidierbar ist sie. Ein Schokoriegel ist schnell verspeist, aber wenn man ihn gegessen hat, ist es geschehen und lässt sich nicht mehr ungeschehen machen. Genauso ist es, wenn man ein Kind bekommt. Wenn es einmal da ist, kann man es nicht mehr rückgängig machen (und man möchte es natürlich auch nicht!). Das andere Extrem wäre eine Entscheidung, deren Folgen sich ohne Weiteres abstellen lassen. Wenn ich für irgendetwas ein kostenloses 14-tägiges Probeabo abschließe, weiß ich genau, dass ich diese Entscheidung mühelos rückgängig machen kann.

Entscheidungen lassen sich anhand von Folgenreichtum und Revidierbarkeit in einem Diagramm darstellen (siehe Abbildung). Zwei Entscheidungsvarianten verdienen dabei besondere Aufmerksamkeit: Entscheidungen, die sehr folgenreich und nicht revidierbar sind, und Entscheidungen, die folgenlos und sehr leicht revidierbar sind.

Ist eine Entscheidung sehr folgenreich und unumkehrbar, so betreffen ihre Auswirkungen das ganze Leben und lassen sich nicht mehr stoppen. Manchmal werden solche Entscheidungen als »Start-Dominos« bezeichnet.

Bei Entscheidungen, die wie der erste Dominostein in einer langen Reihe wirken, haben Fehler einen hohen Preis. Ganz anders verhält es sich bei Entscheidungen, die folgenlos und leicht rückgängig zu machen sind. Dann sind die Kosten eines Fehlers gering: Wenn Ihnen das Ergebnis nicht gefällt, können Sie es einfach wieder ändern. Der größte Schaden besteht in solchen Fällen darin, dass Sie Zeit und geistige Energie vergeudet haben. Bei Entscheidungen, die man rückgängig machen kann oder die keine große Rolle spielen, ist es Ressourcenverschwendung, allzu lange Informationen zusammenzutragen.

Wenn Sie schon einmal eine Matratze gekauft haben, wissen Sie genau, was ich meine. Sie verbringen Stunden – oder gar Tage – damit, sich verschiedene Varianten anzusehen, Bewertungen zu lesen, Preise zu vergleichen und zu überlegen, ob Sie Warm- oder Kaltschläfer sind. Schließlich entscheiden Sie sich für ein Modell und lassen es liefern, müssen dann jedoch feststellen, dass es nicht Ihren Vorstellungen entspricht. Also tauschen Sie die Matratze gegen eine nächstbeste Alternative. Sie hätten sich Stunden oder gar Tage gespart, hätten Sie sich einfach vergewissert, dass eine kostenlose Rückgabe möglich ist, innerhalb einer Stunde eine Matratze ausgewählt und die Sache abgehakt. Wenn die Kosten für einen Fehler gering sind, sollten Sie schnell handeln.

Entscheidungsarten

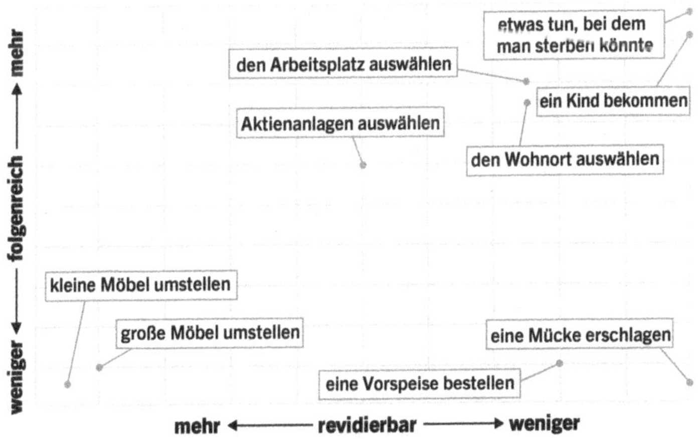

Drei Handlungsprinzipien

Da wir nun wissen, wie sich Entscheidungen anhand von Folgenreichtum und Revidierbarkeit einordnen lassen, können wir uns mit drei verschiedenen Prinzipien befassen. Das erste lautet:

> **Das ASAP-Prinzip**: Wenn eine Entscheidung folgenlos und leicht revidierbar ist, sollte sie so schnell wie möglich getroffen werden, also ASAP (= *as soon as possible*).

Bei ganz besonders folgenlosen Fragen kann ein Entscheidungsprozess sogar eine unnötige Ressourcenverschwendung sein. Wählen Sie einfach. Entscheiden Sie sich schnell und ziehen Sie Ihre Lehren aus den Folgen. So sparen Sie Zeit, Energie und Ressourcen für die wirklich wichtigen Entscheidungen.

Ist die Entscheidung hingegen sehr folgenschwer und irreversibel, dann steht viel auf dem Spiel. In diesem Fall ist die Gefahr groß, bei zu schnellem Handeln etwas Wichtiges zu übersehen. Sie brauchen so viele Informationen wie möglich, ehe Sie eine Entscheidung treffen. Daher lautet das zweite Prinzip:

> **Das ALAP-Prinzip**: Wenn eine Entscheidung sehr folgenreich ist und nur schwer oder gar nicht revidiert werden kann, sollten Sie mit dieser Entscheidung so lange wie möglich warten. Entscheiden Sie in diesem Fall ALAP (= *as late as possible*).

Dabei sollten Sie nicht vergessen, auch die Kosten für die Analyse in Ihre Entscheidung einzubeziehen. Viele Menschen tun das nicht. Bei den meisten Entscheidungen gilt es, das richtige Gleichgewicht aus Tempo und Genauigkeit zu finden. Wenn Sie für kleine Entscheidungen zu lange brauchen, verschwenden Sie Zeit und Energie, auch wenn Ihre Entscheidung dafür vielleicht besonders gelungen ist. Wenn Sie zu schnell handeln, entgehen Ihnen wichtige Informationen, Sie stützen sich auf Vermutungen, übersehen grundlegende Aspekte, fällen vorschnelle Urteile und lösen oft das falsche Problem. Wenn es hektisch zugeht – und selbst wenn die Zeit drängt –, müssen Sie das Tempo drosseln, wenigstens ein bisschen.

Ein Beispiel dafür liefert Michael Lewis in seinem Buch *Aus der Welt*: Er erzählt von einer Frau, die nach einem Frontalzusammenstoß mit einem anderen Auto ins Sunnybrook-Krankenhaus gebracht wurde.[50] Die Klinik liegt direkt an der meistbefahrenen Autobahnstrecke Kanadas und ist auf die Behandlung von Notfällen und Verletzungen nach Autounfällen spezialisiert, doch die Frau hatte so viele Brüche, dass einige Frakturen übersehen wurden. Don Redelmeier war als Epidemiologe am Sunnybrook dafür zuständig, »das Denken der Fachkräfte auf Irrtümer zu überprüfen«. Er sollte also kontrollieren, wie andere dachten. »Wo es Ungewissheit gibt, muss es immer auch ein Urteil geben«, so Redelmeier, »und wo es ein Urteil gibt, kann die menschliche Fehlbarkeit zum Tragen kommen.« Ärzte mögen zwar Experten sein, aber sie sind trotzdem nur Menschen, trotzdem fehlbar, und zu allem Überfluss erhalten sie von ihren Patienten oft unzuverlässige Informationen.

Wenn unter Zeitdruck Entscheidungen über Leben und Tod zu treffen sind, achten wir oft nur auf das, wofür wir ausgebildet wurden, und übersehen anderes, das ebenfalls relevant ist. In diesem Fall hatte die Frau neben all den Frakturen noch ein weiteres Problem: Ihr Herz schlug sehr unregelmäßig. Ehe sie das Bewusstsein verlor, erwähnte sie eine Schilddrüsenüberfunktion, eine typische Ursache für unregelmäßigen Herzschlag.

Redelmeier kam dazu, als man der Frau gerade Medikamente gegen die Schilddrüsenüberfunktion verabreichen wollte: »[Er bat] alle, langsam zu machen. Abzuwarten. Nur einen Moment. Um ihr Denken zu überprüfen und sicher zu sein, dass sie nicht versuchten, die Fakten in eine einfache, schlüssige, aber falsche Geschichte zu pressen.«[51]

Er wollte das Tempo drosseln, denn das medizinische Team hatte vorschnell eine scheinbar passende Schlussfolgerung gezogen und andere Gründe außer Acht gelassen: »Schilddrüsenüberfunktion ist eine klassische Ursache für einen unregelmäßigen Herzrhythmus – aber sehr selten«, sagte er später. Die Erklärung passte zwar, war jedoch unwahrscheinlich – möglich, aber nicht naheliegend.

Bei der Suche nach anderen Ursachen stellte sich schnell heraus, dass die Lunge der Frau kollabiert war. Diese Problematik war auf den Röntgenbildern genauso wenig zu erkennen gewesen wie die gebrochenen Rippen. Doch im Gegensatz zu den Rippenfrakturen bedeutete die kollabierte Lunge Lebensgefahr. Also wurde statt der Schilddrüse nun die Lunge behandelt, und der Herzrhythmus der Patientin normalisierte sich. Am nächsten Tag kamen die Ergebnisse der Schilddrüsenuntersuchung: Die Hormonproduktion war vollkommen normal. »Wenn sich spontan eine einfache Diagnose aufdrängt, die auf wunderbare Weise alles erklärt, ist Vorsicht geboten. In diesem Moment muss man innehalten und seine Schlussfolgerungen hinterfragen«, so Redelmeier.

Wenn viel auf dem Spiel steht und es kein Zurück gibt, sollten Sie erst im letztmöglichen Moment entscheiden und sich so viele Optionen wie möglich offenhalten, während Sie weiterhin Informationen sammeln.

In der Fahrschule lernen wir, auf der Autobahn bei hohem Tempo ausreichend Abstand zu halten, weil andere unerwartet die Spur wechseln oder abrupt abbremsen könnten. Ist der Abstand groß genug, halten Sie sich alle Optionen offen, was auch geschehen mag. Genau deshalb sollten Sie mit einer wichtigen Entscheidung so lange wie möglich warten. Sie sollten sich für die Zukunft möglichst viele Optionen offenhalten, denn dann haben Sie Spielraum für Ausweichmanöver, wenn sich etwas ändern sollte, und können den Weg einschlagen, der die größten Chancen bietet.

Wie erkennen Sie, wann endlich Zeit zum Handeln ist?

Wenn Scheitern nicht viel kostet, ist das Tempo, mit dem Sie eine Entscheidung treffen, genauso wichtig wie die Entscheidung selbst.

Wenn ein Misserfolg Sie teuer zu stehen käme, ist es sinnvoll, sich umfassend zu informieren, ehe Sie handeln.

Ihre Standardeinstellungen können Sie dazu verleiten, Nichthandeln mit Vorsicht zu entschuldigen. Also seien Sie auf der Hut! Wer schon einmal zu lange an einem aussichtslosen Job, einer gescheiterten Beziehung oder einer Fehlinvestition festgehalten hat, wird bestätigen, dass man irgendwann so viele Informationen zusammengetragen hat, dass sich das Weitersammeln nicht mehr lohnt – ab einem gewissen Punkt sind die Kosten für die verlorene Zeit oder die verlorenen Chancen höher als der Wert der zusätzlichen Informationen.

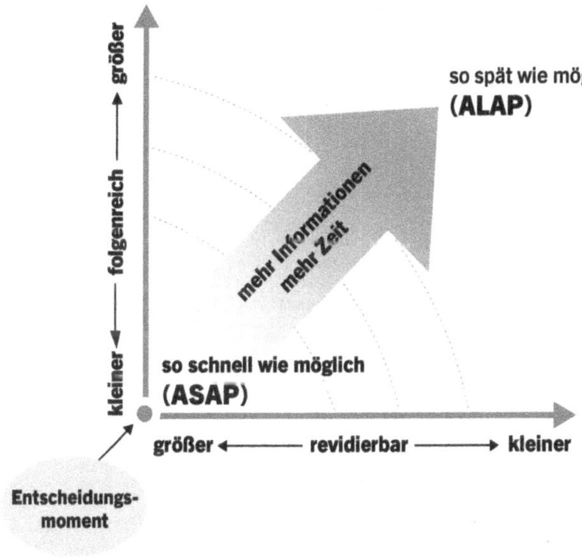

Ein Freund von mir arbeitet mit Ingenieuren zusammen, die, wie er sagt, meist ziemlich risikoscheu sind: Sie warten mit Entscheidungen so lange wie möglich und erkennen nicht, wann sie schneller handeln sollten. »Sie denken immer, dass ihre Entscheidung stichhaltiger wird, wenn sie noch mehr Daten zusammentragen«, so mein Freund, »auch wenn sie schon monatelang Prototypen entwickelt und Informationen gesammelt haben. Sie wissen nicht, wann sie es gut sein lassen und sich festlegen sollten. Außerdem verlieren sie mit der Zeit das Interesse an dem Problem, wenn sie nur noch Besprechungen abhalten, Anpassungen vornehmen, Informationen sammeln und ein gigantisches Dokument abfassen, das erläutert, wie ihre Entscheidung zustande gekommen ist. Im Prinzip ist ihnen klar, wie man Entscheidungen trifft, aber es fällt ihnen ungemein schwer zu erkennen, wann es genug ist.« Und das gilt nicht nur für Ingenieure.

Heutzutage stehen uns so viele Daten zur Verfügung, dass wir bei Entscheidungen immer anfälliger für die sogenannte Analyselähmung werden. Wenn Sie schon einmal von dieser Lähmung betroffen waren, kann Ihnen ein drittes Prinzip zeigen, wann Sie nicht mehr überlegen, sondern endlich handeln sollten:

> **Das *Stop-, Flop-, Know*-Prinzip**: Sie haben genug Informationen und sollten Ihre Entscheidung in die Tat umsetzen, wenn Sie keine nützlichen Informationen mehr sammeln (***Stop*** *gathering useful information*), wenn Ihnen erstmals eine gute Chance entgeht (***F****irst* ***L****ose an* ***OP****portunity*) oder wenn Sie etwas erfahren (***Know***), das Ihnen deutlich zeigt, welche Option Sie wählen sollten.

Diese drei Bedingungen wollen wir nun ausführlicher betrachten.

Zunächst *Stop*: Wenn Sie keine nützlichen Informationen mehr sammeln, ist es Zeit, zu handeln. Mehr Informationen sind nicht immer besser, und es gibt gewisse Anzeichen dafür, dass Sie genug Informationen zusammengetragen haben. In einem Interview erzählte mir Adam Robinson,[52] der Mitgründer der *Princeton Review*, von einer bahnbrechenden Studie des Psychologen Paul Slovic aus dem Jahr 1974, die deutlich machte, warum es sich nicht lohnt, zu viele Informationen zu sammeln.

Slovic rekrutierte für seine Studie acht Buchmacher und sagte ihnen, er wolle feststellen, wie gut sie die Sieger von 40 Pferderennen in vier Runden mit je zehn Rennen vorhersagen konnten. In der ersten Runde konnte sich jeder Buchmacher fünf beliebige Informationen zu jedem Pferd aussuchen. Einer wollte zum Beispiel Größe und Gewicht des Jockeys wissen, ein anderer die bisher beste Platzierung des Pferdes. Die Buchmacher mussten auch angeben, wie sicher sie sich mit ihren Vorhersagen waren.

Nach der ersten Runde mit nur fünf Informationen lagen die Prognosen zu 17 Prozent richtig. Da in jedem Rennen zehn Pferde mitliefen, war die Trefferquote also 70 Prozent besser als die zehnprozentige Chance, die die Buchmacher ohne jede Information gehabt hätten. Das Vertrauen auf die Richtigkeit ihrer Vorhersagen lag bei 19 Prozent, entsprach also in etwa den tatsächlichen Ergebnissen.

Mit jeder Runde erhielten die Männer weitere Angaben. In der zweiten Runde waren es zehn Informationen, in der dritten Runde 20 und in der vierten und letzten Runde 40.

In der letzten Runde waren die Prognosen noch immer zu 17 Prozent richtig, doch das Vertrauen auf die Richtigkeit war mit den 35 weiteren Informationen bis auf 34 Prozent angestiegen. Die zusätzlichen Informationen erhöhten also nicht die Genauigkeit, sondern die Zuversicht.

Die Zuversicht steigt somit schneller als die Genauigkeit. »Ein Zuviel an Informationen ist deshalb problematisch«, so Robinson, »weil man sie nicht vernünftig verarbeiten kann.« So wird nur die Voreingenommenheit genährt. Wir ignorieren zusätzliche Informationen, die nicht zu unserer Ansicht passen, und gewinnen Zuversicht durch den Teil der Informationen, der uns bestätigt.

Private und berufliche Erfahrungen haben mir gezeigt, dass die Grenze der sinnvollen Informationsmenge oft erreicht ist, wenn man Folgendes feststellt:

- Sie sind in der Lage, aus allen Blickwinkeln glaubwürdig für und gegen die Optionen zu argumentieren, die für Sie infrage kommen.

- Sie wenden sich bei der Suche nach Information an Leute, die nicht unmittelbar mit dem Problem befasst sind oder keine Erfahrung mit der Lösung derartiger Probleme haben.
- Sie haben den Eindruck, dass Sie mehr wissen müssten, erfahren aber nichts Neues mehr, sondern kauen stattdessen immer wieder dieselben Informationen (oder dieselben Argumente) durch.

Wenn eines dieser Szenarios auf Sie zutrifft, werden Sie vermutlich keine weiteren nützlichen Informationen mehr bekommen. Es ist Zeit für die Entscheidung. Das ist die Stufe STOP, jetzt geht es weiter mit FLOP.

Wenn Sie vor einer folgenschweren und nicht revidierbaren Entscheidung stehen und so lange wie möglich warten, bis Sie sich festlegen, sollten Sie dann entscheiden, wenn Ihnen die ersten Chancen entgehen. Wenn Sie beispielsweise ein Haus verkaufen wollen, möchten Sie vielleicht möglichst lange warten, bis Sie es tatsächlich abgeben. Sie haben es annonciert, einen Preis festgelegt und Angebote eingeholt – wenn die ersten Interessenten abspringen oder Sie kurz davor sind, vertragsbrüchig zu werden, dann entgehen Ihnen Chancen, sodass Sie handeln sollten.

Ein anderes Beispiel wäre, dass Ihr Partner oder Ihre Partnerin mit Ihrer Beziehung einen Schritt weitergehen möchte – vielleicht zusammenziehen oder sich verloben. Das sind entscheidende Momente in der Beziehung, und wenn Sie unsicher sind, ist es sinnvoll, die Entscheidung nicht zu überstürzen. Allerdings können Sie nicht ewig abwarten, sonst wird die Beziehung in die Brüche gehen. Kurz bevor das geschieht, wenn Ihr Partner oder Ihre Partnerin Ihnen deutlich macht, dass Sie Ihre Optionen bald verlieren werden, müssen Sie sich entscheiden.

Der Grundgedanke des ALAP-Prinzips besteht darin, dass Sie sich Optionen offenhalten. Wenn die Optionen schwinden, ist es Zeit zum Handeln, unabhängig von der Menge an Informationen. Das ist die Stufe FLOP: Warten Sie mit einer Entscheidung allerhöchstens bis zur ersten verpassten Chance.

Und es ist auch Zeit, zu handeln, wenn Sie etwas erfahren, das Ihnen deutlich macht, was zu tun ist. Manchmal erhalten Sie eine wichtige Information, die Ihnen die Entscheidung leicht macht, etwa eine erste entgangene Chance. In anderen Fällen, vor allem in weniger eindeutigen Situationen wie Beziehungen, ist es nur ein Bauchgefühl, das nicht verschwindet oder das sich ändert. So oder so, es gibt immer einen Moment, in dem man im Grunde genommen genau weiß, was zu tun ist.

Allerdings reicht es nicht, wenn man das weiß. Man muss auch zur Tat schreiten.

Werden Sie aktiv!

5.

Sicherheitsmarge

Nicht immer braucht es die ultimative Lösung, damit man Fortschritte macht. Wenn nicht klar ist, welcher Weg der beste ist, empfiehlt es sich oft, erst einmal die Wege auszuschließen, die zu unerwünschten Ergebnissen führen. So vermeiden Sie das Schlimmste, halten sich Optionen offen und machen Fortschritte.

Wenn etwas schiefgeht, hat das manchmal Gründe, die wir nicht beeinflussen können. Viele knifflige und äußerst folgenschwere Entscheidungen gehen jedoch aus vermeidbaren Gründen schief. Wenn wir nicht bedenken, was passieren könnte, und entsprechend vorausplanen, werden wir im Fall der Fälle überrumpelt. Dann reagieren wir, anstatt zu überlegen. Wenn wir uns im Voraus ruhig und umsichtig einen Plan zurechtgelegt haben, können wir unerwünschte Situationen viel leichter bewältigen, als wenn wir improvisieren müssen, wenn gerade alles aus dem Ruder läuft.

Wenn Scheitern kostspielig ist, lohnt es sich, in große Sicherheitsmargen zu investieren.

Wer sich mit Geldanlagen beschäftigt, dürfte die Geschichte von *Long-Term Capital Management* (*LTCM*) kennen. Dieser Hedgefonds wurde 1994 von einem prominenten Investor gegründet, der sogar zwei Nobelpreisträger in seinen Vorstand holen konnte. LTCM bot ein Hochrisiko-Portfolio, das für seine unglaublichen

Renditen bejubelt wurde – über 21 Prozent im ersten Jahr, 43 Prozent im zweiten Jahr und 41 Prozent im dritten.

Stellen Sie sich vor, Sie wollen in diesem Umfeld Geld anlegen. Sie sehen, wie der Hedgefonds abhebt, Ihre Freunde prahlen mit ihren Erfolgen und drängen Sie, in diesem Goldrausch mitzumischen. Sie hören, welch beeindruckende Leute dort arbeiten – Menschen mit unglaublich hohem IQ, darunter zwei Nobelpreisträger, die sehr viel Erfahrung in ihrem jeweiligen Bereich vorweisen können und selbst ebenfalls erhebliche Summen investiert haben.

Sie beobachten, wie sich die Investitionen Ihrer Freunde erst verdoppeln, dann vervierfachen. Allmählich überlegen Sie, ob Sie auch alles investieren sollten. Ihr eigenes Portfolio bringt alljährlich eine Rendite von 8 bis 12 Prozent – ordentlich, aber kein Vergleich zu 40 Prozent! Werden alle anderen reich, während Sie auf Nummer sicher gehen?

Betrachten wir nun zwei Szenarien. Im ersten Fall beschließen Sie, dem Beispiel Ihrer Freunde zu folgen und alles, was Sie haben, in den Fonds zu investieren. Ein paar Monate später kommt es in Asien und Russland zur Finanzkrise. Diese Krise führt in Kombination mit den hoch verschuldeten Anlagen von LTCM in nicht einmal vier Monaten zu einem Verlust von 4,6 Milliarden US-Dollar. In der Abbildung sehen Sie, wie dieser Verlust aussehen würde, wenn Sie 1994 mit einer Investition von 1000 Dollar gestartet wären. In diesem Szenario sind Sie (und Ihre Freunde) letztlich finanziell ruiniert.

Stellen Sie sich nun ein anderes Szenario vor. Es ist November 1997. Die Renditen bei LTCM haben gerade den Höchststand erreicht. Auch wenn Sie nicht damit rechnen, dass es in Zukunft immer so weitergehen wird wie bisher, werden Sie vermutlich keine astronomischen Verluste erwarten und weiter kleinere Summen investieren. Aber wenn Sie klug sind, behalten Sie eine Sicherheitsmarge.

Eine Sicherheitsmarge ist der Puffer zwischen dem, was Sie erwarten, und dem, was passieren könnte. Sie schützt sie, wenn böse Überraschungen sehr kostspielig sind.

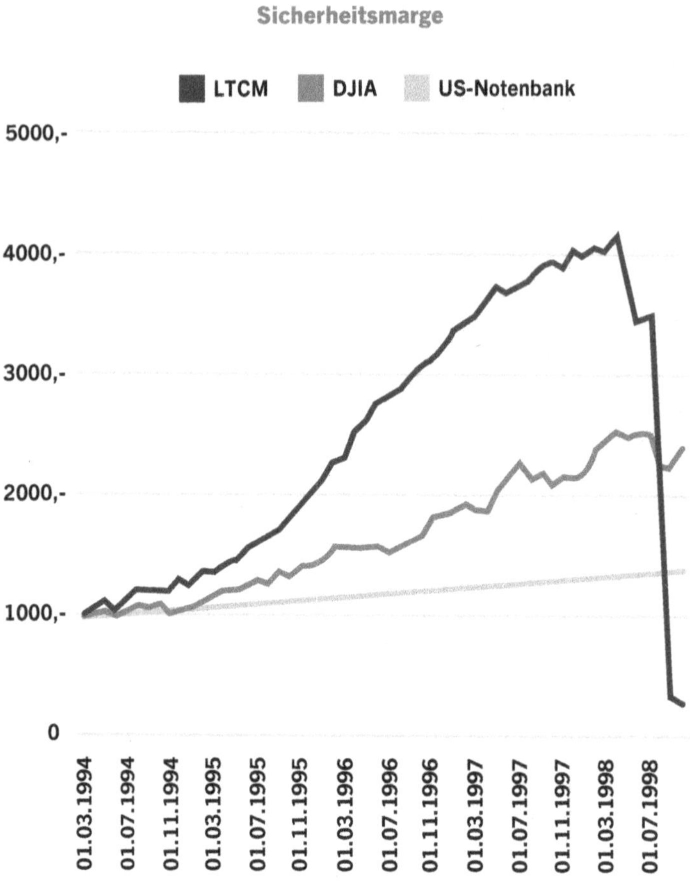

Quelle: Jay Henry, Wikimedia Commons, 26. Oktober 2009

Eine Sicherheitsmarge ist wie eine Versicherung. Wenn Sie im Voraus wissen, dass Sie eine Versicherung nicht in Anspruch nehmen werden, ist ein Abschluss Geldverschwendung. Nur kann man eben nie wissen, wann man die Versicherung brauchen wird, deshalb verlängert man sie Jahr für Jahr. In den Jahren, in denen nichts passiert, mag das überflüssig wirken, aber wenn doch etwas geschieht, zeigt sich der wahre Wert.

Mit der Sicherheitsmarge verschaffen Sie sich für die Zukunft möglichst viel Puffer und Absicherung. So bereiten Sie sich auf ein breites Spektrum denkbarer zukünftiger Ergebnisse vor – und schützen sich vor den schlimmsten. Im zweiten Szenario könnten Sie sich beispielsweise gegen die Finanzkrise von 1998 wappnen, indem Sie nur ein Zehntel Ihres Portfolios in den Fonds investieren. Wenn die Krise zuschlägt, verlieren Sie also höchstens 10 Prozent Ihres Anlagevermögens. Das ist zwar nicht schön, wird Sie aber auch nicht in den finanziellen Ruin treiben.

Im ersten Szenario sind die Standardeinstellungen eifrig am Werk – nicht nur die soziale Standardeinstellung, die Sie davon überzeugt, dass Sie der Masse folgen sollten, sondern auch die Ego-Standardeinstellung. Diese macht Ihnen weis, dass Sie wissen, was passieren wird, und deshalb keine Sicherheitsmarge brauchen. Sie vertrauen auf Ihre eigenen Vorhersagen über die Zukunft – dass die Zukunft so sein wird wie die Vergangenheit, dass das vierte Jahr bei LTCM genauso verlaufen wird wie die ersten drei. Nur leider ist morgen nie genauso wie heute, und der Plan, der LTCM drei Jahre in Folge so erfolgreich gemacht hatte, funktionierte im vierten nicht mehr.

Im zweiten Szenario beruht Ihre Entscheidung nicht auf einer Vorhersage, sondern bereitet Sie auf eine Zukunft vor, in der Ihr Idealfall möglicherweise nicht eintritt. Dass der Schwerpunkt auf Vorbereitung liegt – und nicht auf Vorhersagen –, ist im zweiten Szenario Ihre Rettung.

Warren Buffett hat einen Spruch, auf den ich oft zurückkomme: »Diversifizieren schützt bei Unwissenheit. Wenn man sich auskennt, ist es wenig sinnvoll.«[53] Nur kennen wir uns bei dem, was wir tun, nur selten so gut aus, dass wir guten Gewissens alles auf eine Karte setzen können. Wenn man sich nicht auskennt, schützt eine Sicherheitsmarge vor den schlimmsten Folgen. Und selbst wenn man sich auskennt und in einer bestimmten Situation die bestmögliche Entscheidung trifft, kann sich die Lage jederzeit ändern.

Wenn der schlimmstmögliche Fall nie eintritt, erscheint die Sicherheitsmarge unnötig. Doch in dem Augenblick, in dem Sie sich einreden, dass Sie ohne Sicherheitsmarge besser dastehen würden, brauchen Sie diesen Schutz am dringendsten.

Wir können uns nicht auf alles vorbereiten. Es gibt schreckliche Ereignisse, die man sich gar nicht vorstellen kann, und keine noch so gute Vorbereitung gibt uns den Handlungsspielraum, um damit umzugehen. Die Geschichte zeigt jedoch, dass wir bestimmte unerfreuliche Ereignisse garantiert erleben werden. Und darauf können wir uns durchaus vorbereiten, selbst wenn wir nicht ahnen, wann wir davon betroffen sein werden. Auf persönlicher Ebene sind dies unter anderem:

- Verlust eines geliebten Menschen
- gesundheitliche Schwierigkeiten
- Veränderungen in der Beziehung
- finanzielle Belastungen
- Schwierigkeiten bei der Verwirklichung beruflicher Ziele

Auf eher makroökonomischer Ebene gehören dazu:

- Krieg und politische Auseinandersetzungen
- Naturkatastrophen
- Umwelt- und ökologische Veränderungen
- wirtschaftliche Schwankungen: sowohl Kollaps als auch Wachstum
- technischer Fortschritt und Widerstand gegen den Fortschritt

Wie also sorgen Sie für eine Sicherheitsmarge?

Schauen wir uns zunächst einen ganz typischen Fall an. Im Ingenieurwesen sieht jeder technische Entwurf eine Sicherheitsmarge vor. Nehmen wir zum Beispiel an, wir entwerfen eine Brücke und berechnen, dass diese an einem durchschnittlichen Tag jeweils 5000 Tonnen tragen muss.

Wird sie also für eine Belastung von 5001 Tonnen konzipiert, gibt es keine Sicherheitsmarge: Was ist, wenn der Verkehr einmal stärker als gewöhnlich ist? Was, wenn die Berechnungen und Schätzungen ein wenig danebenliegen? Was, wenn das Material schneller ermüdet, als wir es uns vorgestellt haben? Um all diese Eventualitäten zu berücksichtigen, müssten wir die Brücke für 10 000 oder sogar 20 000 Tonnen auslegen. Und warum? Weil wir nicht wissen, was die Zukunft bringen wird. Wir wissen nicht, ob vielleicht einmal mehrere Lastwagen gleichzeitig auf der Brücke stecken bleiben. Wir wissen nicht, ob die Fahrzeuge in Zukunft viel schwerer sein werden als heute. In der Zukunft ist sehr vieles ungewiss. Folglich entwerfen wir die Brücke so, dass die Reisenden im größtmöglichen Spektrum zukünftiger Ereignisse geschützt sind.

Wenn Sie sich auf die Zukunft vorbereiten, sollten Sie bedenken, dass die schlimmsten Ereignisse der Geschichte immer überraschend kamen. Sie können nicht vom historisch schlechtesten Fall ausgehen. Ingenieure verlassen sich nicht nur auf die historische Nutzung der aktuellen Brücken. Setzen Sie all Ihre Fantasie ein, um sich auszumalen und zu antizipieren, was alles schiefgehen könnte.

Mit der folgenden einfachen Regel können Sie erkennen, ob eine Sicherheitsmarge »gut genug« ist.

Tipp: Eine Sicherheitsmarge ist oft ausreichend bemessen, wenn sie das schlimmstmögliche Szenario doppelt abfangen kann. Sie sollte also doppelt so viele Probleme aushalten, wie zur Krise führen würden, oder doppelt so viele Ressourcen sichern, wie für den Wiederaufbau nach einer Krise erforderlich wären.

Um sich vor den finanziellen Folgen einer Entlassung zu schützen, könnten Sie beispielsweise überlegen, wie lange es dauern würde, bis Sie eine neue Stelle finden, und dann so viel sparen, dass Sie doppelt so lange von den Ersparnissen leben können.

Das ist unser Ausgangspunkt. Allerdings müssen wir unsere Sicherheitsmarge an den individuellen und situationsbezogenen

Einzelfall anpassen. Wenn ein Scheitern sehr kostspielig und folgenschwer wäre, sollte die Sicherheitsmarge größer sein. Wenn Sie also fürchten, Ihren Arbeitsplatz zu verlieren, und in einer sehr unbeständigen Branche tätig sind, sollten Sie dafür sorgen, dass Sie über längere Zeit ohne Einnahmen auskommen können.

Wenn ein Scheitern geringe Kosten und keine schweren Folgen nach sich zieht, können Sie die Sicherheitsmarge oft verringern oder gar weglassen. Je länger sich etwas bewährt hat und je besser es funktioniert, desto größer die Wahrscheinlichkeit, dass es auch weiterhin erfolgreich sein wird. Coca-Cola wird in naher Zukunft genauso wenig verschwinden wie Johnson & Johnson.

Doch selbst fest etablierte Abläufe bieten keine absolute Sicherheit. Nassim Taleb schrieb in *Der Schwarze Schwan*: »Wir wollen uns einen Truthahn vorstellen, der jeden Tag gefüttert wird. Jede einzelne Fütterung wird die Überzeugung des Vogels stärken, dass es die Grundregel des Lebens ist, jeden Tag von freundlichen Mitgliedern der menschlichen Rasse gefüttert zu werden, die dabei nur ›sein Wohl im Auge haben‹, wie ein Politiker sagen würde. Am Nachmittag des Mittwochs vor dem Erntedankfest wird dem Truthahn dann etwas Unerwartetes widerfahren und er wird seine Überzeugungen revidieren müssen.«[54] Unsere Ergebnisse können manchmal selbst unsere festesten Erwartungen über den Haufen werfen.

Wenn Sie jedoch viel Fachwissen und Datenpunkte haben, können Sie Ihre Sicherheitsmarge noch weiter reduzieren. Hier ein Beispiel: Wenn Warren Buffett Aktien kauft, dann möglichst zu Preisen, die 30 bis 50 Prozent unter dem eigentlich Wert liegen. Damit hat er bei diesen Aktien eine Sicherheitsmarge von 30 bis 50 Prozent. Für Aktien, die er gut kennt, zahlt er dagegen fast den tatsächlichen Gegenwert. Bei den Aktien, von denen er besonders überzeugt ist, beträgt die Sicherheitsmarge also nicht mehr als rund 20 Prozent.

Bei Unternehmenskäufen lautet einer von Buffetts wichtigsten Grundsätzen: Was er nicht versteht, kauft er nicht. Mit anderen Worten: Wenn er nicht genug Informationen hat, um eine Sicherheitsmarge zu berechnen, investiert er überhaupt nicht. Außerdem weiß er, dass ihn nicht alle Sicherheitsmargen schützen werden – das Ziel besteht nicht in einem perfekten Portfolio, sondern in der bestmöglichen Strategie für den Aktienbestand insgesamt.

Das Fazit lautet also: Vorhersagen über die Zukunft sind schwieriger, als man meinen könnte. Die Lage kann sich schlagartig ändern. Wenn alles gut läuft, ist die Sicherheitsmarge vollkommen überflüssig. Doch wenn etwas schiefgeht, sind Sie ohne sie verloren. Die Sicherheitsmarge brauchen Sie genau dann, wenn Sie glauben, dass Sie sie nicht brauchen.

Geschosse statt Kanonenkugeln

Wenn Sie noch dabei sind, Informationen zusammenzutragen, sollten Sie sich nicht zu sehr auf eine einzige Option versteifen. Halten Sie sich mehrere Alternativen offen, indem Sie in möglichst viele Richtungen kleine, risikoarme Schritte unternehmen, ehe Sie sich ganz auf eine Option festlegen.

In dieser Phase empfiehlt es sich, möglichst viele Informationen über jede einzelne Option zu sammeln, ohne zu viel Zeit, Geld oder Energie in eine ganz bestimmte zu investieren. In ihrem Buch *Oben bleiben. Immer* bezeichnen Morten Hansen und Jim Collins diesen Ansatz als *Geschosse statt Kanonenkugeln*:[55]

> Stellen Sie sich vor, Sie befinden sich auf hoher See und ein feindliches Schiff treibt Sie in die Enge. Sie haben eine begrenzte Menge an Schießpulver zur Verfügung. Sie verbrauchen all Ihr Schießpulver, um eine große Kanonenkugel abzufeuern. Die Kanonenkugel fliegt über das Meer … und verfehlt ihr Ziel um 40 Grad. Sie werfen einen Blick auf Ihr Waffenlager und stellen fest, dass Sie kein Schießpulver mehr haben. Sie werden untergehen.

> Nun aber stellen Sie sich stattdessen vor, Sie nehmen in dem Moment, in dem das andere Schiff Sie in die Enge treiben will, nur ein wenig Schießpulver und feuern ein kleineres Geschoss ab. Es verfehlt sein Ziel um 40 Grad. Sie nehmen noch ein Geschoss und feuern. Es verfehlt sein Ziel um 30 Grad. Sie nehmen ein drittes Geschoss und feuern abermals, und dieses Mal verfehlt es das Ziel nur noch um zehn Grad. Die nächste Kugel trifft – ping! – den Rumpf des sich nähernden Schiffs. Jetzt erst nehmen Sie das übrige Schießpulver und feuern eine riesige Kanonenkugel in die gleiche Richtung. Und damit versenken Sie das feindliche Schiff. Sie haben überlebt.

Folgendes Beispiel für »Geschosse statt Kanonenkugeln« habe ich im wahren Leben erlebt. Einer meiner Kunden – nennen wir ihn Salomon – wollte jemanden für die Geschäftsführung seines Produktionsunternehmens einstellen, damit er sich zurückziehen und mit anderen Dingen befassen konnte. Zweimal hat er versucht, einen CEO als Nachfolger auszuwählen. Doch beide Male machten die Kandidaten zwar auf dem Papier einen guten Eindruck, bewährten sich jedoch in der Praxis nicht.

Ich riet ihm dazu, nicht viel Geld in einen Kandidaten zu investieren und andere abzulehnen, sondern stattdessen zwei oder drei Personen, die infrage kamen, mit einem kleinen Testprojekt zu betrauen. Indem er mehrere Leute zeitgleich ein paar Wochen lang testete, hielt er sich alle Optionen offen und konnte erkennen, wie sie tatsächlich arbeiteten, und das war weitaus aufschlussreicher als Bewerbungsgespräche oder Lebensläufe.

Die beiden Personen, die er auswählte, wurden für ihren Zeitaufwand gut bezahlt und bekamen ein Projekt, für das sie im Team zusammenarbeiten mussten, um das Problem zu verstehen, Informationen zusammenzutragen und das weitere Vorgehen zu entscheiden.

Der Plan funktionierte und führte zu einem überraschenden Ergebnis: Der Kandidat mit dem weniger eindrucksvollen Lebenslauf kam weitaus besser mit dem Team zurecht und empfahl ein Vorgehen, durch das Salomons Unternehmen letztlich mehr sparte, als es für das Projekt bezahlt hatte. Und vor allen Dingen hatte sich das Unternehmen teure Abfindungen gespart, die nötig gewesen wären, wenn keiner der beiden den Anforderungen entsprochen hätte.

Mit kleinen, risikoarmen Experimenten – also Geschossen, mit denen Sie die richtige Richtung ermitteln – halten Sie sich mehrere Optionen offen, ehe Sie den Großteil Ihrer Ressourcen auf eine Kanonenkugel verwenden. Überlegen Sie, Medizin zu studieren? Dann begleiten Sie einen Tag lang eine Ärztin in einer Praxis oder Klinik. Machen Sie den Medizinertest und schauen Sie, wie Sie abschneiden, oder bewerben Sie sich für einen Studienplatz, um zu sehen, wie Ihre Chancen stehen. Überlegen Sie, sich beruflich zu verändern? Versuchen Sie zunächst, ein paar Abende pro Woche freiberuflich zu arbeiten. Überlegen Sie, ein neues Produkt auf den Markt zu bringen? Finden Sie heraus, ob Nachfrage besteht, ehe Sie es entwickeln.

Es hat seinen Preis, wenn man sich viele Optionen offenhält, und manchmal kann der Eindruck entstehen, dass man etwas verpasst. Manchmal ist es schwer, wenn man mitansehen muss, wie andere in Aktion treten, selbst wenn einem diese Aktionen nicht sinnvoll erscheinen. Lassen Sie sich nicht täuschen! Hier ist die soziale Standardeinstellung am Ruder und will Ihnen weismachen, dass man ruhig scheitern kann, solange es alle anderen auch tun.

Manche Menschen schwimmen bereitwillig mit dem Strom, während andere lieber richtig vorgehen. Wer sich seine Optionen offenhält, mag kurzfristig dumm wirken. Deshalb muss man es hin und wieder aushalten, dass man für dämlich gehalten wird. Aber wenn man sich die erfolgreichsten Menschen der Welt anschaut, stellt man fest, dass sie alle immer wieder mal kurzfristig dumm gewirkt haben, weil sie sich ihre Optionen offengehalten und auf den richtigen Zeitpunkt zum Handeln gewartet haben.

Warren Buffett hat den Dot-Com-Wahn der späten 1990er-Jahre weitgehend ausgesessen; es schien, als wäre der rasante Bullenmarkt an ihm vorbeigegangen. Man munkelte, er habe seinen Riecher verloren. Ein paar Jahre lang mag er deshalb dumm gewirkt haben – bis die Technologieblase geplatzt ist und er immer noch über gewaltige Barreserven verfügt hat.

Mit einer Entscheidung leben, ehe man sie verkündet

Haben Sie schon einmal eine E-Mail verfasst und dann sofort bereut, auf »Senden« gedrückt zu haben? Ich schon. Für mich ist das eines der schlimmsten Gefühle der Welt. Allerdings ist es oft noch schlimmer, wenn man eine wichtige Entscheidung zu früh publik macht und dann feststellen muss, dass sie ein Fehler war.

Viele Führungskräfte würden eine Entscheidung am liebsten sofort verkünden, wenn sie gefallen ist. Das ist ganz natürlich: Sie wollen anderen ihre Entschlussfreudigkeit zeigen und für ihr beeindruckendes neues Vorhaben bewundert werden. Doch das sofortige Verkünden ist oft wie die E-Mail, die sich nicht rückgängig machen lässt. Es setzt Dinge in Bewegung und macht es Ihnen unnötig schwer, nachträglich Ihre Meinung zu ändern. Deshalb habe ich für mich eine Regel aufgestellt: Wenn ich eine wichtige Entscheidung getroffen habe, schlafe ich darüber, ehe ich sie jemandem anvertraue.*

Allerdings musste ich feststellen, dass es nicht ausreicht, Entscheidungen nur zu überschlafen. Deshalb habe ich meine Regel erweitert: Ehe ich ins Bett gehe, notiere ich mir, warum ich die Entscheidung getroffen habe. Damit mache ich das Unsichtbare sichtbar. Wenn ich morgens aufwache, lese ich den Zettel. Häufiger, als

* Der Ausdruck »mit der Entscheidung leben« fiel in einem Gespräch mit Randall Stutman, von dem so viele Erkenntnisse in diesem Buch stammen.

mir lieb ist, halten meine tollen Ideen vom Vortag einer genauen Prüfung im Tageslicht nicht stand. Manchmal stelle ich fest, dass ich das Problem im Grunde nicht so gut verstanden habe wie gedacht. Oder die Entscheidung erscheint mir einfach nicht mehr richtig. Und ich habe gelernt, dass ich diesem Gefühl nachgehen muss.

Wenn Sie mit einer Entscheidung leben, ehe Sie sie verkünden, können Sie die Entscheidung aus einer neuen Perspektive betrachten und Ihre Grundannahmen überprüfen. Sobald die Entscheidung feststeht – auch wenn sie noch nicht bekannt gegeben wurde –, sehen Sie die Dinge in einem neuen Licht.* Ihr Gehirn sieht alle potenziellen Ergebnisse so, als sei die Entscheidung bereits gefallen und in die Tat umgesetzt worden. So können Sie Nuancen erkennen, die Sie zuvor übersehen haben und die Ihre Umsetzung der Entscheidung beeinflussen. Vielleicht wollen Sie jemanden befördern, zweifeln jedoch daran, ob diese Person eine Besprechung leiten und ein Team organisieren kann. Wenn Sie mit der Entscheidung leben, könnten Sie der betreffenden Person vielleicht die Leitung eines Meetings übertragen, das Ergebnis abwarten und die Entscheidung gegebenenfalls anpassen.

Wenn Sie einen Tag – oder auch zwei – mit einer Entscheidung leben, zeigt Ihnen das auch, wie Sie sich damit fühlen. Erscheint Ihnen diese Entscheidung tief in Ihrem Inneren richtig? Sind Kopf, Herz und Bauchgefühl damit einverstanden? Die meisten Entscheidungen fühlen sich sicher gut an. Ein paar jedoch nicht. Wenn sich eine Entscheidung nicht richtig anfühlt, zeigt das, dass irgendetwas nicht stimmt, und Sie müssen nachbohren, ehe Sie diese Entscheidung verkünden. Indem Sie einen Entschluss vorerst für sich behalten, halten Sie sich die Möglichkeit offen, ihn wieder rückgängig zu machen.

* Diese Erkenntnis habe ich von Randall Stutman: Wenn man so tut, als hätte man sich bereits entschieden, sieht man alle neuen Informationen so, als sei die Entscheidung gefallen.

Vorsichtsmaßregeln

Mit einer geeigneten Vorsichtsmaßregel können Sie dafür sorgen, dass Ihre Entscheidung wie geplant umgesetzt wird.

Stellen Sie sich vor, Sie stehen auf dem Mount Everest, nur noch 50 Meter vom Gipfel entfernt. Ihr ganzer Körper schmerzt. Ihr Geist ist wie betäubt. So heftig Sie auch atmen, es ist, als könnten Sie nicht genug Sauerstoff bekommen. Sie haben jahrelang trainiert, 60 000 Dollar für Bergführer und Reisekosten investiert, auf Zeit mit Familie und Freunden verzichtet. Alle wissen, dass heute der Tag ist, an dem Sie es versuchen werden. Das, auf das Sie so lange hingearbeitet haben, liegt direkt vor Ihnen. Sie können Ihr Ziel schon sehen. Sie haben es fast erreicht. Aber Sie sind 30 Minuten hinter dem Zeitplan zurück und der Sauerstoff wird allmählich knapp. Kehren Sie um oder gehen Sie weiter?

Die besten Sherpas der Welt wissen, dass bei einer Mount-Everest-Tour nicht der Aufstieg zum Gipfel das Gefährlichste ist, sondern der Abstieg. Der Weg hinauf kostet so viel Energie, dass die meisten sich auch dann noch bis zum Gipfel pushen, wenn Kraft oder Sauerstoff zur Neige gehen. Sie opfern so viel von ihren Ressourcen für den Aufstieg, dass sie die Strapazen des Rückwegs außer Acht lassen. Im »Gipfelfieber« vergessen sie, dass das Wichtigste nicht der Weg an die Spitze ist, sondern der sichere Heimweg. Gewinnen kann man schließlich nur, wenn man überlebt.

Auf Außenstehende, die noch nie auf die Idee gekommen sind, den Everest zu besteigen, mag dieses Gipfelfieber etwas albern wirken: Der Aufstieg ist kein Menschenleben wert! Doch oben auf dem Berg ist es deutlich schwieriger, einem Traum, der zum Greifen nahe ist, den Rücken zuzukehren. Die unglaubliche Energie, die für den Aufstieg verwendet wurde, belastet den Körper und beeinträchtigt das Denkvermögen – beste Bedingungen für die Standardeinstellungen, die Ihre sorgfältig entworfenen Pläne unterlaufen und Sie daran hindern können, Ihre wahren Ziele zu erreichen.

Die Besteigung des Mount Everest zeigt auf dramatische Weise, wieso es wichtig ist, geeignete Vorsichtsmaßregeln für die Umsetzung Ihrer Entscheidung zu treffen. Ist es Zeit, den Rückweg anzutreten, wenn Ihnen der Sauerstoff ausgeht? Sollten Sie auf Kurs bleiben, obwohl Ihre Ausrüstung auf dem letzten Loch pfeift? Wohlüberlegte Vorsichtsmaßregeln, in die Ihr ganzes Wissen eingeflossen ist, schützen Sie vor Ihren Standardeinstellungen, wenn Sie nicht mehr klar denken können.

Wie nützlich eine solche Vorsichtsmaßregel ist, zeigt die griechische Odysseus-Sage. Odysseus war Kapitän seines Schiffes und befand sich mit seiner Besatzung in der Nähe der Insel, auf der Sirenen wohnten, gefährliche Wesen, die Seeleute mit ihrem Gesang in den Tod lockten – der Gesang war so schön, dass die Besatzungen, vor Sehnsucht verzehrt, unbedingt seinen Ursprung finden wollten und ihre Schiffe auf die Felsen lenkten.

Odysseus wollte den Gesang der Sirenen hören, dabei aber nicht das Leben seiner Leute riskieren. Damit will ich nicht behaupten, dass Odysseus' Entscheidung gut war. Hätte er seine Optionen mithilfe der hier dargelegten Prinzipien und Schutzmaßnahmen sorgfältig geprüft, hätte er sich von der Insel ferngehalten. Doch darum geht es mir bei dieser Geschichte nicht. Mir gefällt, wie Odysseus durch Vorsichtsmaßregeln dafür gesorgt hat, dass seine Entscheidung wie geplant umgesetzt wurde.

Er stopfte seiner Besatzung die Ohren mit Bienenwachs zu, damit sie den Gesang nicht hörten, als sie sich der Insel näherten. Zudem ließ er sich am Mast festbinden, um sicherzustellen, dass er die Männer nicht zu einer Kursänderung bewegen und seine bereits getroffene Entscheidung nicht mehr ändern konnte, auch wenn ihm die Sirenen den Verstand rauben sollten. Außerdem gab er die Anweisung, man solle ihn umso fester binden, je mehr er sich sträubte und darauf bestand, den Kurs zu ändern. Dank dieser klugen Vorsichtsmaßregel konnte Odysseus die Gesänge hören und gleichzeitig die Sicherheit seiner Crew gewährleisten. Natürlich sind Vorsichtsmaßregeln auch in vielen anderen Situationen unverzichtbar.

Drei Vorsichtsmaßregeln für die Umsetzung von Entscheidungen

Drei Arten von Vorsichtsmaßregeln sollten Sie kennen: Stolperdrähte, Delegation von Entscheidungsbefugnissen und Handfesseln.

> **Vorsichtsmaßregel**: Sorgen Sie für Stolperdrähte, um im Voraus festzulegen, was Sie tun werden, wenn ganz bestimmte Zeiten, Mengen oder Umstände erreicht sind.

Stolperdrähte sind eine Form der Vorabverpflichtung – Sie verpflichten sich im Voraus, unter bestimmten Umständen auf bestimmte Weise zu handeln. So könnte der Stolperdraht bei einer Mount-Everest-Besteigung darin bestehen, dass das Team sich verpflichtet, den Gipfelversuch abzubrechen, wenn zu einem bestimmten Zeitpunkt ein bestimmter Ort nicht erreicht ist. Wenn das Team das nicht schafft, kehrt es um! Ohne Diskussion. Es entscheidet nicht, wenn es völlig erschöpft ist und nicht mehr genug Sauerstoff hat, sondern hat vorab entschieden und sich zur Umkehr verpflichtet.

Wenn man weiß, wo man suchen muss, ist der Weg zu Erfolg und Misserfolg klar markiert. Der Weg liefert stets die Antwort. Neben negativen Zeichen kann ein Stolperdraht auch darin bestehen, dass positive Zeichen fehlen. Bei positiven Zeichen weiß man, dass man den aktuellen Kurs beibehalten sollte. Ist die Situation jedoch weniger eindeutig, dann sind Stolperdrähte sinnvoll.

Negative Zeichen sind Warnsignale und zeigen, dass etwas ernsthaft aus dem Ruder läuft. Je eher man merkt, dass man auf Abwegen ist, desto leichter ist es, umzukehren. Neulich bin ich auf der Autobahn nach Osten gefahren, obwohl ich eigentlich nach Westen wollte. Erst als mir auffiel, dass die falsche Stadt immer näher kam, erkannte ich meinen Fehler! Allerdings sollten Sie nicht nur auf negative Zeichen achten. Auch dass Sie keine positiven Zeichen sehen, kann ein wichtiges Signal sein.

Wenn Sie nicht die positiven Zeichen erkennen, die Sie erwartet haben, heißt das nicht zwangsläufig, dass etwas schiefgelaufen ist. Es heißt jedoch, dass Sie nun besonders aufmerksam sein sollten, denn damit ist ein kritischer Punkt erreicht. Viele Projekte scheitern und viele Entscheidungen werden schwierig, wenn man zwar keine negativen Zeichen sieht, aber auch nicht die positiven, mit denen man gerechnet hatte. Wenn das geschieht, ist es Zeit für eine Neueinschätzung. Fragen Sie sich: »Ist das Wichtigste immer noch das Wichtigste? Habe ich mich geirrt? Obwohl einige Zeit vergangen ist, habe ich keine Fortschritte gemacht – was muss ich nun tun, um meine Ziele zu erreichen?«

Wenn Sie bereits von Anfang an klare Stolperdrähte haben, erhöhen Sie die Erfolgschancen. Wenn das gesamte Team genau weiß, wie Erfolg und Misserfolg zu erkennen sind, kann es sofort handeln, wenn etwas aus dem Ruder läuft.

Vorsichtsmaßregel: Setzen Sie auf Auftragstaktik, sodass andere ohne Sie handeln und entscheiden können.

Große Führungskräfte wissen, dass nicht immer alles nach Plan läuft. Sie wissen auch, dass sie nicht überall gleichzeitig sein können. Teams müssen wissen, wie sie reagieren sollen, wenn sich die Lage ändert. Und die Lage ändert sich ständig.

Wenn ein Team genug Vorgaben bekommt, um einen Auftrag auszuführen, aber auch genug Flexibilität, um auf eine veränderte Lage zu reagieren, spricht man von *Auftragstaktik* – ein militärischer Begriff, der erstmals in Preußen im Kampf gegen Napoleon angewendet wurde.

Wenn Sie schon einmal in einem Unternehmen gearbeitet haben, in dem die Beschäftigten erst handeln durften, wenn die Vorgesetzten alles abgesegnet hatten, dann wissen Sie nur zu gut, wie es ohne Auftragstaktik zugeht. Es gibt eine große Schwachstelle. Wenn dem Vorgesetzten etwas zustößt, scheitern sowohl Unternehmen als auch Mission.

Die Auftragstaktik gibt allen im Team die Befugnis, bei der Umsetzung des Plans die Initiative zu ergreifen und zu improvisieren. Sie verhindert, dass Sie der Engpass sind, und eröffnet dem Team die Möglichkeit, sich gegenseitig für das Ziel zur Rechenschaft zu ziehen.

Die Auftragstaktik umfasst vier Komponenten: formulieren, kommunizieren, deuten und umsetzen. Für die ersten beiden – formulieren und kommunizieren – ist die höchste Führungskraft zuständig. Sie selbst müssen dem Team die Strategie, die Grundprinzipien und die operativen Grenzen vermitteln. Sagen Sie nicht nur, was zu tun ist, sondern auch, warum es getan werden soll und wie Sie zu Ihrer Entscheidung gekommen sind, damit alle den Gesamtzusammenhang und die Grenzen verstehen, also wissen, was keinesfalls infrage kommt. Die beiden letzten Komponenten werden dann untergeordneten Führungskräften überlassen: Veränderte Rahmenbedingungen deuten und die Strategie unter diesen Bedingungen umsetzen.

Ehe Sie eine Entscheidung umsetzen, sollten Sie sich der Klarheit halber fragen:

- Wer muss meine Ziele und die Ergebnisse, die ich anstrebe, kennen?
- Wissen diese Leute, was das wichtigste Ziel ist?
- Kennen sie die positiven und negativen Zeichen, auf die sie achten müssen, und die damit verbundenen Stolperdrähte?

Dass Ihr Team nicht genug Befugnisse hat, erkennen Sie zum Beispiel daran, dass alles zusammenbricht, wenn Sie ein paar Tage nicht im Büro sind. Manche Führungskräfte glauben, dass sie sich damit unentbehrlich machen – dass es ihre Wichtigkeit unterstreicht, wenn das Team ohne sie nicht funktioniert. Lassen Sie sich das nicht weismachen! Dann ist die Ego-Standardeinstellung im Spiel. Effektive Führungskräfte müssen nicht rund um die Uhr verfügbar sein, damit ihr Team Entscheidungen trifft und Ziele erreicht. Wenn es ohne Sie nicht geht, bedeutet das nicht, dass Sie unentbehrlich oder äußerst kompetent sind, sondern dass Sie nicht gut kommunizieren.

Der Einfluss der Ego-Standardeinstellung ist auch daran zu erkennen, dass Sie unbedingt kontrollieren müssen, wie etwas getan wird. Gute Führungskräfte legen fest, was zu tun ist, und bestimmen die nötigen Parameter. Ob jemand anders vorgeht, als sie es selbst getan hätten, ist ihnen egal. Solange das Ziel innerhalb des vorgegebenen Rahmens erreicht wird, sind sie zufrieden.

Schlechte Führungskräfte bestehen darauf, dass alle nach ihrer Methode arbeiten, was das Team letztlich entmutigt und sowohl der Loyalität als auch der Kreativität schadet – das genaue Gegenteil der Auftragstaktik.

Vorsichtsmaßregel: Fesseln Sie sich die Hände, damit die Umsetzung wie geplant verläuft.

Odysseus nutzte Stolperdrähte und die Auftragstaktik, um seine Entscheidung abzusichern. Außerdem ließ er sich von der Besatzung die Hände fesseln – eine letzte Vorsichtsmaßregel, die dafür sorgte, dass er bei seiner Entscheidung blieb (und der Grund, weshalb man eine solche Sicherheitsmaßnahme auch als »Odysseus-Vertrag« bezeichnet).

Dieses »Händefesseln« kann in verschiedenen Situationen ganz unterschiedlich aussehen. Wenn Sie abnehmen wollen, könnte es heißen, dass Sie sämtliche Süßigkeiten aus dem Haus verbannen, damit Sie nicht in Versuchung geführt werden. Wenn Sie investieren wollen, könnte das heißen, dass Sie jeden Monat automatisch einen gewissen Betrag einzahlen. Wenn Sie den Mount Everest besteigen, könnten Sie sich die Hände fesseln, indem Sie mit dem gesamten Team vereinbaren, dass alle umkehren, wenn bis zu einem bestimmten Zeitpunkt nicht die Hälfte der Strecke bewältigt wurde.

Ganz gleich, vor welcher Entscheidung Sie stehen, fragen Sie sich: »Kann ich irgendwie sicherstellen, dass ich auf dem Weg bleibe, den ich für den besten halte?« Indem Sie Ihre Optionen gründlich überdenken und sich im Voraus auf eine Vorgehensweise festlegen, schaffen Sie Raum, um sich mit anderen Problemen zu befassen.

Selbst wenn wir mit der Entscheidung so lange wie möglich warten, wissen wir nun genau, worauf wir uns konzentrieren und was wir tun müssen, wenn der Zeitpunkt der Entscheidung gekommen ist. Wir haben unsere Stolperdrähte gesetzt, wir haben anderen die Befugnis gegeben, danach zu handeln, und wir haben uns die Hände gefesselt, um zu verhindern, dass wir in Stresssituationen unsere guten Pläne zunichtemachen.

6.

Aus Entscheidungen lernen

Wenn Sie geistige Arbeit leisten, produzieren Sie Entscheidungen.[56] Das ist Ihr Job. Was Sie in welcher Zeit erreichen, hängt letztlich von der Qualität Ihrer Entscheidungen ab. Wenn Sie lernen, konsequent großartige Entscheidungen zu treffen, werden Sie bald an denjenigen vorbeiziehen, die nur gut entscheiden.

Kein Mensch ist jedoch von Natur aus so schlau, dass er großartige Entscheidungen treffen kann, ohne vorher zu lernen. Wer sich durch großartige Entscheidungen auszeichnet, hat sowohl aus Fehlern als auch aus Erfolgen gelernt. Diese Fähigkeit macht den Unterschied. Sie gibt uns die Möglichkeit, Erfolge zu wiederholen und eine Wiederholung der Misserfolge zu vermeiden. Wenn Sie diese Fähigkeit nicht entwickeln, wird sich Ihr Entscheidungsprozess nicht verbessern.

Vor einigen Jahren habe ich den Auftrag bekommen, die Qualität der Entscheidungen in einem Unternehmen zu optimieren. Der erste Schritt bestand darin, den Status quo zu ermitteln. Dazu versuchten wir zunächst, eine einzige Frage zu beantworten: Wie oft stellte sich das Ergebnis, das die entscheidungsbefugten Personen anstrebten, aus den erwarteten Gründen ein?

Unsere Erkenntnis war für das Unternehmen ein Schock: Die Quote lag nur bei etwa 20 Prozent. Wenn eine Entscheidung tatsächlich zum vorgesehenen Ergebnis führte, dann meist nicht aus dem

Grund, den man sich vorgestellt hatte. Der Erfolg war also nicht auf Wissen, Bemühen oder Können zurückzuführen, sondern in erster Linie war es Glück. Diese Nachricht war ein schwerer Schlag für das Ego der Entscheidungsträger. Sie waren überzeugt gewesen, ihre Erfolge seien hauptsächlich ihren Fähigkeiten zu verdanken, doch die Zahlen sprachen eine andere Sprache. Genauso denken Spieler, die ihr Glück beim Roulette auf ein »System« zurückführen.

Diese Geschichte veranschaulicht ein psychologisches Phänomen, auf das wir bereits eingegangen sind: die *selbstwertdienliche Verzerrung*, also die Neigung, alles so zu deuten, dass es unser Selbstbild stärkt. Wenn wir Erfolg haben, schreiben wir diesen Erfolg gern unseren Fähigkeiten oder Anstrengungen zu. Wenn wir hingegen scheitern, führen wir das eher auf äußere Umstände zurück. Grundsätzlich gilt: Bei Kopf liege ich richtig, bei Zahl liege ich nicht falsch. Wenn Sie besser werden wollen, müssen Sie die fehlerhaften Narrative ändern.

Die selbstwertdienliche Verzerrung verhindert, dass Sie aus Ihren Entscheidungen lernen und Ihren Prozess verbessern. Unser Ego will, dass wir uns für schlauer halten, als wir sind, und redet uns ein, dass wir fleißiger arbeiten und mehr wissen, als tatsächlich der Fall ist. Die Selbstüberschätzung, die uns der Ego-Dämon einflüstert, hindert uns daran, unsere Entscheidungen kritisch zu hinterfragen. Sie verhindert, dass wir zwischen Können und Glück unterscheiden – zwischen dem, was wir beeinflussen können, und dem, was nicht kontrolliert werden kann. Wenn der Dämon Sie in seinen Fängen hat, werden Sie nie aus Ihren Entscheidungen lernen und in Zukunft keine besseren treffen.

Das erste Prinzip, das Sie bei der Beurteilung Ihrer Entscheidungen im Kopf behalten sollten, ist das Prozess-Prinzip.

> **Das Prozess-Prinzip**: Konzentrieren Sie sich bei der Beurteilung einer Entscheidung auf den Prozess, der Sie zur Entscheidung geführt hat, und nicht auf das Ergebnis.

Nach gängiger Ansicht kommen gute Ergebnisse durch gute Entscheidungen guter Menschen zustande und schlechte Ergebnisse durch schlechte Entscheidungen schlechter Menschen. Allerdings lassen sich ohne Weiteres Gegenbeispiele finden. Wir alle haben schon schlechte Entscheidungen getroffen, aber wir sind nicht alle schlechte Menschen. Und das Leben steckt so voller Unwägbarkeiten, dass selbst gute Entscheidungen unerwartete und unglückliche Folgen haben können.

Pete Carroll, Trainer der Seattle Seahawks, kennt den Unterschied zwischen guten Entscheidungen und guten Ergebnissen nur zu gut. Im Februar 2015 traf Carroll in den letzten Minuten des Super Bowl XLIX eine historische Entscheidung, die sofort als großer Fehler kritisiert wurde. Die Seahawks lagen mit 28:24 zurück, standen jedoch an der gegnerischen 1-Yard-Linie, sodass alles dafürsprach, dass sie punkten und die Führung übernehmen würden. Aufseiten der Seahawks stand Marshawn Lynch bereit, ein über 100 Kilo schwerer Rammbock und damals wohl der dominanteste Running Back in der NFL. In diesem Spiel war er bereits mehr als 100 Yards gegen die Patriots gelaufen. Was dann geschah, wurde von CBS Sports wie folgt zusammengefasst – der Bericht zeigt, wie Carrolls Entscheidungen auch heute noch gesehen werden:

> **Was sich dann ereignete, wird in den Annalen des Football ewig weiterleben […] und ebenso wird man sich ewig fragen, wieso Carroll sich beim zweiten Versuch für ein riskantes Wurfspiel durch die Mitte des Felds entschied – damit konnten Belichick und Tom Brady, der MVP des Spiels, mit ihrem vierten gemeinsamen Super-Bowl-Titel Geschichte schreiben.**[57]

Für die Fans auf den Tribünen und fast alle, die das Spiel verfolgt haben, schien die richtige Entscheidung auf der Hand zu liegen:

Der Ball musste zu »Beast Mode«, wie Lynch von vielen genannt wurde. Doch stattdessen gab Carroll seinem Quarterback Russell Wilson die Anweisung, einen Pass zu werfen. Das Ergebnis war katastrophal.

Seit diesem Spielzug sind viele Jahre vergangen. Er wurde endlos analysiert. Warum hat der Trainer nicht die einfache Entscheidung getroffen, die allen anderen so offensichtlich erschien? Aufgrund guter Informationen hatte er auf die Schwächen des Gegners gewettet. Nach dem Spiel sagte ein Interviewpartner zu Carroll: »Alle glauben, dass das der größte Fehler aller Zeiten war.« Carrolls Antwort: Es sei das »schlimmstmögliche Ergebnis« des Spielzugs gewesen. Sein Entscheidungsprozess war richtig. Es hat nur einfach nicht geklappt. So ist das Leben manchmal.

Die richtige Entscheidung führt nicht immer zum gewünschten Ergebnis. Früher oder später muss das jeder Mensch lernen, der in der realen Welt Entscheidungen trifft. Wer pokert, weiß das nur zu gut. Man kann das Blatt perfekt spielen und trotzdem verlieren. Es gibt keine Garantien. Sie können lediglich das Beste aus dem Blatt machen, das Sie bekommen.

Carroll traf seine Entscheidung auf der größten Bühne der Welt, und das Ergebnis war furchtbar. Doch sein Vertrauen in diese Entscheidung war unerschütterlich. Und warum? Weil er wusste, aus welchen Gründen er sie getroffen hatte. Er wusste, dass seine Logik schlüssig war. Ihm blieb nichts anderes übrig, als aus dem Ergebnis zu lernen.

Viele Menschen gehen davon aus, dass gute Entscheidungen zu guten Ergebnissen führen und schlechte Entscheidungen nicht. Aber so ist es nicht. Die Qualität einer einzelnen Entscheidung lässt sich nicht an der Qualität des Ergebnisses festmachen. Das soll folgendes Gedankenexperiment verdeutlichen.

Stellen Sie sich vor, Sie treffen eine sehr durchdachte und bewusste Entscheidung über Ihre berufliche Laufbahn. Sie haben Angebote von verschiedenen Firmen, darunter ein Start-up und ein Unternehmen, das auf der Fortune-500-Liste mit den umsatzstärksten Unternehmen steht. Angesichts Ihrer Lebensumstände entscheiden Sie sich für das Fortune-500-Unternehmen. Das Gehalt ist zwar zunächst geringer, erscheint jedoch zuverlässiger.

Stellen Sie sich außerdem vor, dass Ihr Freund nun für das Start-up arbeitet. Sie erleben, wie er Gehaltserhöhungen und mehr Urlaub bekommt. War Ihre Entscheidung gut oder schlecht?

Und nun stellen Sie sich vor, dass das Start-up nach nur einem Jahr die Segel streichen muss. Beeinflusst das Ihre Sicht auf Ihre Entscheidung?

Ich hoffe, Sie verstehen, worauf ich hinauswill. Sie haben keinen Einfluss darauf, ob das Start-up Erfolg hat oder nicht. Sie können auch nicht kontrollieren, wie Sie sich fühlen werden, wenn das Start-up mehr Gehalt bietet. Sie können nur den Prozess kontrollieren, mit dem Sie die Entscheidung treffen. Dieser Prozess bestimmt, ob die Entscheidung gut oder schlecht war. Wie gut das Ergebnis ausfällt, steht auf einem anderen Blatt.

Unsere Neigung, die Qualität unserer Entscheidung mit dem Ergebnis gleichzusetzen, nennt man *Resulting*. Die Ergebnisse sind der offensichtlichste Teil einer Entscheidung, deshalb neigen wir dazu, die Entscheidung daran zu messen. Wenn die Ergebnisse unseren Vorstellungen entsprechen, schließen wir daraus, dass wir eine gute Entscheidung getroffen haben. Entsprechen die Ergebnisse nicht unseren Vorstellungen, machen wir oft äußere Umstände dafür verantwortlich. Unser Prozess war einwandfrei, uns fehlte nur eine entscheidende Information. (Ganz anders ist es dagegen, wenn ein Bekannter schlechte Ergebnisse erzielt: Dann hat er sich schlecht entschieden.)

Natürlich wünschen wir uns alle gute Ergebnisse, aber wie wir gesehen haben, können gute Entscheidungen auch zu einem schlechten Ergebnis führen und umgekehrt. Wenn wir Entscheidungen – unsere eigenen oder die anderer Leute – anhand des Ergebnisses beurteilen (oder anhand dessen, wie wir uns mit dem Ergebnis fühlen), können wir Glück nicht von Können und Kontrolle unterscheiden. Folglich können wir uns nicht verbessern, wenn wir uns nur mit dem Ergebnis beschäftigen. Resulting führt zu Stagnation.

Haben Sie schon einmal über ein schlechtes Ergebnis gegrübelt und sich immer wieder gefragt: »Warum habe ich das nicht kommen sehen?« Dann wissen Sie nur zu gut, wie schwierig und letztlich sinnlos es ist, Entscheidungen anhand dessen zu beurteilen, wie Sie sich im Nachhinein fühlen. Sie denken: »Hätte ich doch nur mit XY gesprochen (den ich damals noch gar nicht kannte)!« oder »Hätte ich nur diese Information gehabt (die es damals noch gar nicht gab), dann hätte ich die richtige Entscheidung getroffen«. Aber auch mit der besten Entscheidungsstrategie erzielt man hin und wieder schlechte Ergebnisse.

Ob eine Entscheidung gut ist, hängt vom Prozess ab, nicht vom Ergebnis. Ein schlechtes Ergebnis heißt nicht, dass Ihr Entscheidungsprozess schlecht ist, genauso wenig wie ein gutes Ergebnis Sie zum Entscheidungsgenie macht. Ob Sie richtiglagen oder schlicht Glück hatten, können Sie nur herausfinden, wenn Sie analysieren, welche Überlegungen Sie zu der Entscheidung geführt haben. Was Sie damals dachten, bleibt meist unsichtbar, es sei denn, Sie machen Ihre Überlegungen gezielt sichtbar.

Nur die wenigsten Entscheidungen garantieren hundertprozentigen Erfolg. Und selbst wenn eine Entscheidung zu 90 Prozent zum Erfolg führt, liegt die Wahrscheinlichkeit schlechter Ergebnisse immer noch bei 10 Prozent. Was zählt, sind die Ergebnisse im Laufe der Zeit – und dass Sie dafür sorgen, dass diese 10 Prozent Sie nicht das Leben kosten.

Mit dem in der Tabelle gezeigten Schema können Sie Ihre Überlegungen zu Entscheidungen und deren Ergebnisse einordnen.

Gutes Ergebnis / Schlechtes Ergebnis		
Guter Prozess	Sie treffen eine gute Entscheidung und alles läuft nach Plan. Sie haben sich den Erfolg verdient – er ist Ihre Leistung. Sorgen Sie dafür, dass er Ihnen nicht zu Kopf steigt. Bleiben Sie in der Spur und optimieren Sie Ihren Prozess weiter.	Sie treffen eine gute Entscheidung, aber es läuft nicht wie geplant. Pech gehabt! Lassen Sie sich nicht entmutigen. Vertrauen Sie auf den Prozess. Lernen Sie aus der Erfahrung und optimieren Sie weiter.
Schlechter Prozess	Sie treffen eine schlechte Entscheidung, haben jedoch Glück – wie ein Sieg im Roulette. Ihr Erfolg ist nicht verdient. Sie haben nichts dazu beigetragen. Sie hatten lediglich Glück. Auf lange Sicht werden Sie verlieren. Nehmen Sie Veränderungen vor, solange das noch möglich ist. Werden Sie erwachsen und arbeiten Sie an Ihrer Entscheidungsfindung.	Sie treffen eine schlechte Entscheidung und haben Pech – wie eine Niederlage im Roulette. Ihr Scheitern ist verdient. Es geschieht Ihnen recht. Jetzt lernen Sie daraus. Nutzen Sie die Erfahrung als Weckruf. Nehmen Sie Veränderungen vor, solange das noch möglich ist. Werden Sie erwachsen und arbeiten Sie an Ihrer Entscheidungsfindung.

Ein schlechter Prozess kann niemals zu guten Entscheidungen führen. Sicher, er kann ein gutes Ergebnis hervorbringen, aber das ist nicht das Gleiche wie eine gute Entscheidung. Das Ergebnis ist zum Teil auf Glück zurückzuführen – oder auch auf Pech. Wenn man aus den falschen Gründen das richtige Ergebnis erzielt, zeugt das nicht von Intelligenz oder Fähigkeiten, sondern ist nur blindes Glück.

Verstehen Sie mich nicht falsch: Es ist schön, wenn man Glück hat (sofern man weiß, dass es Glück ist). Aber Glück ist kein wiederholbarer Prozess, der langfristig gute Ergebnisse sichert. Glück kann man nicht lernen und auch nicht optimieren. Glück wird Ihnen keinen Vorteil verschaffen. Wenn man Glück mit Absicht gleichsetzt, macht man zwangsläufig Fehler. Man wird blind für die Risiken, die man eingeht, und erlebt früher oder später eine böse Überraschung. Und wenn Sie Glück für Können halten, entgeht Ihnen damit die Chance, aus Ihren Entscheidungen zu lernen, Ihren Prozess zu optimieren und langfristig bessere Ergebnisse zu erzielen.

Ein zweites Prinzip, mit dem Sie im Nachhinein Ihre Entscheidungen beurteilen können, ist das Transparenz-Prinzip.

> **Das Transparenz-Prinzip**: Machen Sie Ihren Entscheidungsprozess so sichtbar und überprüfbar wie möglich.

Die Entscheidungen anderer Menschen bewerten wir anders als unsere eigenen. Da uns die Absichten, Gedankengänge oder Prozesse anderer Leute nur selten klar sind, können wir ihre Entscheidungen meist nur anhand der Ergebnisse beurteilen.

Anders verhält es sich bei unseren eigenen Entscheidungen. Hier können wir aus erster Hand den Prozess selbst betrachten. Wir können unser Denken untersuchen, erkennen, was wir beeinflussen konnten und was nicht und was wir zum jeweiligen Zeitpunkt wussten oder nicht wussten. Diese Erkenntnisse können dann in unseren Prozess für die nächste Entscheidung einfließen. Natürlich ist das leichter gesagt als getan!

Vielen von uns fällt es schwer, aus den eigenen Entscheidungen zu lernen. Das liegt unter anderem daran, dass unser Denk- und Entscheidungsprozess oft unsichtbar bleibt. Wie wir zu unserer endgültigen Entscheidung gelangt sind, machen wir uns oft gar nicht klar. Sobald die Entscheidung gefallen ist, denken wir nicht mehr darüber nach, sondern schauen nur nach vorn. Und wenn wir später auf unsere Entscheidung zurückblicken, manipuliert unser Ego unsere Erinnerungen. Wir verwechseln unseren aktuellen Wissensstand mit dem, was wir zum Zeitpunkt der Entscheidung wussten. Und wir sehen die Ergebnisse und deuten sie als Absichten: »Oh, das wollte ich so.«

Wenn Sie nicht überprüfen, was Sie zum Zeitpunkt der Entscheidung dachten – was Sie wussten, was Sie für wichtig hielten und wie Sie diesbezüglich argumentierten –, werden Sie nie ermitteln, ob Ihre Entscheidung gut war oder ob Sie einfach nur Glück hatten. Wenn Sie aus Entscheidungen lernen wollen, müssen Sie den unsichtbaren Denkprozess so sichtbar und überprüfbar wie möglich machen. Die folgende Schutzmaßnahme kann dabei helfen:

> **Schutzmaßnahme:** *Halten Sie Ihre Gedanken zum Zeitpunkt der Entscheidungsfindung fest.* **Verlassen Sie sich nicht auf das, was Ihre Erinnerung Ihnen sagt. Sie können im Nachhinein nicht mehr nachvollziehen, was Sie zum Zeitpunkt der Entscheidung wussten und dachten.**

Ihr Ego arbeitet daran, Ihre Erinnerungen zu verzerren und Ihnen Narrative vorzugaukeln, durch die Sie sich schlauer oder gewiefter fühlen, als Sie tatsächlich sind. »Niemand«, so denken wir, »könnte bessere Entscheidungen treffen als wir selbst.« Was Sie zum Zeitpunkt der Entscheidung dachten, können Sie nur nachvollziehen, wenn Sie Ihre Gedanken damals festgehalten haben.

Wenn Sie sich Ihre Gedanken notieren, hat das mehrere Vorteile. Ein Vorteil besteht darin, dass eine schriftliche Aufzeichnung Informationen über Ihren Gedankengang zum Zeitpunkt der Entscheidung liefert. Sie macht das Unsichtbare sichtbar. Wenn Sie später über Ihre Entscheidung nachdenken, kann diese Aufzeichnung der Verzerrung durch die Ego-Standardeinstellung entgegenwirken. Fragen wie »Was wusste ich, als ich die Entscheidung getroffen habe?« und »Ist das geplante Ergebnis aus den Gründen zustande gekommen, die ich erwartet habe?« können Sie dann wahrheitsgemäß beantworten.

Ein zweiter Vorteil solcher Aufzeichnungen besteht darin, dass Sie beim Schreiben oft feststellen, dass Sie einen Sachverhalt doch nicht so gut durchschauen wie vermutet. Es ist weitaus besser (und billiger), wenn Sie das vor der Entscheidung erkennen als danach. Dann können Sie nämlich weitere Informationen sammeln, um das Problem besser zu verstehen.

Wenn Sie aufschreiben, was Sie denken, hat das außerdem den Vorteil, dass andere Ihre Gedanken nachvollziehen können, die sonst meist unsichtbar sind. Dann können sie diese Gedanken auf Trugschlüsse überprüfen und eine andere Sicht vorschlagen, für die Sie sonst vielleicht blind wären. Wenn Sie nicht in der Lage sind, anderen (oder sich selbst) Ihr Denken zu erklären, haben Sie die Problematik vermutlich nicht richtig erfasst und sollten sich gründlicher damit befassen.

Ein letzter Vorteil besteht darin, dass andere aus Ihrer Perspektive lernen können, wenn Sie Ihre Gedanken aufschreiben. Vielen Organisationen täte es gut, wenn in einer Datenbank gespeichert wäre, wie alle Beschäftigten bei ihren Entscheidungen vorgegangen sind. Stellen Sie sich nur vor, wie wertvoll ein durchsuchbarer Entscheidungskatalog in Ihrem Betrieb wäre! Mit einem solchen System könnten die unterschiedlichen Abteilungen einer Organisation ihr Denken gegenseitig überprüfen. Die Führungsabteilung könnte erkennen, wer gut und wer nur mittelmäßig entscheidet, während die Belegschaft sich an beispielhaften Entscheidungen orientieren könnte – sowohl positiven als auch negativen. Wenn Sie ein solches System einführen, möchte ich daran beteiligt werden!

All diese Prinzipien werden Ihnen helfen, das zu bekommen, was Sie wollen; allerdings helfen sie Ihnen nicht dabei, das Richtige zu wollen.

TEIL 5

Wollen, was zählt

Betrachte dich als tot. Du hast dein Leben gelebt. Jetzt nimm, was davon übrig ist, und lebe richtig.

Marc Aurel, *Selbstbetrachtungen*

Eine gute Entscheidungsfindung zeichnet sich durch zweierlei aus:

1. Man weiß, wie man bekommt, was man will.
2. Man weiß, was wirklich wert ist, gewollt zu werden.

Beim ersten Punkt geht es darum, effektive Entscheidungen zu treffen, beim zweiten geht es darum, dass die Entscheidungen auch gut sind. Man könnte meinen, das sei dasselbe, doch dem ist nicht so.

Entscheidungen, die sofortige Ergebnisse nach sich ziehen, wie ein Verkaufsabschluss oder die Besetzung einer freien Stelle, mögen zwar effektiv sein, führen aber nicht unbedingt zu dem, was im Leben wirklich wichtig ist, etwa Vertrauen, Liebe und Gesundheit. Gute Entscheidungen hingegen entsprechen Ihren langfristigen Zielen und Werten und verschaffen Ihnen letztlich die

Zufriedenheit und Erfüllung, die Sie sich im Beruf, in Beziehungen und im Leben wirklich wünschen.*

Effektive Entscheidungen liefern erste Ergebnisse, gute Entscheidungen dagegen das ultimative Ergebnis.

Alle guten Entscheidungen sind effektiv, aber nicht alle effektiven Entscheidungen sind gut. Die richtige Entscheidung verschafft Ihnen das, was Sie wirklich wollen – und nicht nur das, was Sie im Augenblick vermeintlich gerne hätten.

Wir bereuen im Leben sowohl Dinge, die wir getan haben, als auch Dinge, die wir nicht getan haben. Besonders groß ist unser Bedauern, wenn wir uns selbst nicht treu sind, wenn es uns nicht gelingt, unseren eigenen Maßstäben gerecht zu werden.

Jede der Standardeinstellungen kann dazu führen, dass wir etwas bereuen. Die soziale Standardeinstellung drängt uns dazu, Ziele von anderen zu übernehmen, auch wenn sich deren Lebensumstände sehr von unseren unterscheiden. Die Trägheits-Standardeinstellung will uns dazu verleiten, weiterhin die gleichen Ziele anzustreben wie bisher, auch wenn wir mittlerweile wissen, dass uns diese Ziele nicht glücklich machen. Die emotionale Standardeinstellung jagt uns hin und her und lässt uns das verfolgen, was uns gerade in den Sinn kommt, auch wenn das auf Kosten wichtigerer langfristiger Ziele geht. Und die Ego-Standardeinstellung verlockt uns dazu, nach Dingen wie Reichtum, Status und Macht zu streben, auch wenn dadurch Glück und Wohlbefinden zu kurz kommen – unser eigenes und das unserer Mitmenschen.

Wenn Sie einer dieser Standardeinstellungen das Kommando über Ihr Leben überlassen, werden Sie es früher oder später bereuen. Leben Sie Ihr Leben nicht nach den Maßstäben anderer Leute. Lassen Sie nicht zu, dass andere die Ziele in Ihrem Leben bestimmen. Übernehmen Sie die Verantwortung dafür, wo Sie gerade stehen und wo Sie hinwollen.

---

* Mit Unterstützung von Chat GPT, der mir die ursprüngliche Version dieses Absatzes verständlicher formuliert hat!

Wahre Weisheit kommt nicht durch das Streben nach Erfolg zustande, sondern indem man den Charakter weiterentwickelt. Jim Collins schrieb dazu: »Effektivität ist nicht denkbar ohne Disziplin, und Disziplin nicht ohne Charakter.«[58]

1.

Von Charles Dickens lernen

Ebenezer Scrooge zählt zu den einprägsamsten Gestalten, die Charles Dickens ersonnen hat – der Inbegriff von Gier und Streben nach Reichtum um jeden Preis. Scrooge bekommt Besuch von drei Geistern, die ihm die Vergangenheit, die Gegenwart und eine mögliche Zukunft zeigen. In dieser Zukunft ist Scrooge tot, und der Geist lässt ihn hören, was andere über ihn sagen: Sie sind froh, dass Scrooge gestorben ist, reden gehässig über ihn, bereuen nicht, dass sie ihn bestohlen haben, und freuen sich, dass er nicht mehr da ist – er hat ihnen das Leben zur Hölle gemacht. Scrooge sieht die langfristigen Folgen seiner Entscheidungen, bereut sie, bittet um eine zweite Chance und bekommt die Gelegenheit, seinen Weg zu ändern.*

Scrooge hatte die Maßstäbe der Gesellschaft angelegt – Maßstäbe, die unseren biologischen Drang nach Hierarchie verstärken und uns dazu bringen, um jeden Preis nach Geld, Status und Macht zu streben. Seine Vision der langfristigen Zukunft machte ihm jedoch deutlich, dass nichts von alledem wirklich wichtig ist, dass ein Leben nach fremden Maßstäben nicht lebenswert ist. Ihm wurde

* Eines meiner Lieblingsbeispiele. Peter Kaufman wies mich einst darauf hin und seitdem entdecke ich es überall.

rechtzeitig klar, dass der Schlüssel zu einem erfolgreichen Leben in netter Gesellschaft und erfüllenden Beziehungen liegt.

Die Qualität Ihres Lebens richtet sich nach der Qualität der Dinge, nach denen Sie streben. Wir glauben, dass Geld, Status oder Macht glücklich machen, aber das stimmt nicht. Wenn wir diese Dinge bekommen, sind wir damit nicht zufrieden. Wir wollen immer mehr. Die Psychologen Philip Brickman und Donald T. Campbell haben für dieses Phänomen einen Begriff geprägt: *die hedonistische Tretmühle*.[59] Waren wir nicht alle schon einmal darin gefangen?

In Ihrer Jugend dachten Sie vermutlich, wenn Sie nur ein Auto hätten, wären Sie für den Rest des Lebens glücklich. Dann bekamen Sie endlich ein Auto. Ein oder zwei Wochen lang waren Sie begeistert, haben den Wagen allen Freunden vorgeführt und sind damit überall hingefahren. Das Leben erschien Ihnen fantastisch. Dann hielt die Realität Einzug. Autos bringen Probleme mit sich. Nicht nur die Kosten für Versicherung, Sprit und Reparaturen sind problematisch, sondern auch das Vergleichen. Ohne eigenes Auto verglichen Sie sich mit anderen, die ebenfalls keinen Wagen hatten. Doch sobald Sie selbst eines besaßen, wurden andere Autobesitzer zu Ihrem Vergleichsmaßstab. Sie stellten fest, dass manche ein besseres Fahrzeug hatten, und waren nicht mehr glücklich mit dem Ihren, das Sie einst so begeistert hatte. Die alte Unzufriedenheit kehrte zurück – die unterste Stufe der hedonistischen Tretmühle. Vergleiche rauben jede Freude.*

Soziale Vergleiche sind allgegenwärtig. Manchmal geht es dabei um Besitz wie Häuser oder Autos, viel häufiger jedoch um Status.

Als ich meine erste Stelle in einem großen Unternehmen antrat, redete ich mir ein, dass ich glücklich wäre, wenn ich nur befördert würde. Also legte ich mich sehr ins Zeug und bekam die

---

* Dieses Zitat wurde schon Präsident Theodore Roosevelt, Mark Twain und C. S. Lewis zugeschrieben, aber offenbar hat es keiner von ihnen jemals gesagt. Siehe »Comparison Is The Thief of Joy«, Quote Investigator, 6. Februar 2021, https://quoteinvestigator.com/2021/02/06/thief-of-joy/.

Beförderung. Ein paar Wochen lang fühlte ich mich hervorragend. Dann jedoch hielt ähnlich wie bei dem Auto-Beispiel die Realität Einzug. Ich hatte neue Probleme und neue Verantwortlichkeiten. Und schlimmer noch, ich verglich mich mittlerweile mit einer neuen Personengruppe. Bald war ich wieder so unzufrieden wie zuvor. Zwar wurde ich immer wieder befördert, aber glücklicher machte mich das nie. Ich wollte nur immer noch mehr.

Wir reden uns ein, dass die nächste Stufe genug sein wird, aber das ist sie nie. Die nächste Null auf Ihrem Bankkonto wird Sie nicht zufriedener machen. Die nächste Beförderung wird nicht ändern, wer Sie sind. Durch das schicke Auto werden Sie nicht glücklicher. Das größere Haus kann Ihre Probleme nicht lösen. Mehr Follower in den sozialen Medien machen Sie nicht zu einem besseren Menschen.

Die hedonistische Tretmühle bewirkt, dass wir zu Menschen werden, die »glücklich sind, wenn«. Damit meine ich Menschen, die glauben, dass sie glücklich sein werden, *wenn* etwas passiert – etwa wenn sie die verdiente Anerkennung bekommen, ein bisschen mehr Geld verdienen oder die wahre Liebe finden. In Wirklichkeit ist Glücklichsein jedoch nicht an Bedingungen geknüpft.

Menschen, die meinen, »glücklich zu sein, wenn«, sind eigentlich nie glücklich. Sobald sie bekommen, was sie vermeintlich wollen – den »Wenn«-Teil der Bedingung –, wird das, was sie nun haben, zur neuen Norm, und sie wollen automatisch mehr. Es ist, als wären sie durch eine Tür gegangen, durch die es kein Zurück gibt. Sobald sich die Tür hinter ihnen geschlossen hat, verlieren sie die Orientierung. Sie sehen nicht mehr, wo sie herkommen, sondern nur noch, wo sie sind.

Das, was ist, betrachten wir als normal, und das Gute, das wir erleben, wird für uns selbstverständlich. Dann kann uns nichts mehr glücklich machen. Und während wir in der Tretmühle eifrig vielen Dingen hinterhereilen, die uns kein Glück verschaffen, entgeht uns das, was wirklich wichtig ist.

Scrooge ist ein fiktives Beispiel dafür, dass »Erfolg« auf Kosten der Dinge geht, die wirklich zählen. Doch es gibt auch viele

Beispiele aus dem wahren Leben. So habe ich einmal mit dem Geschäftsführer eines großen Unternehmens zusammengearbeitet, der seinen Posten einem Verhalten verdankte, das den meisten von uns bekannt sein dürfte: In einer extrem wettbewerbsorientierten Kultur fuhr er rücksichtslos die Ellbogen aus. Die Leute, mit denen er auf seinem Weg zum CEO zu tun hatte, waren für ihn allesamt nur Mittel zum Zweck: Er wollte Reichtum, Respekt, sich einen Namen machen. Er wollte Status und Anerkennung.

Nach Meetings, in denen stets eine äußerst angespannte Atmosphäre herrschte und er häufig die Beherrschung verlor, sagte er mir oft: »Shane, du musst dich entscheiden, ob du ein Löwe oder ein Schaf bist. Ich bin ein Löwe.« Dann zitierte er Tywin Lannister aus *Game of Thrones*: »Ein Löwe schert sich nicht um die Meinung eines Schafes.« Jeder sollte wissen, dass er an der Spitze der Hackordnung stand.

Er war ein begeisterter Golfer und spielte oft mehrere Runden pro Woche. An Mitspielern mangelte es ihm nie – im Gegenteil, oft klagte er darüber, er habe so viele Freunde, dass er nicht mit allen spielen könne. Als er schließlich in den Ruhestand ging, freute er sich darauf, endlich genug Zeit zu haben, mit seinen vielen Freunden seiner Lieblingsbeschäftigung zu frönen. Allerdings musste er feststellen, dass die meisten seiner »Freunde« und Kollegen nun zu beschäftigt waren, nicht ans Telefon gingen oder nicht zurückriefen. So brachte er im Monat kaum eine einzige Runde zustande.

Seine Beziehungen waren ihm echt und bedeutungsvoll erschienen, aber in Wirklichkeit war dieser Mann allen egal gewesen. Er hatte andere nur als Mittel zum Zweck gesehen, deshalb fühlten sie sich benutzt, manipuliert und verärgert. Er war cholerisch gewesen, hatte geschrien und geflucht. Niemand hatte freiwillig mit ihm zusammengearbeitet, sondern nur, weil es sein musste. Dem CEO hatte das Golfen Spaß gemacht, doch für seine Mitspieler war es Arbeit gewesen.

Einige Zeit nach seiner Pensionierung erkannte er schließlich, dass er auf das falsche Pferd gesetzt hatte. Er hatte nach Reichtum,

Macht und Bekanntheit gestrebt – nach Zielen, die so vielen erstrebenswert erscheinen. Diese Ziele stellte er über alles andere und verfolgte sie unerbittlich. Schließlich bekam er, was er vermeintlich wollte. Und doch fühlte er sich leer. Das, was er wollte, erreichte er auf Kosten bedeutungsvoller Beziehungen – und musste erkennen, dass solche Beziehungen das wirklich Wichtige gewesen wären. Im Gegensatz zu Scrooge bekam er keine zweite Chance.

Wie viele von uns – egal in welcher Phase des Berufslebens – befinden sich auch auf diesem Weg? Reichtum und Status sind uns wichtiger als Glück, das Äußere wichtiger als das Innere, und wir machen uns wenig Gedanken darum, wie wir dieses Ziel erreichen. Letztlich streben wir nach Lob und Anerkennung von Menschen, die nicht wichtig sind, und das auf Kosten der Menschen, die wirklich zählen.

Ich habe schon viele erfolgreiche Leute kennengelernt, mit denen ich nicht tauschen wollen würde. Sie waren intelligent, sie hatten Power, sie hatten viele Möglichkeiten und das nötige Kleingeld, um diese Möglichkeiten auszuschöpfen. Aber dafür fehlte ihnen etwas anderes. Sie wussten, wie sie bekommen konnten, was sie wollten, aber das, was sie wollten, war nicht wert, gewollt zu werden. Im Gegenteil, diese Dinge ruinierten ihnen letztlich das Leben. Ihnen fehlte das, was Scrooge am glücklichen Wendepunkt seiner Geschichte gewinnt – die Zutat, die die unglückliche Masse von den wenigen Glücklichen unterscheidet.

Die alten Griechen hatten für diese Zutat einen Begriff: *Phronesis* – die Klugheit zu wissen, wie man sein Leben so einrichtet, dass man die besten Ergebnisse erzielt.

Die Entscheidungen, die Sie als Teenager getroffen haben, kommen Ihnen im Nachhinein vermutlich ziemlich dumm vor. Damals, als Sie das Auto Ihrer Eltern geklaut haben (ich meine natürlich *ausgeliehen haben*), als Sie auf Partys zu viel getrunken und vielleicht ein paar Sachen gemacht haben, die Sie besser nicht getan hätten (zum Glück gab es damals noch keine Handys mit Fotofunktion). Damals haben diese Entscheidungen nicht dumm gewirkt, aber warum kommen sie uns heute so vor? Weil wir jetzt eine Perspektive haben, die uns damals nicht zur Verfügung stand. Was Ihnen damals als das Wichtigste auf der Welt erschien – das, wonach Sie sich verzehrt haben –, erscheint Ihnen jetzt im Nachhinein dumm.

Klugheit erfordert all das, auf das wir bereits eingegangen sind: die Fähigkeit, die Standardeinstellungen in Schach zu halten, Raum für Vernunft und Reflexion zu schaffen, die Prinzipien und Schutzmaßnahmen zu nutzen, durch die effektive Entscheidungen zustande kommen. Aber um klug zu sein, braucht es noch mehr. Es reicht nicht, dass man weiß, wie man bekommt, was man will. Man muss auch wissen, welche Dinge wert sind, gewollt zu werden – was wirklich wichtig ist. Wir können nicht die Lebensentscheidungen anderer Menschen kopieren und bessere Ergebnisse erwarten. Wenn wir das bestmögliche Leben führen wollen, brauchen wir eine andere Strategie.

Das Allerwichtigste ist, dass wir wissen, was wir wollen sollten. Tief im Inneren wissen Sie bereits, was zu tun ist, Sie müssen nur Ihrem eigenen Ratschlag folgen. Manchmal wäre es besser, wenn wir uns selbst an die Ratschläge halten, die wir anderen geben.

2.

Die Glücksexperten

Vor einiger Zeit habe ich ein Interview mit dem Gerontologen Karl Pillemer geführt, dem Verfasser von *30 Lessons for Living. Tried and True Advice from the Wisest Americans.*[60] Pillemer hatte in zahlreichen Studien erkannt, dass Menschen mit über 70, über 80 oder in noch höherem Alter glücklicher waren als jüngere. Das weckte seine Neugier: »Immer wieder begegneten mir ältere Leute – oft hatten sie geliebte Menschen verloren, gewaltige Probleme durchgemacht und schwere gesundheitliche Beeinträchtigungen –, die aber dennoch glücklich und zufrieden waren und das Leben sehr genossen. Deshalb fragte ich mich: ›Woher kommt das?‹«

Eines Tages kam ihm die Erleuchtung: Vielleicht wussten die Älteren einfach besser als Jüngere, was ein glückliches Leben ausmacht. Vielleicht konnten sie Dinge sehen, die uns entgehen. Von allen Bevölkerungsgruppen haben die Älteren am ehesten das Recht, sich als Experten für ein glückliches Leben zu bezeichnen. Doch zu seinem Erstaunen stellte Pillemer fest, dass es offenbar noch keine Studien zu den praktischen Ratschlägen gab, die ältere Menschen für die jüngere Generation haben. Damit begann seine siebenjährige Suche nach »der praktischen Weisheit älterer Menschen«.

Deren wichtigste Botschaft lautet: Das Leben ist kurz! »Je älter die Befragten«, so Pillemer, »desto eher äußerten sie, dass das Leben wie im Flug vergeht.« Wenn ältere Leute jungen Menschen sagen, das Leben sei kurz, dann ist das nicht makaber oder pessimistisch gemeint, sondern soll eine Perspektive vermitteln, die hoffentlich zu besseren Entscheidungen führt – Entscheidungen, die den wirklich wichtigen Dingen Vorrang geben. »Ich wünschte, das hätte ich schon mit 30 gelernt und nicht erst mit 60«, so ein Mann zu Pillemer. »Dann hätte ich viel mehr Zeit gehabt, das Leben zu genießen.« Wenn es doch nur möglich wäre, zukünftige Rückschau in heutige Vorausschau zu verwandeln!

Zeit ist die ultimative Währung des Lebens. Da uns auf der Erde nur eine kurze Spanne zur Verfügung steht, müssen wir damit umgehen wie mit jeder anderen knappen Ressource: Wir müssen sie klug nutzen – und zwar so, dass das Wichtigste Vorrang hat.

Was war für die Leute, die Pillemer befragte, das Wichtigste? Unter anderem Folgendes:

- Reden Sie jetzt mit den Menschen, die Ihnen wichtig sind – sei es, um Dankbarkeit auszudrücken, um Vergebung zu erbitten oder um Informationen zu bekommen.
- Verbringen Sie so viel Zeit wie möglich mit Ihren Kindern.
- Genießen Sie die alltäglichen Freuden, statt darauf zu warten, dass große Anschaffungen Sie glücklich machen.
- Suchen Sie sich eine Arbeit, die Sie lieben.
- Wählen Sie den Menschen, an den Sie sich binden, sorgfältig aus und überstürzen Sie nichts.

Genauso aufschlussreich ist die Liste der Dinge, die sie als unwichtig befanden:

- Niemand sagte, es mache glücklich, wenn man möglichst viel arbeitet, um Geld zu verdienen.
- Niemand sagte, es sei wichtig, dass man genauso wohlhabend ist wie seine Mitmenschen.
- Niemand sagte, man solle den Beruf nach den Verdienstmöglichkeiten aussuchen.
- Niemand bedauerte, sich nicht für eine Kränkung gerächt zu haben.

Und was bedauerten die Befragten am meisten? Dass sie sich um Dinge gesorgt hatten, die nie eingetreten sind. »Mit Sorgen vergeudet man sein Leben«, lautete eine Antwort.

Dies sind wichtige Erkenntnisse von Menschen, die laut Pillemer »unsere glaubwürdigsten Experten sind, wenn es darum geht, wie man in schwierigen Zeiten ein glückliches und erfülltes Leben führt«. Allerdings gibt es eine weitere und noch wichtigere Erkenntnis.

Pillemer bat eine seiner Interviewpartnerinnen, genauer zu erklären, weshalb sie glücklich sei. Die Frau überlegte eine Weile und sagte dann: »In meinen 89 Jahren habe ich gelernt, dass Glück eine Entscheidung ist – kein Zustand.«

Pillemer meint: »Ältere Menschen unterscheiden genau zwischen dem, was uns widerfährt, und unserer inneren Einstellung zum Glück. Trotzdem glücklich. Glücklichsein ist kein passiver Zustand, der von äußeren Ereignissen abhängt, und auch kein Persönlichkeitsmerkmal – es ist nicht so, dass wir einfach als glücklicher Mensch geboren werden. Vielmehr müssen wir dazu bewusst die Perspektive verschieben und uns – jeden Tag – für Optimismus statt Pessimismus, für Hoffnung statt Verzweiflung entscheiden.«

Je älter wir werden, desto mehr sehen wir die Dinge so, wie Mark Aurel sie sah: »Wenn ein Gegenstand der Außenwelt dich missmutig macht, so ist es nicht jener, der dich beunruhigt, sondern vielmehr dein Urteil darüber; dieses aber sofort zu tilgen, steht in deiner Macht.«[61]

Diese Erkenntnis hat drastische Folgen, denn das Glücklichsein fällt damit in das gleiche Spektrum wie andere Entscheidungen, auf die wir bereits eingegangen sind. Aus allen Entscheidungen, die Ihr Berufs- und Privatleben prägen, ergibt sich also letztlich die generelle Entscheidung, glücklich zu sein. Sie können entscheiden, was Sie im Leben anstreben. Sie können entscheiden, was für Sie Priorität hat. Sie können entscheiden, ob Sie Ihre Zeit, Ihre Energie und andere Ressourcen den Dingen widmen, die letztlich wirklich wichtig sind.

Wenn wir die Dinge aus der Sicht älterer Menschen betrachten könnten, wären wir vielleicht in der Lage, ein besseres Leben zu führen – wir könnten wie die Experten erkennen, was wirklich wichtig ist und was nicht. Und tatsächlich gibt es eine uralte Technik, mit der genau das gelingt: Gewöhnen Sie sich an, stets zu bedenken, wie kurz das Leben ist, dann wird Ihnen deutlich, was wirklich wichtig ist.

»Lass uns daher unser Gemüt so stimmen, als wären wir schon am Ende angelangt«, sagte Seneca. Wenn Sie ein besseres Leben wollen, sollten Sie an den Tod denken.

3.

Memento mori

Lassen Sie uns ein Gedankenexperiment durchführen.

Machen Sie den Kopf frei und stellen Sie sich dann vor, dass Sie 80 Jahre alt sind und Ihr Leben sich dem Ende zuneigt. Vielleicht haben Sie noch ein paar Jahre, vielleicht auch nur ein paar Stunden. Sie sitzen an einem schönen Herbsttag auf einer Parkbank an einem Fluss. Sie hören Vögel vorüberziehen, das Wasser im Fluss plätschern, Blätter von den Bäumen fallen und sanft zu Boden gleiten. Familien gehen vorbei, kleine Kinder an der Hand ihrer Eltern.

Nehmen Sie sich so viel Zeit, wie Sie möchten. Nur keine Eile.

Jetzt überlegen Sie genau. Wie ist das Leben, das Sie sich vorstellen? Wer spielt darin eine Rolle? Inwieweit haben Sie diese Menschen beeinflusst? Was haben Sie für sie getan? Welche Gefühle haben Sie bei ihnen geweckt? Was haben Sie erreicht? Was besitzen Sie? Was ist Ihnen in Ihren letzten Tagen am wichtigsten? Was erscheint unwichtig? Welche Erinnerungen beglücken Sie? Was bereuen Sie? Was sagen Ihre Freunde über Sie? Was über Ihre Familie?

Wenn wir unseren Blick auf das Ende des Lebens richten, wird uns deutlicher, was wirklich wichtig ist. So können wir weiser werden. Wenn wir die Gegenwart durch das Objektiv des Lebensendes betrachten, rücken die Ängste und Wünsche, die uns im Moment beschäftigen, in den Hintergrund und schaffen Platz für Dinge, die eine größere Bedeutung für unser Leben insgesamt haben. Steve Jobs drückte das so aus:

> Das Bewusstsein, dass ich bald tot sein werde, ist bei großen Entscheidungen im Leben mein wichtigstes Werkzeug. Denn fast alles – alle Erwartungen von außerhalb, aller Stolz, alle Angst vor Blamage oder Versagen –, all das fällt im Angesicht des Todes einfach weg, sodass nur das bleibt, was wirklich wichtig ist. Der Falle, dass man denkt, man hätte etwas zu verlieren, entgeht man meiner Ansicht nach am besten, indem man sich deutlich macht, dass man sterben wird.[62]

Durch diesen Perspektivenwechsel wird die zukünftige Rückschau zur aktuellen Vorausschau. Wir haben dann eine Karte, die uns den Weg in die Zukunft weist. Wenn wir das Leben so betrachten, stellt sich oft heraus, dass unsere derzeitige Richtung nicht ganz zu dem passt, was wir erreichen wollen. Es ist gut, wenn man das erkennt! Die Erkenntnis, dass man sich in die falsche Richtung bewegt, ist der erste Schritt, um wieder auf Kurs zu kommen. Wenn Ihnen bewusst ist, was wirklich zählt, können Sie sich allmählich fragen: »Nutze ich meine begrenzte Zeit richtig?«[63]

Steve Jobs hatte ein tägliches Ritual. Jeden Morgen schaute er in den Spiegel und fragte sich: »Wenn heute der letzte Tag meines Lebens wäre, würde ich dann das tun wollen, was ich heute vorhabe?«[64] Wenn die Antwort an zu vielen Tagen hintereinander »Nein« lautete, war ihm klar, dass er etwas ändern musste. Irgendwann habe ich mir selbst das gleiche Ritual angewöhnt. Das führte zu meinem Entschluss, den Geheimdienst zu verlassen. Schlechte Tage gibt es immer, aber wenn die Antwort auf Jobs' Frage Tag für Tag, Woche für Woche »Nein« lautet, ist es Zeit, etwas zu ändern.

Sie selbst haben bei dieser Übung vermutlich an zwischenmenschliche Beziehungen gedacht. Vielleicht an einen Moment, in dem Sie mit Ihrem Partner zusammen auf dem Sofa geweint haben, an ein romantisches Wochenende oder an einen gemeinsamen Strandspaziergang Hand in Hand. Vielleicht an Ihre Hochzeit. Oder vielleicht an einen Moment der puren Freude mit Ihren Kindern. Vielleicht dachten Sie an eine Situation, in der Sie für eine Freundin da waren oder ein Freund Ihnen zur Seite stand.

Oder vielleicht haben Sie Bedauern empfunden – weil Sie Chancen, die sich boten, nicht genutzt haben, weil Sie Träume nicht verfolgt, das Unternehmen nicht gegründet haben, weil Sie einer Liebe nicht nachgegangen sind, weil Sie eine Reise nicht angetreten haben, weil Sie sich etwas nicht getraut haben, um nicht verletzt zu werden, weil Sie Angst hatten, etwas anders zu machen, um sich nicht zu blamieren.

Jeff Bezos verwendet ein ähnliches Gedankenexperiment:

> Ich wollte mir vorstellen, wie ich mit 80 Jahren sage: »Gut, jetzt blicke ich auf mein Leben zurück. Ich möchte so wenig wie möglich bereuen müssen.« [...] Mir war klar, dass ich es mit 80 nicht bereuen würde, [Amazon] versucht zu haben. Ich würde es nicht bereuen, dass ich versucht hatte, an dieser Sache namens Internet teilzuhaben, von der ich Großes erwartete. Mir war klar, dass ich ein Scheitern nicht bereuen würde, sondern nur, wenn ich es niemals versucht hätte. Mir war klar, dass mich das jeden Tag verfolgen würde, und als ich so darüber nachdachte, war die Entscheidung unglaublich einfach.[65]

Das, was wir nicht getan haben, bereuen wir mehr als das, was wir getan haben. Der Schmerz eines gescheiterten Versuchs mag groß sein, ist aber zumeist recht schnell vergangen. Der Schmerz, es nicht zu versuchen, ist zwar weniger intensiv, verschwindet jedoch niemals so ganz.[66]

Besitz ist nicht wegen der Dinge an sich von Bedeutung, sondern aufgrund dessen, was er uns möglich macht. Ihr Haus haben Sie in diesem Gedankenexperiment vermutlich nicht als Investition betrachtet. Wenn Sie überhaupt daran gedacht haben, dann vermutlich im Kontext von Beziehungen und Erinnerungen – Familienfeiern, Lachen, Tränen, Partys, ganze Tage, die Sie mit einem geliebten Menschen im Bett verbracht haben, erbitterte Spielerunden, Striche am Türrahmen, die das Heranwachsen Ihrer Kinder dokumentieren.

Vermutlich haben Sie nicht an die Stunden gedacht, in denen Sie *Breaking Bad*, *The Mandalorian* oder *Der Bachelor* geschaut haben. Wahrscheinlich auch nicht an die Zeit, die Sie auf dem Arbeitsweg zugebracht haben, und an die Podcasts oder Hörbücher, die Sie dabei hören konnten. Vielleicht haben Sie stattdessen daran gedacht, dass Sie zumindest einen Teil dieser Zeit lieber für Familie und Freunde oder für das Buch genutzt hätten, das Sie schon immer schreiben wollten.

Vielleicht erinnern Sie sich an die Situationen, in denen Sie nicht der Mensch waren, der Sie sein wollten – das geht uns allen von Zeit zu Zeit so. Vielleicht denken Sie daran, wie Sie eine unangemessene E-Mail verschickt oder die Beherrschung verloren und einen geliebten Menschen angebrüllt haben. Vielleicht daran, dass Sie etwas gesagt haben, das Sie nicht so gemeint haben, um eine Reaktion zu provozieren, weil Sie in diesem Augenblick nicht gewusst haben, wie Sie Ihre Liebe oder Ihre Angst zum Ausdruck bringen sollten. Oder vielleicht daran, dass Sie einmal jemand um Hilfe gebeten hat, Sie jedoch zu sehr mit Ihren eigenen Prioritäten beschäftigt waren.

Vielleicht denken Sie an das, was Sie für Ihre Gemeinschaft, Ihre Stadt, Ihr Land oder die Welt bewirkt haben – oder nicht bewirken konnten. Vielleicht denken Sie auch an Ihre Gesundheit. Haben Sie alles getan, um Ihren Körper auf ein Leben mit 80, 90 oder 100 Jahren vorzubereiten? Haben Sie gut für sich gesorgt, damit Sie gut für andere sorgen konnten?

Die Momente, die uns entscheidend vorkommen, etwa eine Beförderung oder ein neues Haus, spielen für die Lebenszufriedenheit eine weitaus geringere Rolle als die vielen kleinen Momente, die im Hier und Jetzt scheinbar keine Bedeutung haben. Letztlich sind die alltäglichen Augenblicke wichtiger als große Gewinne. Winzige Freuden statt grelles Scheinwerferlicht.

4.

Vom Tod für das Leben lernen

Es ist nicht so, dass wir wenig Zeit haben, sondern dass wir viel davon verschwenden.
Seneca, *Über die Kürze des Lebens*

Wenn man das eigene Leben aus der Perspektive des Todes betrachtet, entsteht ein ungeschöntes, kraftvolles und vielleicht auch etwas furchteinflößendes Bild. Es wird deutlich, was am wichtigsten ist. Wir sehen die Kluft zwischen dem, was wir sind, und dem, was wir gerne wären. Wir erkennen, wo wir sind und wo wir hinwollen. Wenn diese Klarheit fehlt, mangelt es uns an Weisheit, sodass wir die Gegenwart mit Dingen verschwenden, die nicht wichtig sind.

Dieses Gedankenexperiment verschafft mir eine objektivere Sicht auf mein Leben. Es weckt in mir den Wunsch, eine bessere Version meiner selbst zu werden.

Zunächst fallen mir dann die Dinge ein, die ich für andere tun möchte. War ich für geliebte Menschen da, als sie mich gebraucht haben? Habe ich mir Zeit für diejenigen genommen, die mir am nächsten stehen? Bin ich der Partner, der ich sein möchte – liebevoll, unterstützend und so hoffnungslos romantisch und kitschig, wie ich nun einmal bin? War ich ein guter Vater? Eine gute Mutter? Bin ich gereist und habe ich die Welt gesehen? Konnte man sich auf mich verlassen? Habe ich mich aktiv in die Gemeinschaft eingebracht? Habe ich anderen geholfen, ihre Träume zu verwirklichen? Habe ich die Welt ein wenig besser gemacht?

Wenn Sie das Ziel kennen, wird der Weg dorthin klarer. Schon Aristoteles sagte: »Wenn es nun ein Ziel des Handelns gibt, das wir seiner selbst wegen wollen, [...] so muss ein solches Ziel offenbar das Gute und das Beste sein. Sollte seine Erkenntnis nicht auch für das Leben eine große Bedeutung haben und uns helfen, gleich den Schützen, die ein festes Ziel haben, das Rechte besser zu treffen?«[67]

Meine Kinder haben irgendwann herausgefunden, dass es einfacher ist, ein Labyrinth rückwärts zu lösen als vorwärts, vor allem, wenn es schwieriger oder komplizierter ist als üblich. Wenn man von Anfang an das Ende im Blick behält, so stellten sie fest, kann man sich leichter für den richtigen Weg entscheiden. Ganz ähnlich ist es im Leben an sich.

Wenn Sie Ihr letztes Lebensjahr erreicht hätten, würden Sie dann so leben, wie Sie es heute tun? Diese Frage habe ich einmal einem Freund beim Mittagessen gestellt, und er antwortete spontan: »Ich würde meine Ersparnisse auf den Kopf hauen, meine Kreditkarten voll ausschöpfen und drogensüchtig werden.« (Das mit den Drogen war hoffentlich ein Scherz.)

Wenn Sie sich ausmalen, wie Sie mit 90 Jahren sein werden, wird ganz deutlich, dass Drogen oder Geldausgeben Sie nicht glücklicher machen werden. Der Gedanke an den Tod nimmt vielen Menschen sogar die Lust am Geldausgeben.[68] (Der Nachteil von Drogen erklärt sich wohl von selbst.) Und ich bin mir sicher, dass Sie Ihr letztes Jahr nicht damit verbringen würden, E-Mails zu checken, andere Menschen schlechtzumachen oder Ihrem Onkel zu beweisen, dass Sie damals bei der Familienfeier in dem politischen Streitgespräch doch recht hatten.

Wenn Sie sich Ihr älteres Ich vorstellen und überlegen, wie Ihr Leben im Nachhinein aussehen soll, denken Sie nicht mehr an die vielen Kleinigkeiten, die zur Folge haben, dass Sie reaktiv statt proaktiv sind. Sie erkennen, was Ihnen wirklich wichtig ist. Kleinigkeiten wirken klein, und das, was wirklich wichtig ist, erscheint allmählich größer. Aus dieser Perspektive ist es einfacher, die Zukunft anzusteuern, die Sie wirklich wollen. Sie entdecken die Kluft zwischen dem, was Sie sind, und dem, was Sie sein wollen, und können bei Bedarf den Kurs ändern.

Ich selbst habe mir nach diesem Gedankenexperiment beispielsweise angewöhnt, mich besser zu ernähren, mehr zu schlafen und regelmäßig Sport zu treiben. Und warum? Weil ich gesund sein muss, um 90 Jahre alt zu werden und all das zu tun, was ich mir wünsche. Ebenso hat mir das Gedankenexperiment deutlich gemacht, dass ich als Vater präsenter sein möchte. Deshalb habe ich meine Handynutzung im Beisein der Kinder eingeschränkt und Routinen geschaffen, die unsere Verbindung fördern: Wir setzen uns jetzt jeden Tag, wenn sie nach Hause kommen, auf das Sofa und sprechen über den Schultag. Das sind natürlich nur kleine Veränderungen, aber sie haben große Auswirkungen auf mich und die Menschen, die mir wichtig sind.

Wenn ich an das Gedankenexperiment denke, überlege ich auch, was man über mich sagen wird, wenn ich nicht mehr da bin und nicht mehr darauf reagieren kann. Was wird man *wirklich* sagen?

Was auch immer es ist, *jetzt* habe ich die Gelegenheit, das zu beeinflussen – solange mir noch Zeit bleibt.[69] Nicht alle werden nur freundlich über mich sprechen, also muss ich einige Beziehungen kitten. Aber das kann ich jetzt tun. Ich kann Größe zeigen. Und warum? Weil es mir wichtig ist.

Klug zu sein bedeutet, von nachträglicher Einsicht zu aktueller Voraussicht zu gelangen. Was im Augenblick wichtig erscheint, ist für das Leben an sich selten von großer Bedeutung, aber was im Leben wirklich zählt, ist immer auch im Augenblick wichtig.[70]

Was im Augenblick wie ein Sieg aussieht, ist oft sehr oberflächlich. Im Augenblick scheint es sehr wichtig, verliert jedoch aus der Perspektive des gesamten Lebens betrachtet an Bedeutung. Wenn wir uns nicht auf das zubewegen, was wir erreichen wollen, bereuen wir, wo wir gelandet sind. Und dass man nichts bereut, ist ein entscheidender Aspekt eines zufriedenen Lebens.

Gutes Urteilsvermögen und ein gutes Leben

Gutes Urteilsvermögen bedeutet vor allem, dass man effektiv das erreicht, was wichtig ist – nicht im Moment, sondern im Leben. Es geht nicht darum, dass wir herausfinden, wie wir heute erfolgreich sein können, sondern dass wir verstehen, warum und wie wir unser Leben auf das Ziel ausrichten müssen. Gutes Urteilsvermögen bedeutet vor allen Dingen, dass man klug ist.

Kluge Menschen wissen, was wirklich wertvoll ist. Sie wissen besser als alle anderen, dass man nur ein einziges Leben hat – es gibt keine Rohfassung, keinen zweiten Versuch, kein Zurück. Sie vergeuden ihre Zeit nicht damit, in einer hedonistischen Tretmühle belanglosen Dingen hinterherzujagen. Sie wissen, was echten Reichtum ausmacht, und streben danach, sich diesen Reichtum zu sichern – ganz gleich, was andere denken oder sagen.

Der Preis für diese Klugheit besteht manchmal darin, dass man von anderen für dumm gehalten wird. Und das ist kein Wunder: Dumme verstehen nicht, was Kluge tun. Kluge Menschen sehen das Leben in all seinen Facetten: Arbeit, Gesundheit, Familie, Freunde, Glaube und Gemeinschaft. Sie fixieren sich nicht auf einen Aspekt und lassen alle anderen außer Acht. Nein, sie wissen, wie sie die verschiedenen Aspekte des Lebens in Einklang bringen können, und sehen jeden einzelnen im Verhältnis zum großen Ganzen. Sie wissen, dass das Leben sinnvoll, bewundernswert und schön wird, wenn man auf diese Weise für Harmonie sorgt.

Wenn Sie ein gutes Urteilsvermögen entwickeln wollen, sollten Sie sich zunächst zwei Fragen stellen: »Was will ich im Leben? Und ist das, was ich will, wirklich wert, dass ich es will?« Solange Sie die zweite Frage nicht beantwortet haben, werden Ihnen alle Entscheidungshilfen der Welt nicht viel nützen. Es bringt wenig, wenn man weiß, wie man bekommt, was man will, wenn einen diese Dinge aber gar nicht glücklich machen. Es spielt keine Rolle, wie erfolgreich Sie sich Macht, Ruhm oder Geld sichern, wenn Sie eigentlich am liebsten noch einmal von vorn anfangen würden.

SCHLUSSWORT

Der Wert des klaren Denkens

Gutes Urteilsvermögen ist teuer, aber schlechtes Urteilsvermögen kostet ein Vermögen.

Die Kernaussage dieses Buches lautet, dass unser gutes Urteilsvermögen durch unsichtbare Instinkte bedroht wird. Ihre Standardeinstellungen drängen Sie dazu, unüberlegt zu reagieren und dadurch unbewusst zu leben, statt bewusst zu handeln.

Wenn Sie den Standardeinstellungen nachgeben, spielen Sie ein Spiel, das Sie nicht gewinnen können. Wenn Ihr Leben auf Autopilot läuft, erzielen Sie schlechte Ergebnisse. Sie machen alles nur noch schlimmer. Sie sagen Dinge, die Sie nicht ungesagt machen können, und tun Dinge, die sich nicht mehr rückgängig machen lassen. Es mag sein, dass Sie Ihr unmittelbares Ziel erreichen, doch Ihnen entgeht, dass es dadurch schwieriger wird, Ihren eigentlichen Zielen näher zu kommen. All dies geschieht, ohne dass Ihnen bewusst ist, dass Sie überhaupt Urteile fällen.

In den meisten Büchern über das Denken geht es nur darum, rationaler zu werden. Doch dabei wird das Hauptproblem außer Acht gelassen: Die meisten Fehlurteile kommen zustande, weil wir gar nicht wissen, dass wir unser Urteilsvermögen einsetzen sollten. Sie kommen zustande, weil unser Verhalten durch unser Unterbewusstsein gesteuert wird und wir nicht bewusst entscheiden, was wir tun sollten. Sie treffen keine bewusste Entscheidung, sich mit

Ihrer Partnerin oder Ihrem Partner zu streiten, ertappen sich jedoch dabei, wie Sie verletzende Dinge sagen, die Sie nicht zurücknehmen können. Sie treffen keine bewusste Entscheidung, Ihre Familie zu vernachlässigen, um nach Geld und Status zu streben, ertappen sich jedoch dabei, dass Sie immer weniger Zeit mit den Menschen verbringen, die Ihnen im Leben am wichtigsten sind. Sie treffen keine bewusste Entscheidung, Ihre Vorstellungen zu verteidigen, ertappen sich jedoch dabei, dass Sie sich über alle ärgern, die Sie kritisieren.

Um das zu bekommen, was man im Leben erreichen will, muss man durchschauen, wie die Welt funktioniert, und sich entsprechend anpassen. Viele Menschen glauben, dass die Welt anders funktionieren sollte, als sie es tut, und wenn sie nicht die gewünschten Ergebnisse erzielen, wollen sie sich aus der Verantwortung stehlen, indem sie anderen oder den Umständen die Schuld geben.[71] Wenn man keine Verantwortung übernimmt, ist man auf dem besten Weg ins Unglück; um gutes Urteilsvermögen zu kultivieren, braucht es das genaue Gegenteil.

Wie wir gesehen haben, lässt sich das Urteilsvermögen weniger dadurch verbessern, dass wir für mehr Rationalität sorgen, sondern vielmehr durch Sicherheitsmaßnahmen, die dafür sorgen, dass der angestrebte Weg der Weg des geringsten Widerstands wird. Wenn Sie in Bestform sind, müssen Sie Systeme entwerfen, die Sie unterstützen, wenn es Ihnen nicht gut geht. Diese Systeme können die Standardeinstellungen zwar nicht abstellen, zeigen Ihnen jedoch, ob diese am Ruder sind.

Willenskraft allein reicht nicht aus, um die Standardeinstellungen auszuhebeln. Sie wirken im Unterbewussten, deshalb brauchen Sie ebenso starke Kräfte, die das Unterbewusstsein in die richtige Richtung lenken: Gewohnheiten, Regeln und ein geeignetes Umfeld. Um die Standardeinstellungen außer Kraft zu setzen, müssen Sie Schutzmaßnahmen einführen, die das Unsichtbare sichtbar machen und verhindern, dass Sie zu früh handeln. Und Sie müssen Geisteshaltungen entwickeln – Verantwortungsbewusstsein,

Wissen, Disziplin und Selbstvertrauen –, die Sie auf den richtigen Weg bringen und dort halten.

Die kleinen Verbesserungen in Ihrem Urteilsvermögen werden erst dann spürbar, wenn sie so groß geworden sind, dass man sie nicht mehr übersehen kann. Mit der Zeit werden Sie feststellen, dass Sie sich immer seltener mit Problemen beschäftigen, die eigentlich gar nicht existieren sollten. Sie werden feststellen, dass sich die verschiedenen Bereiche Ihres Lebens harmonisch ineinanderfügen und Sie weniger Stress und Ängste, aber mehr Freude empfinden.

Gutes Urteilsvermögen kann man nicht lehren, aber man kann es lernen.

Dank

Dieses Buch fasst eine Reihe von Dingen zusammen, die ich von anderen gelernt habe. Nicht nur die Erkenntnisse stammen von anderen, sondern auch das Werk an sich wäre ohne andere Menschen nicht zustande gekommen.

Ich möchte meinen unglaublichen Kindern William und Mackenzie danken. Sie haben mir nicht nur ihren grenzenlos neugierigen Blick auf die Welt vermittelt, sondern auch einen fruchtbaren Boden geliefert, auf dem ich diese Ideen in der Praxis ausprobieren konnte.

Meinen Eltern danke ich für ihre Unterstützung, ihre Ermutigung und ihren unerschütterlichen Glauben an mich. Mom und Dad, ich liebe euch. Es gab einige schwierige Phasen, aber die heben wir uns für ein anderes Buch auf. Dank euch habe ich sie überstanden. Außerdem möchte ich meinem Englischlehrer Mr. Duncan und meinem Highschool-Kumpel Scott Corkery danken, dessen Freundschaft (und Familie) meinen Weg nachhaltig verändert hat.

Was den Inhalt des Buches betrifft, habe ich so vielen Menschen zu danken, dass ich sicherlich einige vergessen werde. Wenn ein Buch einmal in der Welt ist, lässt es sich nicht mehr ändern, deshalb gibt es unter fs.blog eine aktualisierte Liste der Danksagungen.

Ich habe das große Glück, dass ich von vielen Menschen lernen durfte, doch besonders viel hat mir Peter D. Kaufman vermittelt. Etliche der Lektionen und Erkenntnisse in diesem Buch stammen aus unseren zahlreichen Gesprächen im Laufe der Jahre. Für unsere Freundschaft bin ich sehr dankbar.

Charlie Munger, Warren Buffett, Andrew Wilkinson, Chris Sparling, James Clear, Ryan Holiday, Nir Eyal, Steve Kamb, Michael Kaumeyer, Morgan Housel, Michael Mauboussin, Alex Duncan, Kat Cole, Naval Ravikant, Jim Collins, Tobi Lütke, Annie Duke, Diana Chapman und Randall Stutman haben mein Denken entscheidend beeinflusst. Viele ihrer Gedanken sind mittlerweile so fest in mir verankert, dass ich sie nicht mehr von meinen eigenen unterscheiden kann. Wenn Ihnen dieses Buch gefällt, sollten Sie sich über all diese Menschen informieren und ihnen folgen.

Die Arbeit an einem Buch ist ein Marathon und kein Sprint, und viele Menschen haben mir unterwegs geholfen. Herzlichen Dank an Ariel Ratner, die mich auf die Idee gebracht hat, William Jaworski, Ellen Fishbein und Samuel Nightingale von Writing.coach. Sie haben so viel Zeit dafür geopfert, meine Sätze zu bearbeiten und umzuformen, dass einige Abschnitte des Buches genauso ihr Werk sind wie meines. Richelle DeVoe und das Team von Pen Name haben mir geholfen, einige der Fäden in meinem Kopf zu ordnen und umzusetzen. Wir alle sollten Joe Berkowitz dafür danken, dass er die Textmenge reduziert und alles Überflüssige gestrichen hat.

Ich möchte mich auch bei den ersten Leserinnen und Lesern bedanken, die mir Rückmeldung und so viel mehr gegeben haben: Trudy Boyle, Maureen Cunningham, Dr. Setareh Ziai, Rob Fraser, Zach Smith, Whitney Trujillo, Emily Segal und Simon Eskildsen. Und ein großes Dankeschön an das Team von FS, das alles am Laufen gehalten hat, während ich mit diesem Buch beschäftigt war: Vicky Cosenzo, Rhiannon Beaubien, Dalton Mabery, Deb McGee, Laurie Lachance und Alex Gheorghe.

Danke auch an das Team von Portfolio und Penguin Random House, die dieses Projekt wahr gemacht haben. An den Michael Jordan des Lektorats, Niki Papadopoulos, dessen Fachwissen und Geduld ich sehr zu schätzen wusste, als ich Frist um Frist verpasste.

Und an meinen Agenten Rafe Sagalyn, der während des gesamten Veröffentlichungsprozesses unabkömmlich war.

Und zu guter Letzt danke ich Ihnen. Sie haben mir etwas sehr Wertvolles geschenkt – Ihre Zeit. Ich hoffe, dass die Lektüre dieses Buches eine Investition war, die sich in den kommenden Jahren für Sie auszahlen wird.

Vielen Dank!

Anmerkungen

1 Cordelia Fine: *Wissen Sie, was Ihr Gehirn denkt? Wie in unserem Oberstübchen die Wirklichkeit verzerrt wird … und warum*, übersetzt von Jorunn Wissmann, Heidelberg 2007.

2 Siehe etwa Aristoteles' *Nikomachische Ethik*, Senecas *Briefe über Ethik an Lucilius*, Daniel Kahneman: *Schnelles Denken, langsames Denken*, München 2012, und Jonathan Haight: *Die Glückshypothese. Was uns wirklich glücklich macht. Die Quintessenz aus altem Wissen und moderner Glücksforschung*, Kirchzarten 2022.

3 Auf diese Vorstellung, dass wir von Natur aus dazu neigen, unser Revier zu verteidigen, bin ich in Robert Ardreys Buch *The Territorial Imperative: A Personal Inquiry into the Animal Origins of Property and Nations* sowie in Gesprächen mit verschiedenen Leuten gestoßen. Während Tiere ihr Revier instinktiv markieren und verteidigen, äußert sich dieser biologische Instinkt meiner Meinung nach beim Menschen auf subtilere, differenziertere Weise. Unsere instinktive Reaktion erfolgt nicht nur, wenn jemand in unser physisches Revier eindringt, sondern auch, wenn unser Selbstverständnis betroffen ist. Da wir unsere Identität mit unserer Arbeit verknüpfen, empfinden wir Kritik im Beruf so, als würde ein anderes Tier in unser Revier eindringen. Böswillige Menschen können genau das ausnutzen, um Sie aus der Bahn zu werfen – man kritisiert Sie oder Ihre Rolle im Büro, um Sie zu unüberlegten Reaktionen zu drängen.

4 Der Begriff »Standardeinstellungen« ist mir erstmals in der Rede »Das hier ist Wasser« von David Foster Wallace begegnet, die auch in Buchform erschienen ist: *Das hier ist Wasser*, Köln 2012.

5 Associated Press: »American Anti Claims Silver«, ESPN, 22. August 2004, www.espn.com/olympics/summer04/shooting/news/tory?id=1864883.

6 Diese Vorstellung, dass wir mit oberflächlichen Informationen vorschnell urteilen, stammt von meinem Freund Morgan Housel, aus »History's Seductive Beliefs«, *Collab* (Blog), Collaborative Fund, 21. September 2021, www.collabfund.com/blog/historys-seductive-beliefs/.

7 Besten Dank an Kathryn Schulz, deren Buch *Being Wrong. Adventures in the Margin of Error*, New York: Ecco, 2010, großen Einfluss auf mein Denken hatte.

8 Walter Lippmann: *The Stakes of Diplomacy*, Leopold Classic Library 2015.

9 Robert P. George (@McCormickProf), Twitter, 1. Juli 2020, 23.23 Uhr, https://twitter.com/mccormickprof/status/1278529694355292161.

10 Dieses Beispiel stammt von Paul Graham: »The Four Quadrants of Conformism«, Juli 2020, www.paulgraham.com/conformism.html.

11 Paraphrasiert aus Daniel Kahneman: *Schnelles Denken, langsames Denken*, München 2012.

12 Warren Buffett an die Aktionäre von Berkshire Hathaway, 25. Februar 1985, Berkshire Hathaway, www.berkshirehathaway.com/letters/1984.html.

13 Edward L. Bernays: *Propaganda. Die Kunst der Public Relations*, übersetzt von Patrick Schnur, Freiburg 2011.

14 Shane Parrish und Rhiannon Beaubien: *The Great Mental Models, Vol. 2, Physics, Chemistry and Biology*, Ottawa: Latticework Publishing, 2019.

15 Leonard Mlodinow: *Elastic. Flexible Thinking in a Time of Change*, New York: Pantheon, 2018, S. 156.

16 Das Zitat stammt wahrscheinlich von Leon C. Megginson, Professor für Management und Marketing an der Louisiana State University in Baton Rouge. Darwin selbst hat es zwar nie gesagt, doch die Fehlzuschreibung ist nun in Stein gemeißelt – im wahrsten Sinne des Wortes! Das Zitat ziert den Steinboden der kalifornischen Academy of Sciences (obwohl der Verweis auf Darwin mittlerweile entfernt wurde). Siehe »The Evolution of a Misquotation«, Darwin Correspondence Project, University of Cambridge, www.darwinproject.ac.uk/people/about-darwin/six-things-darwin-never-said/evolution-misquotation.

17 Parrish und Beaubien: *The Great Mental Models, Vol. 2*, S. 76–77.

18 Rudyard Kipling: »Wenn …«, übersetzt von Lothar Sauer, www.staff.uni-mainz.de/pommeren/Gedichte/wenn.html.

19 Matt Rosofff: »Jeff Bezos Has Advice for the News Business: ›Ask People to Pay. They Will Pay‹«, CNBC, 21. Juni 2017, www.cnbc.com/2017/06/21/jeff-bezos-lessons-from-washington-post-for-news-industry.html.

20 Während ich das jetzt lese und bearbeite, muss ich an den entsetzlichen, tragischen Fall von Rehtaeh Parsons denken (sie besuchte dieselbe High School wie ich, aber nicht zur gleichen Zeit), die in einem Facebook-Post schrieb: »Letztendlich bleiben uns nicht die Worte unserer Feinde in Erinnerung, sondern das Schweigen unserer Freunde.« Tu Thanh Ha und Jane Taber: »Bullying Blamed in Death of Nova Scotia Teen«, *Globe and Mail*, 9. April 2013, www.theglobeandmail.com/news/national/bullying-blamed-in-death-of-nova-scotia-teen/article10940600.

21 Shane Parrish (@ShaneAParrish), »99.99 percent of the time waiting for the right moment to do something hard is how you rationalize not doing that hard thing you know (it) needs to be done. There is no perfect moment. All we have is now. Stop waiting.«, Twitter, 29. Juli 2019, 22.01 Uhr, https://twitter.com/ShaneAParrish/status/1156021875853578246.

22 »The Wrong Side of Right«, *Farnam Street* (Blog), 28. August 2017, https://fs.blog/wrong-side-right/.

23 *Unterredungen mit Epiktet*. Ausgewählt und ins Deutsche übertragen von Joseph Grabisch, Jena 1905.

24 Adam Wells: »Darrelle Revis Sent Home by Bill Belichick for Tardiness«, Bleacher Report, 22. Oktober 2014, https://bleacherreport.com/articles/2241281-darrelle-revis-sent-home-by-bill-belichick-for-tardiness.

25 »Haier: A Sledgehammer Start to Catfish Management«, *IndustryWeek*, 13. Oktober 2013, www.industryweek.com/leadership/companies-executives/article/21961518/haier-a-sledgehammer-start-to-catfish-management.

26 Seneca: *Briefe an Lucilius*, übersetzt von Gerhard Fink, Berlin 2011.

27 Shane Parrish: »Jim Collins: Relationships versus Transactions«, *The Knowledge Project*, Podcast, Folge 110, https://fs.blog/knowledge-project-podcast/jim-collins-2/.

28 Cato der Ältere: *Über die Landwirtschaft*, 1.

29 Shane Parrish: »The Work Required to Have an Opinion«, *Farnam Street* (Blog), 29. April 2013, https://fs.blog/2013/04/the-work-required-to-have-an-opinion/.

30 Michel de Montaigne: *Essais*, Buch 3, Kapitel 12.

31 Denzel Washington: *A Hand to Guide Me*, Des Moines, Iowa: Meredith Books, 2006, S. 20.

32 Seneca: *Briefe an Lucilius*. Übersetzung aus: Seneca: *Epistulae Morales*, Epistula 11, Lateinheft.de.

33 Aristoteles: *Nikomachische Ethik*, I. Teil. Die sittliche Anforderung, 1. Kennzeichen der sittlichen Beschaffenheit und ihrer Betätigung, 2. Gewöhnung und Erziehung, Zeno.org.

34 Richard Feynman: *The Pleasure of Finding Things Out: The Best Short Works of Richard P. Feynman*, Hrsg. Jeffrey Robbins, New York: Basic Books, 1999, S. 212.

35 Michael Abrashoff: *It's Your Ship. Management Techniques from the Best Damn Ship in the Navy*, New York: Grand Central, 2002.

36 Giora Keinan, Nehemia Friedland und Yossef Ben-Porath: »Decision Making under Stress: Scanning of Alternatives under Physical Threat«. *Acta Psychologica* 64, Nr. 3 (März 1987), S. 219–28.

37 Shane Parrish: »Daniel Kahneman: Putting Your Intuition On Ice«, *The Knowledge Project*, Podcast, Folge 68, https://fs.blog/knowledge-project-podcast/daniel-kahneman/.

38 Thomas Wedell Wedellsborg: »Are You Solving the Right Problem?«, *Harvard Business Review*, Januar/Februar 2017, https://hbr.org/2017/01/are-you-solving-the-right-problems.

39 Der Grundgedanke stammt von Paul Graham (@paulg): »Das habe ich Zwölf- und Achtjährigen auf dem Heimweg von der Schule erklärt: Man kann seine Energie dafür investieren, dass man etwas gut kann oder dass man cool ist, aber nicht für beides. Energie, die man für das Cool-Wirken verwendet, fehlt dann für das Gut-Können«, Twitter, 12. März 2021, 12.36 Uhr, https://twitter.com/paulg/status/1370428561409073153.

40 Jim Collins: *Der Weg zu den Besten. Die sieben Management-Prinzipien für dauerhaften Unternehmenserfolg*, Frankfurt a. M. 2020.

41 Seneca: *Briefe an Lucilius*.

42 Josh Wolfe (@wolfejosh): »Failure comes from a failure to imagine failure. HORRID plan with unintended consequence increased screening amidst UNCERTAINTY #covid19 – completely failed to anticipate – Increased crowds,

decreased flow, increased CERTAINTY of SPREAD of any possible cases.« Twitter, 14. März 2020, 21.51 Uhr, https://twitter.com/wolfejosh/status/1239006370382393345?lang=en.

43 Special Inspector General for Afghanistan Reconstruction: *What We Need to Learn: Lessons from Twenty Years of Afghanistan Reconstruction*, August 2021, S. ix, www.sigar.mil/pdf/lessonslearned/SIGAR-21-46-LL.pdf.

44 Roger Martin: *The Opposable Mind. Winning through Integrative Thinking*, Boston: Harvard Business Press, 2009.

45 Charlie Munger, Berkshire Annual Meeting, 2003, zitiert in Tren Griffin: *Charlie Munger. The Complete Investor*, New York: Columbia Business School Publishing, 2015.

46 Andrew Carnegie: *The Autobiography of Andrew Carnegie*, New York: PublicAffairs, 2011.

47 »Remembering Roger Boisjoly: He Tried to Stop Shuttle Challenger Launch«, NPR, *All Things Considered*, 6. Februar 2012, www.npr.org/sections/thetwo-way/2012/02/06/146490064/remembering-roger-boisjoly-he-tried-to-stop-shuttle-challenger-launch.

48 Tim Urban: »The Cook and the Chef: Musk's Secret Sauce«, *Wait But Why* (Blog), 6. November 2015, https://waitbutwhy.com/2015/11/the-cook-and-the-chef-musks-secret-sauce.html.

49 George C. Marshall: Interviews and Reminiscences for Forrest C. Pogue, Tonband 12 m und Tonband 19 m, 21. November 1956, George C. Marshall Foundation Research Library, Lexington, Virginia.

50 Michael Lewis: *Aus der Welt. Grenzen der Entscheidung oder Eine Freundschaft, die unser Denken verändert hat*, Frankfurt a. M. 2017.

51 Ebd.

52 Shane Parrish: »Winning at the Great Game with Adam Robinson (Teil 2)«, in *The Knowledge Project*, Podcast, Folge 48, https://fs.blog/knowledge-project-podcast/adam-robinson-pt2/.

53 Karl Kaufman: »Here's Why Warren Buffett and Other Investors Don't Diversify«, *Forbes*, 24. Juli 2018, www.forbes.com/sites/karlkaufman/2018/07/24/heres-why-warren-buffett-and-other-great-investors-dont-diversify/?sh=86081474795f.

54 Nassim Taleb: *Der Schwarze Schwan*, München 2002, S. 61 f.

55 Jim Collins und Morten T. Hansen: »Oben bleiben. Immer«, Campus Verlag 2012.

56 »Your Product Is Decisions«, *Farnam Street* (Blog), 27. November 2013, https://fs.blog/your-product-is-decisions/.

57 Jason La Confora: »Super Bowl 49: Pete Carroll's Decision Astonishing, Explanation Perplexing«, CBS Sports, 1. Februar 2015, www.cbssports.com/nfl/news/super-bowl-49-pete-carrolls-decision-astonishing-explanation-perplexing/.

58 Jim Collins, Vorwort zur englischen 30-jährigen Jubiläumsausgabe von Stephen R. Covey: *The 7 Habits of Highly Effective People: Powerful Lessons in Personal Change*, New York: Simon & Schuster 2020 (dt. Ausgabe, jedoch ohne das Vorwort: *Die 7 Wege zur Effektivität: Prinzipien für persönlichen und beruflichen Erfolg*, Gabal 2021).

59 Philip Brickman und Donald T. Campbell: »Hedonic Relativism and Planning the Good Society«, in *Adaptation-Level Theory: A Symposium*, Hrsg. M. H. Appley, New York: Academic Press 1971, S. 287–305.

60 »Karl Pillemer, Interview No. 2«, *Farnam Street* (Blog), 15. Juni 2013, https://fs.blog/2013/06/karl-pillemer-interview-no-2/.

61 Übersetzung aus: *Des Kaisers Marcus Aurelius Antonius Selbstbetrachtungen* (projekt-gutenberg.org).

62 »›You've Got to Find What You Love‹, Jobs Says«, *Stanford News*, 12. Juni 2005, https://news.stanford.edu/2005/06/12/youve-got-find-love-jobs-says/.

63 Diese Frage ist eine Anspielung auf die Frage »Nutze ich mein knappes und kostbares Leben richtig?«. Ich las sie erstmals von Arthur C. Brooks in »To Be Happier, Start Thinking More about Your Death«, *New York Times*, 9. Januar 2016, www.nytimes.com/2016/01/10/opinion/sunday/to-be-happier-start-thinking-more-about-your-death.html.

64 »You've Got to Find What you Love«, *Stanford News*.

65 Jeff Bezos, zitiert in Jessica Stillman: »How Amazon's Jeff Bezos Made One of the Toughest Decisions of His Career«, *Inc.*, 13. Juni 2016, www.inc.com/jessica-stillman/jeff-bezos-this-is-how-to-avoid-regret.html.

66 Shane Parrish (@ShaneAParrish): »The pain of trying and failing is intense and over rather quickly. The pain of failing to try, on the other hand, is less intense but never really goes away«, Twitter, 10. Januar 2019, 22.53 Uhr, https://twitter.com/ShaneAParrish/status/1083572670677938176.

67 Übersetzung aus: Aristoteles: *Nikomachische Ethik*, projekt-gutenberg.org.

68 Nicholas J. Kelley und Brandon J. Schmeichel: »Thinking about Death Reduces Delay Discouting«, *PLOS One*, 2. Dezember 2015, https://doi.org/10.1371/journal.pone.0144228.

69 Diese Idee stammt ursprünglich von Drew Stegmaier: »Writing Your Own Eulogy«, *Medium*, 26. März 2016, https://medium.com/the-mission/writing-your-own-eulogy-dd177ba45374.

70 Das habe ich auf Twitter getestet: Shane Parrish (@ShaneAParrish): »What matters in the moment rarely matters in life. Yet what matters in life always matters in the moment«, Twitter, 7. Dezember 2019, 19.01 Uhr, https://twitter.com/ShaneAParrish/status/1203464699305742336.

71 Aus meiner eigenen Arbeit übernommen: Shane Parrish: »Letting the World Do the Work for You«, *Farnam Street* (Blog), 3. Februar 2016, https://fs.blog/mental-models-world-do-work-for-you/.

Register